El hecho más evidente de la vida  es que todo el mundo muere. ¡Sería irracional y tonto vivir toda nuestra [...] e sabemos resulta inevitable! Por eso [...] is inversiones de tiempo más sabias [...] a sus preocupaciones y preguntas, su [...] la después de la muerte. En cambio, ganará la confianza y la paz mental que vienen de establecer su destino eterno.

> DR. RICK WARREN, *Una vida con propósito* y el programa Daily Hope

Este es el libro más poderosamente edificante y ampliamente investigado que he leído sobre el tema del cielo. Si usted ha luchado por saber qué creer y por qué, encontrará sus respuestas en estas páginas. Todo ser humano debería tener el privilegio de leer este libro.

> SHEILA WALSH, autora de *El anhelo en mí*

En defensa del cielo atrae la mente y el corazón a través de pruebas convincentes y de relatos y descubrimientos personales. Espero que usted —ya sea cristiano o escéptico— lea, discuta y comparta este libro con otros.

> SEAN MCDOWELL, PhD, profesor asociado de apologética en la Escuela de Teología Talbot y coautor de *Evidencia que demanda un veredicto*

Lee Strobel es un tesoro nacional. En este libro, *En defensa del cielo*, él responde preguntas difíciles, elimina los obstáculos a la fe y nos da la confianza para creer que el cielo es una hermosa realidad que podemos esperar experimentar.

> DERWIN GRAY, autor exitoso, pastor principal de Transformation Church

Lee Strobel aborda cuestiones desafiantes acerca de la reencarnación, la aniquilación y el infierno, al tiempo que presenta un argumento convincente y emocionante a favor del cielo. Él ayuda al lector a superar el miedo a la muerte. Tengo previsto adquirir dos copias: una para conservarla como referencia y otra para regalársela a un escéptico.

> ANNE GRAHAM LOTZ, autora de *Jesus en mí*

En defensa del cielo puede ser el mejor libro de Lee Strobel hasta la fecha. Bien investigado y claramente escrito, presenta la evidencia del cielo de forma poderosa y enfrenta los mejores argumentos en contra de este con honestidad. Resulta tan interesante e inspirador que es difícil dejarlo a un lado.

J. P. MORELAND, destacado profesor de filosofía en la
Escuela de Teología Talbot, de Biola University, y autor
de *A Simple Guide to Experience Miracles*

Como detective, desearía que Lee hubiera sido mi socio, puesto que —como siempre— hace todo lo posible por lograr su objetivo. Sus entrevistas le abrirán los ojos y animarán su alma. *En defensa del cielo* es una lectura obligada y una poderosa adición a la serie trascendental de libros de Lee.

J. WARNER WALLACE, detective de casos sin resolver destacado en
Dateline, investigador principal en Colson Center for Christian
Worldview y autor de *Person of Interest* y *Cold-Case Christianity*

Prepárese para un viaje en el que escuchará las ideas fundamentales de los expertos en sus campos y la sinceridad de quienes se enfrentan a la muerte. *En defensa del cielo* puede desafiar el *statu quo*, pero no lo decepcionará.

SHARON DIRCKX (PhD, Cambridge), neurocientífica,
autora de *Am I Just My Brain?*

Lee Strobel lo ha hecho de nuevo, esta vez con un libro fascinante, desafiante, reflexivo y conmovedor sobre las realidades del cielo y el infierno. A través de su aguda investigación, su hábil narración y sus acertadas entrevistas con expertos, Strobel presenta un argumento convincente a favor de la doctrina cristiana histórica de la vida después de la muerte.

DOUGLAS GROOTHUIS, profesor de filosofía, Seminario de Denver

Si este libro fuera un programa de televisión, podría llamarse «Tocados por la verdad». Permita que esta impresionante variedad de expertos impacte su vida y su fe con la evidencia del mundo venidero. Se sentirá alentado a medida que se encuentre con el convincente caso de la vida que le aguarda.

ROMA DOWNEY, actriz nominada al Emmy, productora
y autora de éxitos de ventas del *New York Times*

Este investigador no evita sacar a relucir los temas difíciles. Lee Strobel nos recuerda cómo el evangelio aborda con perspicacia nuestras preguntas intelectuales más desafiantes y cómo satisface poderosamente nuestras necesidades humanas más profundas.

PAUL COPAN, catedrático de filosofía y ética de la familia Pledger, Palm Beach Atlantic University, y autor de *Is God a Moral Monster?*

Nadie en la actualidad es más apto para argumentar a favor del cielo que Lee Strobel, el hombre que escribió *El caso de la resurrección*. Si Jesús resucitó de entre los muertos a la diestra del Padre, el cielo es una realidad. Una cosa implica la otra, y Lee lo sabe.

SCOT MCKNIGHT, profesor de Nuevo Testamento, Northern Seminary, y autor de *The Heaven Promise* y *A Church Called Tov*

Hace algunos años hubo una película titulada «El cielo puede esperar». Sin embargo, la verdad es que el cielo *no puede* esperar, y las preguntas sobre el cielo, el infierno y el más allá deben ser abordadas más bien pronto que tarde. *En defensa del cielo* es un buen lugar para empezar.

DON SWEETING, presidente de la Universidad Cristiana de Colorado

En defensa del cielo muestra por qué Lee Strobel está entre los escritores más extraordinarios e interesantes de nuestro tiempo. En una época de pandemia, depresión y violencia, estoy encantado de que Lee haya centrado su atención en esta cuestión de importancia eterna.

JOHN STONESTREET, presidente del Colson Center y presentador del pódcast *BreakPoint*

EN DEFENSA DEL
Cielo

OTROS LIBROS DE LEE STROBEL

Aventura inesperada, *con Mark Mittelberg*

¿Cómo piensan los incrédulos que tanto quiero?

El caso cerrado para niños, *con Robert Elmer*

El caso de Cristo

El caso de Cristo para niños, *con Rob Suggs y Robert Elmer*

El caso de la fe

El caso de la fe para niños

El caso de la Gracia

El caso del Creador

El caso del Jesús verdadero

El caso de los milagros

En defensa de Jesús

Sobreviviendo un yugo desigual en el
matrimonio, *con Leslie Strobel*

EN DEFENSA DEL
Cielo

—

Un periodista examina la evidencia
de la vida después de la muerte

LEE
STROBEL

La misión de Editorial Vida es ser la compañía líder en satisfacer las necesidades de las personas con recursos, cuyo contenido glorifique al Señor Jesucristo y promueva principios bíblicos.

EN DEFENSA DEL CIELO
Edición en español publicada por
Editorial Vida – 2022
Nashville, Tennessee

Editora en Jefe: *Graciela Lelli*
Traducción: *Nahum Saez*
Adaptación del diseño al español: *Deditorial*
Diseño de cubierta: *Curt Diepenhorst*
Fotografía de cubierta: *Krystiannawrocki / Getty Images*

ISBN: 978-0-82973-961-9
e Book: 978-0-82977-086-5

CATEGORÍA: Religión / Vida Cristiana / Inspiración

IMPRESO EN ESTADOS UNIDOS DE AMÉRICA
PRINTED IN THE UNITED STATES OF AMERICA

22 23 24 25 LSC 9 8 7 6 5 4 3 2 1

A Nabeel Qureshi.
¡Te veré en el otro lado!

Contenido

Introducción

¿Podemos saber que hay un cielo?

¿Esto está muriendo? Vaya, es una bendición... la tierra se aleja; el cielo se abre; Dios está llamando. Tengo que irme.

—DWIGHT L. MOODY, JUSTO ANTES DE MORIR

Mis ojos revolotearon. Se entreabrieron y lucharon por enfocarse. Mi mente batalló con la confusión. Estaba de espaldas, estirado sobre una superficie firme debajo de una luz resplandeciente. Un rostro apareció a la vista, mirándome: un médico, con la mascarilla quirúrgica puesta.

«Estás a un paso del coma», dijo. «A dos de morir».

Mis párpados se cerraron. Volví a la inconsciencia, un alivio bienvenido de las grotescas alucinaciones que me habían atormentado.

En momentos como ese, flotando sobre la nebulosa frontera entre la vida y la muerte, el más allá ya no es un simple tema académico para ser investigado, analizado y debatido. El cielo y el infierno, nuestra existencia más allá de la tumba, se convierten en algo desesperadamente relevante. Eso es todo lo que importa.

Sé lo que está pensando: *Pobre chico; casi muere.* Pero lo que yo estoy pensando es esto: *¡Espere hasta que le suceda!*

Porque sucederá. De una u otra forma, la semana que viene o en décadas, se acercará sigilosamente a la línea divisoria entre el ahora y para siempre. Cuando escape de este mundo, ¿qué encontrará? ¿Un vacío de inexistencia? ¿Un reino oscuro de arrepentimiento y recriminación? ¿O una realidad que es más vívida, más estimulante, más gratificante, más *real* que cualquier otra cosa que haya conocido? En ese momento, en medio de esa transición existencial, nada será más importante. Y si eso importará tanto entonces, ¿no vale la pena investigarlo ahora?

Cuando era ateo, pensaba que sabía lo que me esperaba después de que mi corazón dejara de latir y mis ondas cerebrales se desactivaran. *Nada.* Mi existencia cesaría. La actividad en el mundo continuaría ininterrumpida, pero yo estaría ausente. Era difícil y desconcertante imaginarlo.

Después que mi esposa anunció que se había convertido en seguidora de Jesús, utilicé mi formación periodística y jurídica para investigar si había alguna credibilidad en el cristianismo o en cualquier otra religión. Después de casi dos años llegué a la conclusión de que existe evidencia convincente de que Jesús es el unigénito Hijo de Dios. Terminé dejando mi carrera periodística para darles a conocer a otros lo que había aprendido.

Por supuesto, la fe cristiana me dio una imagen completamente diferente de la eternidad. La Biblia habla de un vívido reino *post mortem.* Aunque esto está entretejido en la teología cristiana en general, nunca estudié realmente si había evidencia específica o lógica convincente para apoyar esta visión celestial. Dejé a un lado, en esencia, gran parte del tema por un tiempo. Después de todo, era joven y saludable.

Luego vino ese jueves por la noche, en el verano de 2011, cuando Leslie me encontró inconsciente en el piso de nuestra habitación. La ambulancia me llevó a un hospital en las cercanías de Parker, Colorado, donde el médico de la sala de emergencias me dio la terrible noticia de que estaba al borde de la muerte.

Resultó que tenía una rara condición médica llamada *hiponatremia,* una caída espantosamente aguda en mi nivel de sodio en sangre que hizo que mi cerebro se hinchara y amenazara con acabar con mi existencia. De repente, no fue suficiente tener algunas suposiciones incipientes sobre el mundo venidero. Era insuficiente aferrarse a algunas doctrinas que parecían sanas, pero que nunca habían sido examinadas adecuadamente. Necesitaba saber con certeza qué sucede cuando cierro los ojos por última vez en este mundo.

La evidencia de la eternidad

Después de recuperarme de mi trauma médico, decidí embarcarme en una búsqueda para obtener respuestas sobre el más allá a fin de satisfacer mi corazón y mi alma. Viajé a South Bend, Indiana, y Portland, Oregón, a San Antonio, Denver, Chicago y más allá mientras me sentaba con los académicos para preguntarles cómo saben lo que afirman saber sobre este asunto tan importante.

Hablé con ellos del cielo y mucho más. ¿Es posible que la neurociencia nos diga si tenemos un alma que pueda sobrevivir a la desaparición de nuestro cuerpo? ¿Podrían los intrigantes relatos de experiencias cercanas a la muerte revelar algo sobre nuestro futuro? ¿Qué conocimientos pueden proporcionar la física, la historia y la filosofía sobre nuestra existencia más allá de este mundo? ¿Y qué hay acerca de Jesús, el que estaba muerto y desaparecido, pero según los informes fue encontrado vivo unos días después? ¿Qué luz podría arrojar él sobre el tema?

Quería saber si pasar la eternidad en un paraíso dichoso es algo sensato o racional. ¿Y quién puede, en cualquier caso, ir al cielo? Algunos cristianos creen que todos obtienen un boleto al paraíso, incluso nuestras mascotas caninas. ¿Y qué pasa con la terrible realidad de ese «otro lugar»? ¿No sería más humano que Dios extinguiera rápidamente a las personas que se dirigen al infierno en lugar de consignarlas a una eternidad de sufrimiento? Cada vez más pastores lo afirman.

También exploré algunas alternativas a la cosmovisión cristiana, por ejemplo, la reencarnación. ¿No deberíamos escuchar a las personas que dicen que han vivido en el pasado? Es posible que la vida *sea* cíclica, como enseñan las religiones orientales: nacimiento y muerte seguidos de más de lo mismo hasta que finalmente seamos absorbidos por Lo Absoluto. Millones de personas creen que eso es cierto.

Seamos realistas, hay mucha controversia sobre la vida después de la muerte, y a veces los líderes religiosos no son de mucha ayuda. Cuando un periodista le preguntó a Serene Jones, presidenta de Union Theological Seminary, qué sucede cuando morimos, sus primeras palabras fueron: «¡No lo sé! Puede que haya algo, puede que no haya nada».[1]

Si se le hace la misma pregunta a una muestra representativa de estadounidenses, uno de cada seis se encogerá de hombros. No tienen idea de lo que ocurre después de la muerte. Solo una pequeña mayoría (cincuenta y cuatro por ciento) cree que terminarán en el cielo.[2]

En cuanto a los ateos, sospecho que muchos de ellos piensan en la muerte con más frecuencia de lo que algunos admiten. Al menos, yo lo hacía cuando era un escéptico espiritual, mirando al techo en medio de la noche y estremeciéndome ante la perspectiva de mi desaparición definitiva.

«Para mí, el miedo a la muerte es sin duda el aspecto más inmediato y desafiante de mi ateísmo», dijo un humanista a *The Atlantic*. «La muerte me afecta de una manera profunda».[3] Incluso Bart Ehrman, el agnóstico erudito de Nuevo Testamento, admitió una vez: «El miedo a la muerte me dominó por años, y todavía hay momentos en los que me despierto por la noche sudando frío».[4]

Muchas personas llegan a los momentos finales de su vida, a menudo momentos de angustia y miedo abyecto, sin ninguna certeza en cuanto a qué esperar a continuación. Un autor cuenta que le preguntó a un amigo de treinta y un años, quien estaba en su lecho de muerte, cómo era morir. «No lo sé», respondió el hombre. «Realmente no lo sé. Unas veces parece que algo de oscuridad se me acerca. Y en otras ocasiones se siente como nada».[5]

Eso no es poético, pero es sincero. Él en realidad no tenía idea de lo que sucedería en esos fatídicos momentos por venir. ¿Qué se esconde dentro de esa siniestra oscuridad que se acerca? ¿Sentirá él algo después de su último suspiro?

En verdad, ¿qué es más importante que las respuestas a preguntas como estas? ¿No preferiría investigar estos problemas ahora en vez de ser atormentado por ellos en su lecho de muerte? Piense en cómo podría cambiar su vida hoy (sus prioridades, decisiones y perspectivas) una vez que se asegure con confianza de lo que le espera al final de su tiempo en este mundo. Después de todo, si realmente hay una vida después de la muerte, pasará mucho más tiempo allí que aquí.

Así que acompáñeme a lo largo de la senda del descubrimiento. Considere la evidencia. Evalúe la lógica. Persiga la verdad con una mente receptiva. Luego, llegue a su propio veredicto informado en la defensa del cielo.

CAPÍTULO 1

La búsqueda de la inmortalidad

Nuestros frenéticos esfuerzos para sobrevivir a nosotros mismos

> *¿Cómo puedo descansar, cómo puedo estar en paz? La desesperación yace en mi corazón... Tengo miedo a la muerte.*
>
> —POEMA DE GILGAMESH (ALREDEDOR DE 2100 A. C.), OBRA DE FICCIÓN ANTIGUA

> *Ninguna deidad nos salvará; debemos salvarnos nosotros mismos.*
>
> —MANIFIESTO HUMANISTA II

Fue un sermón sobre el cielo y el infierno del famoso evangelista Billy Graham lo que llevó a un conflictivo niño de doce años llamado Clay Jones a la fe en Cristo. Hijo de un ateo y astrólogo, había crecido enfermizo y acosado, era un estudiante mediocre y se llamaba a sí mismo el «rebelde pequeño punk». La cruzada de Graham al sur de California en 1969 fue el momento decisivo para él.

Con el tiempo, Jones se transformó por completo. Se casó con su novia de la escuela secundaria Jean E. y terminó como pastor y profesor de seminario. Luego vino la llamada telefónica que estremeció su mundo: los especialistas finalmente diagnosticaron su dolor de espalda crónico. La noticia fue deprimente: sufría de una forma virulenta de cáncer de huesos que mata al cien por ciento de sus víctimas en dos años.

Oprima el botón de pausa. ¿Se imagina recibir una llamada como esa? ¿Cómo reaccionaría? ¿Qué emociones surgirían en usted? ¿Qué es lo primero que haría?

En referencia a Clay y Jean E., las lágrimas fluyeron por sus rostros. Se tomaron de la mano y ofrecieron una oración de acción de gracias por lo que Dios había hecho en sus vidas y porque él controlaba la situación. Así que pidieron sanidad.

«Esto va a parecer extraño», dijo Clay más tarde, «pero no temía morir. Algunas personas se burlan cuando digo eso, pero es cierto. Sí, tenía miedo de dejar a mi esposa. Pero, como ve, tenía una visión firme del cielo, y eso es lo que marcó la diferencia. Como dijo el apóstol Pablo: "El vivir es Cristo y el morir es ganancia".[1] Lo peor que podría suceder sería que me graduara en la gloriosa presencia de Dios, para siempre».

La forma en que alguien reacciona a noticias tan devastadoras como esa depende de su cosmovisión. Si no hay Dios, no hay esperanza. El psiquiatra de Stanford, Irvin D. Yalom, dijo: «A pesar de las más fuertes y firmes defensas, nunca podemos dominar por completo la ansiedad por la muerte: la misma siempre está presente, acechando en algún barranco oculto de la mente».[2] Es más, el deseo de burlar a la muerte y vivir para siempre, para de alguna manera lograr la inmortalidad sin Dios, ha sido una fuerza impulsora a lo largo de la historia.

En cuanto a Jones, unas semanas después de esa llamada inicial, un especialista se dio cuenta de que había ocurrido un error en el diagnóstico; sí, tenía cáncer de huesos, pero era una forma mucho más leve que podía tratarse con cirugía. Actualmente, Jones ha estado sano por más de quince años.

Aun así, el susto que pasó con su salud, sus enfermedades crónicas de la infancia y la muerte de algunos amigos le han dado a Jones cierta agudeza especial sobre el tema de la muerte.

Volé a Orange County, California, y conduje hasta su modesta casa estilo mediterráneo para charlar con él sobre su último libro, una obra profunda e inspiradora que trata sobre la manera en que nos impulsa el temor a la muerte y qué podemos hacer al respecto, y cuyo título explica exactamente lo que quería hablar con él: *Immortal: How the Fear of Death Drive Us and What We Can Do about It*.[3]

Entrevista #1: doctor Clay Butler Jones

Jones tiene una experiencia multifacética como líder, autor y profesor. Después de recibir una licenciatura en filosofía en California State University, Fullerton, obtuvo su maestría en divinidad en American Christian Theological Seminary y su doctorado en ministerio en Trinity Evangelical Divinity School.

Él es ampliamente conocido por su trabajo en el programa de apologética de Biola University, donde comenzó sus labores docentes en 2004. Ha impartido clases sobre la resurrección, las razones por las que Dios permite el mal, entre otros temas como profesor asociado en Talbot Seminary, del que es hoy académico visitante.

A lo largo de su carrera fue anfitrión de un programa de radio nacional durante ocho años, en el que entrevistaba a budistas, cienciólogos, humanistas seculares, musulmanes, mormones, testigos de Jehová y otras personas de diversas perspectivas religiosas. En la actualidad se desempeña como presidente de la junta directiva de Ratio Christi, un ministerio que defiende el cristianismo en más de ciento quince recintos universitarios.

Su libro *¿Why Does God Allow Evil?*, publicado en 2017, constituye un enfoque magistral de un tema inquietante. El filósofo J. P. Moreland dijo que Jones «aborda de frente, sin miedo y con destreza todas las preguntas difíciles», y agregó: «No hay elusión de los problemas».[4] El apologista Frank Turek afirmó que la nueva obra de Jones sobre la inmortalidad, publicada en 2020, «podría ser uno de los libros más importantes que haya leído».[5]

En la sala de estar de Jones, nos sentamos en sillas acolchonadas adyacentes para conversar. Jones es una combinación demasiado extraña de una persona franca y sin barnices con un corazón lleno de compasión y empatía. Para hacerme eco de Moreland, no hay elusión de los problemas con él.

Su atuendo era casual, sin pretensiones en su comportamiento y apasionado en sus convicciones. Pese a que tenía más de sesenta años, su cabello todavía era bastante negro (y ligeramente despeinado), aunque el gris estaba a punto de conquistar por completo su barba.

Nuestra conversación se prolongó por varias horas mientras profundizamos en el tema de cómo el temor a la muerte impulsa a la humanidad y cómo el deseo de alcanzar la inmortalidad —en *cualquier* forma— es una búsqueda incesante para tantas personas.

—¿Qué lo impulsó a investigar este tema? —le pregunté.

—Encontré el libro *A Brief History of Thought*, del filósofo y humanista secular francés Luc Ferry —explicó Jones—. Ferry escribió: "La búsqueda de una salvación sin Dios yace en el corazón de todo gran sistema filosófico, y ese es su objetivo definitivo y esencial".[6] ¡Eso me estremeció! Él estaba diciendo que la esencia de la filosofía es tratar de encontrar una manera de lidiar con la muerte sin Dios. Por eso necesitaba averiguar si otros filósofos sentían lo mismo.

—¿Qué descubrió?

—Que en efecto gran parte de la filosofía está tratando de conquistar el miedo a la muerte. Por ejemplo, Platón escribe que en las últimas horas antes de morir, su maestro Sócrates dijo: "Entonces, en verdad... los que practican la filosofía correctamente están cultivando la muerte".[7] El filósofo Michel de Montaigne escribió un ensayo titulado "Filosofar es aprender a morir", en el que decía que toda la sabiduría del mundo al final se reduce a enseñarnos cómo no tener miedo a morir.[8] El filósofo alemán Arthur Schopenhauer dijo: "Sin la muerte, los hombres difícilmente filosofarían".[9]

»De modo que tanto los filósofos, como los antropólogos, los psicólogos, los sociólogos y los psiquiatras están fascinados con cómo la muerte afecta al comportamiento —continuó—. El libro *The Denial of Death*, del antropólogo cultural Ernest Becker, ganó el Premio Pulitzer en 1974.[10] Becker afirma que "la idea de la muerte, el miedo a ella, acecha al hombre animal como ninguna otra cosa: es una fuente principal de la actividad humana".[11] Su premisa era que todo el mundo está aterrorizado por su propia muerte y trata de hacer todo lo posible para compensar eso.

—¿Cómo reaccionaron sus amigos cuando se enteraron de que estaba escribiendo un libro sobre la muerte? —le pregunté.

Jones sonrió.

—Decían, bastante a la defensiva: "Yo no temo morir".

—¿Estaban diciendo la verdad?

—No, estaban siendo totalmente insinceros, porque no piensan en su propia muerte. Han bloqueado eso en sus mentes.

—Hasta que sientan dolores en el pecho —le comenté.

Me señaló como si yo hubiera ganado el premio mayor.

—¡Bingo! —declaró—. Entonces tendrán el miedo a la muerte frente a ellos, y no saldrá de la habitación.

Negación, distracción, depresión

En su libro, Clay Jones cita a los científicos sociales e indica que el miedo a la muerte impulsa la cultura; es más, algunos afirman que la sustenta *por completo*. Como escribió el teórico social Zygmunt Bauman: «Es probable que no hubiera cultura si los humanos no estuvieran conscientes de su mortalidad».[12]

—¿Están estos expertos exagerando? —pregunté.

—Más o menos —fue su respuesta—. Recuerde que Hebreos 2:15 dice que Jesús vino a rescatar a aquellos que "por temor a la muerte estaban sometidos a esclavitud durante toda la vida". De modo que las Escrituras confirman que estamos esclavizados por el miedo a morir. Y creo que eso es lo que motiva gran parte del comportamiento humano. Si las personas no siguen a Jesús, ¿quién las va a liberar de esa esclavitud? De alguna manera tienen que encontrar una forma de liberarse, lo cual los lleva a todo tipo de problemas.

—¿Por ejemplo?

—Eso afecta a las personas de todos los modos imaginables. Lo primero que hacen es negar. Sacan eso de sus mentes y se dicen a sí mismos: "Soy la excepción. Si la ciencia sigue avanzando y yo vivo lo suficiente, la medicina curará cualquier cosa que amenace mi vida". Luego se distraen. Les pagamos a los artistas y a las estrellas del deporte grandes sumas de dinero para que nos entretengan debido a que son valiosos para nosotros; ellos desvían nuestra atención del hecho de que vamos a morir.

»Luego está la depresión —agregó—. La perspectiva de nuestra muerte y las muertes de aquellos a quienes amamos es *la* principal razón de la depresión. Staks Rosch dijo en el *Huffington Post*: "La depresión es un problema grave en la gran comunidad atea, y con demasiada frecuencia ha llevado al suicidio. Esto es algo que a muchos de mis compañeros ateos casi nunca les gusta admitir, pero es cierto".[13]

—Puedo entender la depresión, pero ¿el suicidio? —pregunté—. ¿Se suicida la gente por miedo a morir? Eso es contradictorio.

—Lo que están haciendo básicamente es tomar el control de aquello que los controla a ellos. El filósofo español Miguel de Unamuno decía que "el asesino de sí mismo se mata porque no esperará por la muerte".[14]

En su libro, Jones cita una investigación publicada en el *American Journal of Psychiatry*: «Los sujetos sin afiliación religiosa tuvieron significativamente más intentos de suicidio durante sus vidas y más familiares inmediatos que se suicidaron que aquellos que profesaban una religión... Además, los sujetos sin afiliación religiosa veían menos razones para vivir».[15]

Desde mi entrevista con Jones, los investigadores de Harvard publicaron un nuevo estudio documentando que la asistencia a los servicios religiosos reduce de manera drástica las muertes por suicidio, drogas y alcohol. Asistir a los servicios al menos una vez a la semana redujo esas llamadas «muertes por desesperación» en un treinta y tres por ciento entre los hombres y un enorme sesenta y ocho por ciento entre las mujeres, en comparación con las personas que nunca asistieron a dichos servicios.[16]

—La gente suele hablar de una epidemia de suicidios —concluyó Jones—, pero la verdadera epidemia es el creciente rechazo a una firme creencia en la otra vida. *Eso* es lo que está sumiendo cada vez a más personas en la desesperanza.

Cerebros crujientes

Agarré mi Biblia y cité Eclesiastés 3:11 (NTV), donde dice que Dios «sembró la eternidad en el corazón humano», y entonces le pregunté a Jones:

—¿Qué significa eso para usted?

—Que hay algo más que miedo a la muerte. Queremos vivir para siempre. Eso está arraigado en nosotros. Queremos entender la eternidad, deseamos encajar en ella, *necesitamos* la eternidad —respondió.

—Un modo en que las personas intentan alcanzar la inmortalidad sin Dios —dije— es descubriendo cómo vivir más y más tiempo para engañar a la muerte. El futurólogo Ian Peterson afirmó que "para 2050, en realidad, esperamos poder descargar la mente en una máquina, de modo que cuando uno muera eso no sea un problema relevante".[17] ¿Qué opina de eso?

Jones suspiró.

—Hay mucha desesperación en ese sentido, como puede ver en las tiendas de artículos orgánicos, donde los compradores se apresuran a asegurarse de que los productos no sean transgénicos, ni contengan antibióticos y demás, como si eso pudiera prolongar significativamente la vida. Estuve en una reunión en la que se hizo circular entre la gente un libro que trataba sobre cómo no morir. Así que dije: "Por cierto, si los científicos pudieran curar todos los cánceres que existen, la gente solo viviría un promedio de 2.265 años más". Un demógrafo de Harvard calculó eso. Así que no importa, morirán de otra cosa.

—¿Qué sucede con el transhumanismo? —pregunté, refiriéndome a cómo los expertos quieren alterar científicamente nuestros cuerpos y cerebros para que podamos vivir más tiempo.

El innovador billonario Elon Musk ya está experimentando con la implantación de chips de computadora en el cerebro.[18]

—Claro, el transhumanismo o humano+ afirma que, puesto que las personas no son más que moléculas en movimiento, podemos reproducir las sinapsis del cerebro con circuitos que no se han inventado todavía. Y que ellos pueden cargar nuestra mente en una computadora para que podamos ser avatares en un mundo virtual o transferirla a un robot. Por supuesto que eso es ciencia ficción.

—¿Por qué?

—Deberían tener circuitos que sean idénticos a las conexiones de su cerebro. Hay casi mil billones de conexiones en el cerebro y aún no hemos descubierto todos sus secretos. Como explicó un experto, emular el cerebro en una computadora no es lo mismo que crear un cerebro. Además, no han podido reproducir el cerebro de un pequeño gusano redondo con trescientas dos neuronas. Otro experto dijo que incluso si la inteligencia artificial hiciera el noventa y nueve por ciento del trabajo, llevaría mil años hacer un plano del cerebro.

—Además de eso —añadió—, incluso si pudiéramos producir algo que esté conectado exactamente como su cerebro, nadie tiene idea de cómo podría un sistema así ser consciente. Seamos realistas: los científicos no pueden explicar cómo volver conscientes las cosas que son inconscientes. Incluso Michael Shermer, de la revista *Skeptic*, dijo: "Todavía no conocemos la base de la conciencia".[19] Es más que su cerebro: su conciencia es el verdadero *usted* que proporciona su identidad. Así que esto es solo una quimera.

Le pregunté a Jones sobre la criogenia, que implica congelar a una persona después de que muere y luego descongelarla una vez que la ciencia haya encontrado una cura para lo que la mató. En teoría, alguien podría continuar este proceso indefinidamente. Como ejemplo, la cabeza y el cuerpo de Ted Williams, el jugador de béisbol del Salón de la Fama que murió en 2002, están congelados en tanques separados de nitrógeno líquido. Su hija dijo que la criogenia es «como una religión, algo en lo que podemos tener fe».[20]

Numerosas celebridades han dicho que quieren este último baño de hielo para ellos cuando mueran, incluido el conductor

Larry King, que no cree en una vida después de la muerte, por lo que dijo: «La única esperanza, el único fragmento de esperanza, es ser congelado».[21]

—Ese asunto está repleto de problemas —me dijo Jones—. Por un lado, tiene que estar congelado a los pocos minutos de morir o su cerebro se deteriora. Así que no es muy práctico. En segundo lugar, ocurren fracturas sónicas.

—¿Qué es eso?

Jones se acercó y vertió más soda sobre los cubitos de hielo que estaban en mi vaso medio vacío, y luego hizo una pausa.

—¿Escucha el crujido?

En efecto, el hielo estaba haciendo un crujido al fracturarse.

—Eso es lo que sucede si intenta descongelar un cerebro u otro órgano: cruje, cruje y cruje al fracturarse —dijo—. Nadie sabe cómo arreglar esa fractura. Una empresa criogénica sugiere la posibilidad de coser o pegar las piezas nuevamente. ¿En serio? ¡Así que lo que tiene ahora es un Frankenstein!

—¿Por qué fracasan todas esas ideas acerca de la inmortalidad?

—Porque Dios ha determinado que las personas van a morir. Hebreos 9:27 dice que "está establecido que los seres humanos mueran una sola vez, y después venga el juicio". Adán y Eva decidieron seguir sus sentimientos y violar el mandato de Dios, y desde entonces hemos estado asistiendo a los funerales. *Vamos* a morir. La gran pregunta, entonces, es cómo asegurarse de pasar la eternidad con Dios.

Vivir a través de los hijos

Una de las ideas más fascinantes del libro de Jones es que gran parte del comportamiento humano es motivado por personas que persiguen diversas formas de *inmortalidad simbólica*; en otras palabras, dado que no pueden vivir físicamente para siempre, persiguen con tenacidad maneras de dejar un legado o causar un impacto en el mundo para que al menos su memoria se mantenga viva a perpetuidad.

El filósofo Sam Keen dijo que la gente trata de «trascender la muerte participando en algo de valor duradero. Logramos la inmortalidad sustitutiva sacrificándonos para conquistar un imperio, construir un templo, escribir un libro, establecer una familia, acumular una fortuna, promover el progreso y la prosperidad, crear una sociedad de información y un mercado libre global».[22]

Un promotor de esta estrategia fue Edwin S. Shneidman, el primer profesor del estudio sobre la muerte en UCLA. «Un yo posterior positivo es la meta más valiosa de la vida», afirmó. «¡Vivir más allá del propio aliento! Ser elogiado en las páginas de obituarios del *New York Times*. Poseer un futuro en el mundo venidero; tener una extensión más allá de la fecha de la muerte de uno. Escapar del olvido; sobrevivir a uno mismo es una aspiración elevada y razonable». Él continuó añadiendo: «Concluir como si uno nunca hubiera existido, salir de la vida sin esperanza de seguir viviendo en la memoria de otro, ser borrado del registro de la historia, ese es un destino literalmente mucho peor que la muerte».[23]

¿En serio? ¿Es *literalmente* mucho peor que la muerte? Esa es una gran declaración. Me volví hacia Jones y le dije:

—¿Cuáles son algunas de las formas más comunes de inmortalidad simbólica que persiguen las personas?

—Tener o adoptar hijos es muy importante, tratar de vivir a través de ellos —respondió—. Nathan Heflick fue explícito en *Psychology Today*: "Entonces, ¿por qué la gente tiene hijos? Una razón es trascender al gran espectro de la muerte".[24] El gran actor Sir Peter Ustinov dijo: "Los hijos son la única forma de inmortalidad de la que podemos estar seguros".[25]

—¿Por qué no funciona eso? —le pregunté.

—Solo haga los cálculos. Nuestra genética se diluye rápidamente. En veinte generaciones, su futura descendencia solo tendrá el 0,000004 por ciento de sus genes. No podría alimentar a un mosquito con eso. En realidad, dado cómo los genes se transfieren en bloques, con algunos dominantes y otros recesivos, es poco probable que *alguno* de sus genes sobreviva tanto tiempo.

—¿Qué pasa entonces con los recuerdos que se transmiten a través de las familias?

Jones sonrió y me dijo:

—¿Conoce los nombres de sus tatarabuelos?

Me sentí avergonzado.

—Ah, no, creo que no.

Me tranquilizó con una palmada en el hombro.

—No se sienta mal —dijo—. A menudo pregunto ante los salones de clases llenos de estudiantes si conocen los nombres de sus tatarabuelos, y hasta ahora solo uno ha dicho que sí. Luego pregunto si alguien se *preocupa* por sus tatarabuelos y la respuesta es no. Ni una sola persona. *¡A nadie le interesa!* Eso es demasiado para tratar de mantenerse vivo a través de la familia.

Jones agregó que está viendo una tendencia creciente de personas que se involucran en investigaciones genealógicas.

—Esa es otra forma de intentar vivir para siempre: si venera a sus antepasados, sus hijos o nietos pueden sentirse obligados a recordarlo. ¡Eso es infructuoso, porque aun así usted está muerto! —dijo, arqueando sus pobladas cejas—. Aunque viva brevemente en la memoria de los miembros de su familia, eso realmente no le da una inmortalidad auténtica.

Quince minutos de fama

En su libro, Clay Jones cita un intercambio entre el ateo Richard Wade y una escéptica espiritual llamada Anne, que escribió para decir que su miedo a la muerte le estaba causando ataques de pánico tan severos que casi se desmayaba.

La respuesta de Wade fue que no le molestaban los pensamientos acerca de la muerte, porque «mi legado ya está completo... He hecho un aporte distintivo positivo al estar aquí y espero hacer aún más».[26]

Jones me dijo:

—Wade, en esencia, le estaba diciendo a esa mujer que lograra algunas cosas antes de morir para que la recordaran. Esa es otra forma de inmortalidad simbólica: crear algo que supuestamente tenga un valor duradero.

—¿Qué tan común es eso?

—Mucho —dijo—. Eso es lo que hace que la gente pinte una obra maestra, diseñe un edificio, inicie un sitio web o escriba un libro —dijo, esbozando una sonrisa mientras gesticulaba.

Continuó citando algunos ejemplos.

—Miguel Ángel supuestamente dijo: "No nace en mí ningún pensamiento que no tenga la 'muerte' grabada en él".[27] Una de las odas más extravagantes al ego es el Palacio de Versalles en Francia, el palacio más grande del mundo, con más de 67.000 metros cuadrados, más de 800 hectáreas, todo creado por el rey Luis XIV para grabar su nombre en la historia. Él le dijo a la *Academie Royale*: "Les confío la cosa más preciosa del mundo, mi fama".[28] En la actualidad, si es lo suficientemente rico, puede poner su nombre en un edificio, aunque eso no siempre garantiza nada.

—¿Qué quiere decir?

—Cuando el Lincoln Center for Performing Arts abrió en Nueva York en la década de 1960, su auditorio de conciertos se llamaba Philharmonic Hall. Unos años más tarde solicitaron un gran regalo para mejorar la acústica y le dieron un nombre a la sala en honor a Avery Fisher, que fabricaba altavoces. Luego, en 2015 volvieron a remodelar la sala, y esta vez le cambiaron el nombre a David Geffen Hall, en honor a un magnate de los medios que compró los derechos del nombre de la familia Avery Fisher. Aparentemente, a la generación de Fisher no le importaba mucho la idea de su inmortalidad simbólica. Como puede ver, este tipo de fama puede ser bastante fugaz.[29]

—Vivimos en una cultura de celebridades —dije—. Mucha gente se esfuerza por alcanzar la fama para obtener una especie de inmortalidad simbólica.

—Absolutamente, y eso es un poco ridículo, como un individuo que llegó al *Libro Guinness de los Récords Mundiales* por romper la mayor cantidad de asientos de inodoro con la cabeza en un minuto.

—¿En serio?

—Sí, cuarenta y seis en total. En primer lugar, no sé de dónde sacó la idea de hacer eso. Ahora está incluido en el libro, hasta el día en que se vea obligado a sobresalir por otros logros extraños. Recuerdo cuando el alcalde de una ciudad anunció su candidatura a la presidencia. Un comentarista político dijo que no tenía ninguna posibilidad, pero al menos eso figurará en su obituario. Supongo que valió la pena para él por eso.

Luego Jones agregó un ejemplo irónico de cómo esta búsqueda de la fama rara vez tiene éxito a largo plazo.

—¿Recuerda cómo el artista Andy Warhol le dijo a todo el mundo que sería famoso durante quince minutos? —asentí—. Bueno, en 2004, un comercial de televisión decía: "Alguien dijo una vez que todo el mundo será famoso durante quince minutos". ¡De hecho, no mencionaron su nombre en el comercial! Ni *esa* fama le duró.

El robo de la fama de John Lennon

Luego está el lado oscuro de la inmortalidad simbólica. Algunas personas se sienten impulsadas a dejar su huella en el mundo, aunque ello signifique hacer algo infame a través del crimen o el caos. Como le escribió un asesino en serie a una estación de televisión antes de ser capturado: «¿A cuántos tengo que matar antes de obtener... alguna atención nacional?».[30]

Después Jones relató la historia del templo de Artemisa en Éfeso, considerado una de las siete maravillas del mundo antiguo. Se requirieron ciento veinte años para construirlo, y luego un día del año 356 A. C. alguien lo quemó hasta los cimientos. Lo atraparon y le preguntaron por qué lo hizo, y él dijo que quería ser famoso.

—La respuesta de sus captores fue declarar que pronunciar su nombre estaría prohibido para siempre mediante una ley llamada *damnatio memoriae*, que decía que cualquiera que mencionara su nombre sería ejecutado —dijo Jones—. Querían borrarlo de la historia; no obstante, ¿adivina qué? Hoy conocemos su nombre. Se trata de Eróstrato. Se han escrito libros y obras de teatro sobre él. Y sin embargo casi no se sabe nada sobre los arquitectos del templo. Sus nombres, en su mayor parte, se perdieron en la historia.

»¿Por qué Mark David Chapman asesinó a John Lennon? —preguntó Jones—. Chapman fue directo: él declaró que lo hizo para llamar la atención y "robarle la fama a John Lennon".[31] Le dijo a la junta de libertad condicional: "Esa radiante luz de la fama, el oprobio, la notoriedad estaba ahí. No pude resistirme".[32] Cuando secuestraron al bebé de Charles Lindbergh, más de doscientas personas confesaron falsamente el crimen.[33] Eso ilustra el deseo de atención, incluso la mala atención.

»De forma trágica, vemos esto con demasiada frecuencia —añadió—. El tirador de la escuela Parkland, que asesinó a diecisiete personas, grabó un video antes de su crimen en el que decía: "Cuando me vean en las noticias, todos sabrán quién soy".[34] Los asesinos de la escuela secundaria Columbine, en Colorado, especularon de antemano que un famoso director crearía una película sobre ellos. Para personas como estas, no hay Dios, no hay juicio ni vida después de la muerte. ¿Por qué no sobresalir con un resplandor de gloria y hacerse un nombre?

Me estremecí ante la verdad de aquello.

—Al final, todas esas diversas formas de inmortalidad simbólica son absolutamente inútiles, ¿no es así?

—Así es. Después de todo, son *simbólicas*, todavía uno está muerto, ¿cierto? En última instancia, no se logra nada significativo. El emperador romano Marco Aurelio lo expresó bien cuando dijo: "¿Cuál es la ventaja de tener el propio nombre en boca de las generaciones futuras, cuando su principal preocupación será la misma que la nuestra? Tener sus nombres en boca de los sucesores... ¿Cómo nos confiere eso algo de realidad?".[35]

»Seamos realistas, la notoriedad por lo general se desvanece con bastante rapidez. A la mayoría de los autores de delitos se les olvida. Nuestros logros se ven eclipsados debido a los logros mayores de otros. La gran mayoría de las personas que se pasan la vida tratando desesperadamente de alcanzar el estrellato fracasan en su búsqueda. Aquellos que logran alcanzar cierto grado de estatus de celebridad descubren que conservar su fama requiere mantenimiento, ajustes y un control de daños interminables.

Luego añadió con una sonrisa:

—¡Pregúntele a Madonna!

De libros y pasteles de chocolate

Ante el miserable fracaso de varios intentos por lograr la inmortalidad sin Dios, muchos ateos han adoptado otro enfoque para lidiar con el miedo a la muerte. Quizás, dicen, morir no es tan malo después de todo. Quizás sea realmente *mejor* que la idea de la inmortalidad. Quizás la tumba sea una bendición disfrazada.

—Ellos intentan disimular el miedo a la muerte sosteniendo que, de todos modos, no les gustaría vivir para siempre —me dijo Jones—. Afirman que la vida eterna sería sumamente aburrida. Nos quedamos sin cosas placenteras por hacer. La repetición interminable sería tediosa y al final nos volvería locos.

De vez en cuando, los ateos han mencionado ese argumento en conversaciones conmigo. Esta es una posición reflejada en una cita atribuida popularmente al autor de ciencia ficción Isaac Asimov: «Cualesquiera que sean las torturas del infierno, creo que el aburrimiento del cielo sería peor».[36]

—Por supuesto, se trata de un argumento sin fundamento —dijo Jones—. El ateo Stephen Fry señaló que comer un delicioso pastel o leer un buen libro son grandes placeres porque terminan. Pero agregó: "Un libro que dure una eternidad y un pastel que nunca dejara de comer pronto perderían su atractivo".[37]

Jones alzó las manos.

—¿Quién en el mundo está hablando de repetición sin fin? —preguntó—. Podríamos comer pastel de chocolate todos los días justo ahora y aburrirnos de él, pero no es así. Variamos nuestra dieta y el pastel se convierte en un manjar periódico. Nadie habla de comer el mismo pastel, sin parar, para siempre. ¿Y quién ha escuchado hablar de un libro sin fin? Todos los grandes libros tienen un clímax y una conclusión, pero no seguimos leyendo el mismo libro una y otra vez.

»Además —dijo—, si el cielo es real, entonces Dios hará nuevas todas las cosas[38] y estará continuamente creando un mundo de gozo y asombro para nosotros. Si Dios puede crear toda la belleza y la emoción de nuestro universo actual, ciertamente es capaz de crear una experiencia eternamente estimulante y gratificante para sus seguidores en el cielo nuevo y la tierra nueva.

Un versículo de la Biblia muy expresivo me vino a la mente: «Ningún ojo ha visto, ningún oído ha escuchado, ninguna mente ha imaginado lo que Dios tiene preparado para quienes lo aman».[39]

Jones agregó que otro enfoque que emplean los ateos para minimizar la muerte es decir que morir es bueno ya que allana el camino para que otros vivan. El difunto cofundador de Apple, Steve Jobs, dijo en un discurso de graduación que «la muerte es probablemente el mejor invento de la vida», porque «limpia lo viejo para dar paso a lo nuevo».[45]

—Aun cuando fuera cierto que el bote salvavidas de la humanidad está tan lleno que alguien debe ahogarse en las aguas heladas para que otros puedan sobrevivir, ¿por qué debería eso ser un consuelo para nosotros? — preguntó Jones—. Pero la verdad es que tal cosa resulta irrelevante. Esa no es la situación en la que nos encontramos. Nadie necesita morir hoy porque carezcamos de los recursos adecuados.

«No fui; fui; no soy; no me importa»

Sin embargo, otra forma popular de mitigar el miedo a la muerte se remonta al filósofo griego Epicuro (341-270 a. c.), quien en esencia preguntó por qué debíamos preocuparnos por la muerte dado que solo es el mismo tipo de inexistencia que teníamos antes de nacer. Si su preexistencia no le molestó, ¿por qué debía temer graduarse en la no existencia después de la muerte? Como señaló Jones en *Immortal*, un dicho popular romano sobre las lápidas antiguas era: «*Non fui, fui, non sum, non curo*» o «No fui; fui; no soy; no me importa».[41]

El ateo Sam Harris le dijo a una multitud de escépticos: «El evangelio del ateísmo es… que no pasa nada después de la muerte. No hay nada de qué preocuparse, no hay nada que temer, cuando después de morir vuelves a la nada que eras antes de nacer… La muerte, por tanto, no es un problema. La vida es el problema».[42]

—¿Cómo responde a ese argumento? —le pregunté a Jones.

—Como dijo el filósofo Thomas Nagel, no es el estado de inexistencia lo que es objetable, sino la pérdida de vidas —respondió—. ¿Qué pasaría si le dijeran que pronto quedará reducido a la capacidad mental de un bebé satisfecho y que será feliz siempre que su estómago esté lleno y su pañal seco? Después de todo, una vez estuvo contento cuando era bebé, así que ¿no se contentaría ahora? Francamente, no creo que eso consuele a nadie. El problema es de lo que usted está privado. Como dijo Nagel, si la vida es todo lo que tenemos, perderla sería "la mayor pérdida que podemos soportar".[43]

—Por supuesto —comenté— la premisa de que no hay nada después de la muerte supone que el cristianismo debe ser falso.

—Exactamente —fue la respuesta de Jones—. Si el cristianismo es verdadero, y tenemos buenas razones para creer que lo es, entonces enfrentaremos el juicio después de la muerte. Habrá consecuencias eternas para aquellos que hayan rechazado el perdón que Dios les ofrece por sus pecados. No enfrentamos la nada de la inexistencia; al contrario, nos enfrentamos a una eternidad con Dios o separados de él. Esa es la verdad *real* acerca de la inmortalidad.

»Enfrentémoslo —agregó—, a los escépticos les gusta afirmar que los cristianos inventaron el cristianismo para escapar de su miedo a la muerte, pero fíjese en todas las tonterías que los escépticos deben abrazar para hacerles frente a sus propios miedos a la muerte. Todo es inútil. Como escribió un médico en *Psychology Today*: "He tratado de resolver intelectualmente mi miedo a la muerte y llegué a la conclusión de que no puedo hacerlo, al menos por mí mismo".[44]

En su libro, Jones resume la historia atea de la salvación sin Dios de la siguiente manera: «Cuando usted muera, su conciencia cesará. Entonces su cuerpo se descompondrá donde, como dice *La canción fúnebre*, "los gusanos se arrastran hacia adentro, se arrastran hacia afuera / los gusanos juegan barajas sobre su nariz". Usted no tiene ninguna esperanza de reunirse con sus seres queridos.

Nunca más volverá a disfrutar de otras personas, ni de las puestas de sol, ni de las playas, ni de los arrecifes, ni de las montañas, ni de las secuoyas, ni de las rosas, ni de nada más. Pronto *todo el mundo lo olvidará* excepto como una nota al pie de la historia. Sin embargo, aun cuando sea una nota al pie de la historia, ¿tiene realmente alguna importancia eso?».[45]

El cristianismo, por el contrario, ofrece el mejor resultado posible para los seguidores de Cristo después de que abandonan este mundo. Ellos se regocijan en la presencia de Dios. Se reúnen con sus seres queridos. Viven sin lágrimas ni luchas ni miedos. Experimentan un maravilloso mundo de aventuras, emoción y exploración. Contentamiento, gozo, amor, *para siempre*.

No es de extrañar que incluso el filósofo ateo Luc Ferry reconozca: «Te concedo que, entre las doctrinas de la salvación existentes, nada puede competir con el cristianismo, es decir, siempre que seas creyente».[46]

Yo agregaría, siempre que nuestras creencias estén justificadas por la evidencia.

El *tema más importante*

Jones dejó muy claro que cuando se trata de lidiar con nuestra muerte inevitable, realmente no hay lugar para falsas esperanzas, ilusiones, negaciones desesperadas o esfuerzos fútiles con el fin de lograr de alguna manera una seudoinmortalidad sin Dios. Por un lado, si el cielo es realmente solo «un cuento de hadas para las personas que le temen a la oscuridad», como dijo el fallecido físico teórico Stephen Hawking,[47] no deberíamos querer tener nada que ver con el concepto.

Por otro lado, si John Lennox, profesor de Oxford, tiene razón al afirmar que «el ateísmo es un cuento de hadas para las personas que le temen a la luz»,[48] que existen razones legítimas para creer que nuestra muerte en este mundo puede ser una verdadera puerta de entrada a una existencia más fabulosa por la eternidad, entonces este es seguramente *el* tema más importante en el que podemos reflexionar. Esta vida, tan preciosa como resulta para nosotros, es solo un abrir y cerrar de ojos comparada con la contemplación de la línea cronológica infinita de la eternidad.

Jones y yo tomamos el último sorbo de nuestras bebidas y nos pusimos de pie justo cuando su esposa, Jean E., entraba en la habitación. Jones nos presentó y luego dijo:

—¿Qué tal si salimos a almorzar?

Él no necesitó presionarme mucho. Esperaba con ansias tener una comida informal y una conversación ligera antes de continuar escalando la montaña investigativa que enfrentaba.

Al final, lo que Clay Jones dijo sobre el anhelo universal que tenemos por la inmortalidad me pareció acertado. Sin embargo, eso no hace que la visión cristiana del más allá sea cierta. Todavía necesitaba investigar el tema de si sobrevivir a la muerte de nuestros cuerpos tiene algún sentido científico. Hablando en términos lógicos, ¿no requeriría esto que tengamos un alma que pueda continuar perdurando después de dar nuestro último aliento en este mundo? Necesitaba saber si hay alguna evidencia convincente de que las personas posean este tipo de espíritu inmaterial.

Hacía poco había oído hablar de una neurocientífica formada en Cambridge que podría proporcionar respuestas firmes. Aunque vive en Inglaterra, afortunadamente la tecnología nos permitiría conectarnos para una entrevista profunda.

Estaba decidido a emular el ejemplo de Jones: resolví que no habría elusión de los problemas.

CAPÍTULO 2

En busca del alma

¿Somos conscientes más allá de la tumba?

Para mí ahora, la única realidad es el alma humana.

—SIR CHARLES SHERRINGTON, CIENTÍFICO GANADOR
DEL PREMIO NOBEL, POCO ANTES DE MORIR

Ralph Lewis se crio en una familia judía en Sudáfrica. Siempre se consideró un escéptico, aunque apreciaba algunos de los ritos de su sinagoga. Él se convirtió en psiquiatra en Canadá y se unió a la facultad de la Universidad de Toronto.

Durante la batalla de su esposa Karin contra el cáncer de mama —y a pesar de que presintió «cierta forma de providencia» durante ese período y de que ella recuperó su salud a través de circunstancias fortuitas— ambos se convirtieron en ateos. Después de todo, parecía el paso más natural en su filosofía materialista, la que significa que no hay una dimensión espiritual más allá del mundo físico.

Para Lewis, nadie posee un alma que perdure después de la muerte. «Desde una perspectiva científica de la realidad, simplemente no hay lugar para creer en un reino espiritual», expresó. «Punto».

Aunque admite que la gente tiene cierta creencia intuitiva en un alma, ello en realidad es solo una ilusión. «La muerte nunca ha sido popular, especialmente cuando se ve como el cese total y final del ser. La tolerabilidad de la perspectiva aumenta solo cuando se enmarca como un simple pasaje a un paraíso celestial lleno de todo tipo de placeres», afirmó. «Los seres humanos somos profundamente egocéntricos y es natural para nosotros enmarcar el mundo en términos autorreferenciales. No podemos concebir fácilmente que el mundo exista sin nosotros, y luchamos por imaginar nuestra absoluta inexistencia».

Lewis cree que la materia alcanzó una inmensa complejidad a través de «procesos espontáneos de autoorganización no guiados, esculpidos además en los organismos biológicos por poderosas fuerzas evolutivas, otra vez, no guiadas». En última instancia, la conciencia humana, o la mente, emergió por sí misma durante nuestra historia evolutiva de una manera aún inexplicable. «La mente es producto del cerebro y nada más que del cerebro», expresó. «La mente es (solo) lo que el cerebro hace».

Cuando nuestro cerebro muere, morimos y decaemos. ¿Qué se siente al estar muerto? «Bueno, ¿recuerdas cómo te sentiste en todas esas etapas antes de nacer?», inquirió él. «Es lo mismo».[1]

El fisicalismo frente al dualismo

Es fácil simpatizar con Ralph y Karin Lewis. Cuando las circunstancias parecen espantosas, cuando la salud falla o la muerte se avecina, es natural buscar respuestas. Algunos se aferran a doctrinas religiosas. Otros rechazan su educación espiritual. Sin embargo, yo estaba interesado en un enfoque diferente; a saber, analizar la evidencia y ver hacia dónde apuntan los hechos.

¿Podríamos ser más que solo cerebros? ¿Deberíamos cuestionar el dogma darwiniano de que el alma es producto de nuestra imaginación? ¿O es posible que las antiguas enseñanzas sean ciertas: los humanos somos cuerpo y espíritu?

Muchos científicos en la actualidad abrazarían la perspectiva escéptica de Lewis. Para ellos, somos cerebro y nada más. «La sapiencia imperante... es que hay solo un tipo de sustancia, es decir, *la materia* —la sustancia física de la física, la química y la fisiología— y la mente de alguna manera no es más que un fenómeno físico», indicó el filósofo ateo Daniel Dennett.

«En resumen, la mente es el cerebro», continuó. «Podemos (¡en principio!) explicar cada fenómeno mental utilizando los mismos principios físicos, leyes y materias primas que son suficientes para explicar la radiactividad, el desplazamiento o deriva continental, la fotosíntesis, la reproducción, la nutrición y el crecimiento».[2]

Sir Colin Blakemore, profesor de neurociencia en la Universidad de Oxford, afirmó: «El cerebro humano es la única máquina que explica todas nuestras acciones, nuestros pensamientos más íntimos, nuestras creencias. Todas nuestras acciones son producto de la actividad de nuestro cerebro».[3]

¿*Todas* nuestras acciones? ¿En serio? Bueno, sí, afirma la filósofa Patricia Churchland, e insiste en que eso le parece bien. En un artículo titulado «Los beneficios de percatarse de que eres solo un cerebro», le dice al entrevistador: «Vaya, ¿acaso el amor que siento por mi hijo es realmente solo química neuronal? Bueno, en realidad lo es. Pero eso no me molesta».[4]

Esta filosofía se categoriza ampliamente como *fisicalismo*.[5] Algunos de sus seguidores, como Daniel Dennett, creen que la conciencia es simplemente una ilusión. Otros fisicalistas creen que la conciencia existe, pero es totalmente un producto del cerebro, habiendo surgido de forma natural a medida que los humanos evolucionaron para volverse altamente complejos. Sin embargo, nadie ha podido proponer ningún mecanismo creíble en cuanto a cómo pudo haber surgido la conciencia.

«¿Cómo puede la simple materia originar la conciencia? ¿Cómo convirtió la evolución el agua de los tejidos biológicos en el vino de la conciencia?», pregunta el filósofo Colin McGinn. «La conciencia parece una novedad radical en el universo, no prefigurada por las secuelas de la Gran Explosión (también conocida como Big Bang), ¿cómo se las arregló entonces para surgir a partir de lo que la precedió?».[6]

El *dualismo*, la idea de que los humanos son un compuesto de un cuerpo físico y una mente o alma inmaterial, parece intuitiva; en efecto, ha sido creída por «la mayoría de la gente, en la mayoría de los tiempos, en la mayoría de los lugares y en la mayoría de las edades», dijeron los filósofos Mark Baker y Stewart Goetz en *The Soul Hypothesis*. «Esta creencia está atestiguada en casi todas las culturas humanas conocidas».[7]

Entre los dualistas —las personas que creen que tenemos cuerpo y alma— hay pensadores como Agustín de Hipona, Tomás de Aquino, René Descartes, Gottfried Wilhelm Leibniz, John Locke e Immanuel Kant, así como los científicos Isaac Newton y Galileo Galilei. A ellos se unen bastantes filósofos y científicos acreditados y activos en la actualidad.[8]

Incluso hay evidencia de que los niños empiezan siendo dualistas. Los psicólogos estudiaron a unos chicos a los que les habían hablado acerca de un cocodrilo que se estaba comiendo a un ratón. Aunque los niños de cuatro y seis años entendieron que el ratón ya no estaba vivo *biológicamente*, y por lo tanto su cerebro ya no podía funcionar, no obstante creían que aún vivía *psicológicamente*, por lo que seguiría teniendo pensamientos y deseos.[9] ¿Alguna vez ha observado algo así con un niño?

«En conclusión, la Hipótesis del Alma parece ser extremadamente natural, es más, casi inevitable para la mente y la experiencia humanas», dijeron Baker y Goetz.[10]

Por supuesto, hay ejemplos a lo largo de la historia en los que las personas han tenido creencias que parecían intuitivas, solo para que los avances científicos demostraran que estaban erradas. Ahora los descubrimientos en neurociencia, incluido el progreso en el mapeo del cerebro, están impulsando a los *fisicalistas* a declarar triunfalmente que el dualismo está muerto.

«A medida que los neurocientíficos asocian cada vez más las facultades que alguna vez se le atribuyeron a la mente o al alma con el funcionamiento de regiones o sistemas específicos del cerebro, se vuelve cada vez más atractivo decir que, en efecto, es el cerebro el que realiza estas funciones», dijo la filósofa Nancey Murphy.[11]

Daniel Dennett es contundente: «Esta idea de las almas inmateriales, capaces de desafiar las leyes de la física, ha sobrevivido a su credibilidad gracias al avance de las ciencias naturales».[12]

No es cierto, replican los dualistas. Ellos están convencidos de que tales conclusiones son exageradas y, disculpe el juego de palabras, erradas. Baker y Goetz dijeron: «Se han exagerado los informes sobre la muerte del alma».[13] Sin embargo, ¿sobre qué base hacen esa afirmación? Las alegaciones carecen de evidencia. Yo estaba resuelto a seguir adelante para entender realmente las complejidades de este tema esencial: ¿es el alma real o simplemente una ilusión?

El espíritu sigue vivo

Se considera que el alma es el asiento de nuestra conciencia, el lugar de nuestra introspección, volición, emociones, deseos, recuerdos, percepciones y creencias. Es el ego, el «yo» o el ser mismo. Se dice que el alma anima e interactúa con nuestro cuerpo, aunque es distinta a él. «Cuando hablamos del alma, nos referimos a *nuestro núcleo esencial*», dijo el filósofo Paul Copan.[14]

La palabra hebrea *nephesh* (a menudo traducida como «alma») y *ruach* (frecuentemente traducida como «espíritu»), así como la palabra griega *psique* (traducida por lo general como «alma»), aparecen cientos de veces en la Biblia. Sin embargo, se utilizan en una variedad de contextos, lo que lleva a diversas interpretaciones por parte de los académicos. El que la Biblia no tiene ninguna enseñanza directa específicamente sobre la existencia y la naturaleza del alma sustenta el debate.[15]

No obstante, tanto el Antiguo como el Nuevo Testamento parecen presuponer que el alma es real. El antropólogo Arthur Custance afirma que las Escrituras cristianas, en su conjunto, indican que los seres humanos son «una criatura compuesta, una dicotomía espíritu/cuerpo».[16] Es más, Moreland, cuyo doctorado en filosofía es de la Universidad del Sur de California, se describe a sí mismo de esta manera: «*Soy* un alma y *tengo* un cuerpo».[17]

Moreland sostiene que la Biblia «afirma explícitamente la realidad del alma sin pretender enseñar explícitamente su existencia». Escribe: «Por ejemplo, en Mateo 10:28, Jesús nos advierte que no temamos a aquellos que solo pueden matar el cuerpo; más bien, debemos temer a aquel que puede destruir tanto el cuerpo como el alma. El propósito principal de este texto es servir como advertencia y no enseñar que hay un alma. Sin embargo, al exponer su advertencia, Jesús afirma de forma implícita la realidad del alma. Y en otras ocasiones, la Biblia simplemente asume el punto de vista del sentido común [el del dualismo]. Por ejemplo, cuando los discípulos que vieron a Jesús caminando sobre el agua (Mateo 14:26) y pensaron que estaban viendo un espíritu, la Biblia simplemente asume que todos sabemos que somos (o tenemos) almas que pueden existir sin el cuerpo».[18]

Al recabar pistas en las Escrituras, Moreland dijo que parece que nuestra alma se separa de nuestro cuerpo en el momento de la muerte, cuando entramos en un estado intermedio temporal de desencarnación hasta la resurrección general del cuerpo en la consumación de la historia.[19]

Como evidencia, Moreland señala a Jesús, quien le dijo al ladrón que estaba siendo crucificado junto a él que estaría con Jesús inmediatamente después de su muerte y antes de la resurrección final de su cuerpo.[20] Además, entre su muerte y su resurrección, Jesús continuó existiendo como Dios-Hombre independiente de su cuerpo.[21] El apóstol Pablo dice que estar ausente del cuerpo es estar presente con el Señor.[22] Y tanto Jesús como Pablo concordaban con la enseñanza de los fariseos de que al morir, el alma parte a una existencia incorpórea hasta la resurrección corporal final.[23]

[Para mayor claridad, a medida que se desarrolle este libro, usaré el término *estado intermedio* para describir esa existencia temporal incorpórea entre la muerte y la resurrección final, y la palabra *cielo* para describir el cielo nuevo y la tierra nueva,[24] donde los seguidores encarnados de Jesús vivirán por la eternidad con Dios después de que ocurra el juicio].

¿Es razonable creer que nuestra conciencia, o alma, continúa existiendo en la otra vida? ¿O somos simplemente cerebros físicos que quedan en el olvido cuando nuestro corazón deja de latir y nuestras ondas cerebrales se desactivan?

«El concepto del alma, aunque tiene una historia larga y respetable, ahora parece superado y aventajado por la neurociencia», argumenta Patricia Churchland, profesora emérita de filosofía en la Universidad de California, en San Diego.[25]

¿Es eso cierto? Para averiguarlo, decidí entrevistarme con una neurocientífica que recibió su doctorado en la Universidad de Cambridge y ha realizado investigaciones sobre el cerebro en Gran Bretaña y Estados Unidos.

Entrevista #2: doctora Sharon Dirckx

Cuando era niña, Sharon Dirckx estaba sentada junto a la ventana de su casa en Durham, Inglaterra, mientras veía caer la lluvia. De repente, se percató de su propia conciencia. Los pensamientos surgieron en su cabeza: *¿por qué puedo pensar? ¿Por qué existo? ¿Por qué soy una persona viva, que respira, consciente y que experimenta la vida?*

Esas eran reflexiones profundas para una chica de diez u once años, pero la impulsaron a una búsqueda de respuestas durante toda la vida. Como hija de un policía, creció en un hogar religiosamente neutral. Siempre quiso ser científica. Cuando Sharon tenía diecisiete años, una maestra le dio un libro del biólogo evolutivo y ateo Richard Dawkins, el cual ayudó a formar sus creencias agnósticas.

«Me convencí de que una persona no puede convertirse en científico y creer en Dios al mismo tiempo, son cosas incompatibles», recordó.

Durante su primera semana en la Universidad de Bristol, asistió a un foro con un panel de cristianos conocedores y se armó de valor para hacer una pregunta sobre la contradicción entre la ciencia y la fe. La respuesta la tomó por sorpresa. «Ellos argumentaron que, por supuesto, una persona puede ser cristiana y científica al mismo tiempo», dijo ella. «Eso estremeció mi mundo».

Terminó pasando los siguientes dieciocho meses investigando el cristianismo, llegando a la fe a los veinte y obteniendo su título universitario en bioquímica. Su fascinación por la neurociencia la impulsó a obtener su doctorado en imágenes cerebrales en la Universidad de Cambridge, y posteriormente pasó otros siete años realizando investigaciones sobre neuroimagen tanto en la Universidad de Oxford como en el Colegio Médico de Wisconsin en Milwaukee.

Hoy, ella y su esposo, Conrad (se conocieron en el laboratorio de imágenes cerebrales, algo «muy romántico», dijo Sharon humorísticamente), viven en Oxford con sus dos hijos, Abby y Ethan. Actualmente es tutora en el Centro de Oxford para la Apologética Cristiana (OCCA). Ella dicta conferencias a nivel internacional sobre ciencia, teología, problemas de la mente y el alma, así como otros temas, y aparece periódicamente en programas de radio británicos, a veces debatiendo con pensadores seculares.

Su primer libro galardonado *¿Por qué?: Dios, el mal y el sufrimiento personal*, se publicó en 2013.[26] Luego volvió su atención a su pasión por la neurociencia, la filosofía y la teología. El resultado fue su libro publicado en 2019: *¿Soy solo un cerebro?* Ruth Bancewicz, del Instituto Faraday de Ciencia y Religión en Cambridge, dijo: «Sharon presenta un caso convincente de por qué la respuesta al título de su libro (¡aunque le diga el final antes que lo lea!) es: "No"».

Eso es lo que me impulsó a concertar una entrevista cara a cara con ella a través de Internet. Estaba en el piso de arriba de su casa en Oxford, vestida de manera informal, con el cabello castaño recogido y hablando con un acento absolutamente británico. Terminamos sosteniendo una larga discusión sobre este primer elemento clave en el caso de la vida más allá de la muerte.

Yuri Gagarin versus Buzz Aldrin

Comencé con una pregunta más caprichosa que inquisitiva:

—Cuando el cosmonauta ruso Yuri Gagarin, un ateo, se convirtió en la primera persona en salir al espacio, comentó: "Miré y miré, pero no vi a Dios". Usted ha empleado máquinas de imágenes de alta tecnología para ver dentro del cerebro humano. ¿Vio algún alma?

Eso dibujó una sonrisa en sus labios.

—Bueno, no estaba buscando una —respondió—. Como neurocientífica, estaba estudiando cosas como los efectos que produce la adicción a la cocaína en el cerebro. Eso es lo que hacen los científicos: exploramos el mundo físico. Esa puede ser en parte la razón por la que muchos científicos simplemente asumen la posición *fisicalista*, porque el suyo es el mundo material de la naturaleza.

»Algunas personas asumen que la ciencia puede hacer más de lo que realmente es capaz de hacer —agregó—. Por ejemplo, ella no está diseñada para resolver la cuestión de si Dios existe. Por supuesto, si Dios es real, habrá señales que apunten en su dirección, como creo que las hay. Pero la ciencia se ocupa del mundo natural.

»Por cierto —dijo—, por cada Yuri Gagarin hay un Buzz Aldrin. Aldrin tomó la Santa Cena antes de caminar sobre la luna y pidió silencio a la NASA mientras leía Salmos 8: "Cuando contemplo tus cielos, obra de tus dedos, la luna y las estrellas que allí fijaste, me pregunto: ¿Qué es el hombre para que en él pienses? ¿Qué es el ser humano para que lo tomes en cuenta?'".[27] Hay científicos que dudan, pero hay otros que creen.

—Sin embargo, usted mencionó que muchos científicos son *fisicalistas*. ¿Qué tan generalizado es ese punto de vista? —pregunté.

—Está bastante extendido —respondió ella—. Por ejemplo, la revista *Scientific American* informó acerca de estudios sobre cómo las redes cerebrales se correlacionan con diferentes estados mentales. El titular de la portada decía: "Cómo crean el pensamiento las redes cerebrales". Ahora bien, esa *no* es una declaración científica. No es lo que te dicen los datos. Esa es una declaración de cosmovisión, basada en la creencia de que en última instancia todo está ligado a lo físico, y por lo tanto debe ser el cerebro el que crea nuestros pensamientos. Eso sucede todo el tiempo en nuestro campo.

La ciencia, dijo ella, nunca podría refutar a Dios.

—Sería como si los científicos averiguaran cómo funciona toda la programación en Facebook y luego declararan: "Esto refuta la existencia de Mark Zuckerberg".

Ahora era mi turno de sonreír.

—Está diciendo que la ciencia puede decirnos muchas cosas, pero aun así necesitamos la filosofía y la teología.

—La Biblia dice que Dios se ha dado a conocer de dos maneras —asintió ella—, a través de la revelación natural del mundo físico y de la revelación especial de las Escrituras. La ciencia nos dice mucho sobre el mundo natural, pero aún necesitamos la teología y la filosofía para sondear una revelación especial, las Escrituras, y para reflexionar en cuestiones que la ciencia no puede responder. Cuestiones como: "¿Por qué podemos *pensar* en las cosas?".

Con la pluma en la mano para escribir mis apuntes, volví a la cuestión planteada por el título de su libro: ¿Existe alguna evidencia científica de que solo somos cerebros?

Describe el aroma del café

Comencé haciendo preguntas fundamentales:

—¿Son la mente y el cerebro lo mismo? ¿Puede explicarse todo por un disparo de las neuronas?

—Permítame explicarle por qué la respuesta es no —dijo—. Los científicos pueden medir las actividades del cerebro; por ejemplo, vemos que las redes se iluminan cuando surgen varios pensamientos. Sin embargo, esas redes no son necesariamente los pensamientos en sí mismos; ellas están simplemente correlacionadas con nuestros pensamientos. El problema es que los científicos no pueden acceder a los pensamientos internos o *qualia* reales de una persona sin simplemente preguntarles. Los pensamientos de una persona desafían los métodos científicos tradicionales.

—¿*Qualia*?

—Ese es el plural de *quale*, un término que los filósofos usan para describir una cualidad o propiedad que alguien experimenta o percibe. Por ejemplo —dijo, alzando su taza—, usted y yo estamos tomando café mientras charlamos.

Tomé un sorbo de mi propia taza como para reconocer lo que decía.

—Si alguien le pidiera que describiera el olor del café, ¿qué le diría? —me preguntó.

Pensé por un momento antes de darme cuenta de lo indefinido que en realidad resulta eso.

—No sé con certeza por dónde empezar —dije.

—Podríamos hablar de la estructura química de la cafeína, pero eso no nos acercaría más al olor del café —señaló Dirckx—. Podríamos hablar sobre la fisiología de lo que sucede en nuestro cuerpo cuando lo bebemos, pero eso no capta el aroma. Para entender a qué huele el café, necesitas degustarlo. La vida está llena de *qualia* como ese, por ejemplo, ver el color rojo o probar una sandía.

»Es como la diferencia entre leer una reseña de un concierto y presenciar el evento usted mismo. Piense en las veces en que alguien trató de describirle algo que había experimentado, como un concierto de rock, solo para finalmente darse por vencido y decir: "Bueno, supongo que realmente usted debía haber estado allí".

»Como neurocientífica, he medido la actividad eléctrica del cerebro de las personas, pero no puedo calcular su experiencia de la misma manera. No puedo medir lo que piensan. No puedo medir lo que realmente se siente al ser *usted*. ¿Por qué no? Porque el cerebro por sí mismo no es suficiente para explicar la mente.

Para ilustrar más, Dirckx describió un experimento mental.[28] ¿Y si Mary fuera una científica que tuviera un conocimiento detallado de la física y la química de la visión? Sabría todo sobre la intrincada estructura del ojo, cómo funciona y cómo envía señales eléctricas al cerebro a través del nervio óptico, donde se convierten en imágenes. Sin embargo, ¿y si fuera ciega y un día de repente pudiera ver?

—En el momento de recibir la vista, ¿aprende Mary algo nuevo sobre la visión? —preguntó Dirckx.

Mis ojos se agrandaron.

—¡Por supuesto!

—Eso significa que los hechos físicos por sí solos no pueden explicar la experiencia de la conciencia en primera persona. Ningún conocimiento sobre el funcionamiento físico del ojo y el cerebro acercaría a Mary a la experiencia de lo que realmente es *ver*.

—¿Cuál es su conclusión?

—Esa conciencia simplemente no puede ser sinónimo de actividad cerebral.

—Usted está diciendo que, aunque trabajan juntos, no son lo mismo. La conciencia, (la mente, el alma) está más allá del funcionamiento físico del cerebro.

—Correcto. Filósofos como Leibniz plantean un punto importante: si dos cosas son idénticas, no habría diferencia discernible entre ellas.[29] Eso significa que, si la conciencia fuera idéntica a la actividad cerebral, todo lo que es cierto sobre la conciencia también lo sería para el cerebro. Pero la conciencia y la actividad cerebral no podrían ser más diferentes. Por lo tanto, la conciencia no puede reducirse a los procesos puramente físicos del cerebro.

Ella me señaló y sonrió.

—Lee, usted es más que su cerebro.

Eso sí parecía claro, pero ha habido objeciones.

—El ateo Daniel Dennett evade esto diciendo que la conciencia es ilusoria —dije.

Ella respondió simplemente.

—La ilusión todavía presupone la conciencia.

—¿Podría explicar eso?

—La ilusión surge cuando malinterpretamos una experiencia o la percibimos incorrectamente, pero la experiencia en sí sigue siendo válida y real. Así que eso constituye un problema con lo que él está diciendo. Sinceramente, creo que su opinión es absurda. Por cierto, falla. Si lo que afirma es cierto, entonces no se puede confiar en su propio argumento.

—¿Por qué no?

—Porque es solo una ilusión.

Más allá del cerebro físico

El neurocientífico Adrian Owen pasó más de dos décadas estudiando a pacientes con trauma cerebral. En 2006, la prestigiosa revista *Science* publicó su innovadora investigación que mostraba que algunos pacientes considerados en estado vegetativo con lesiones cerebrales graves estaban realmente conscientes.

Owen dijo: «Hemos descubierto que entre el quince y el veinte por ciento de las personas en estado vegetativo, las cuales se supone que no tienen más conciencia que una cabeza de brócoli, son en efecto plenamente conscientes, aunque nunca respondan a ninguna forma de estimulación externa».[30]

—¿Qué le dice eso? —le pregunté a Dirckx.

—Es una evidencia adicional de que los seres humanos son muy complejos, y la condición de nuestro cerebro es solo una parte de la historia —dijo—. La conciencia va más allá de nuestro cerebro físico y nuestro sistema nervioso. Esta no se puede reducir simplemente a la actividad cerebral. Somos más que cerebros.

Eso incentivó la reflexión acerca de los experimentos de Wilder Penfield, el padre de la neurocirugía moderna, en la década de 1950, quien estimuló el cerebro de los pacientes con epilepsia, creando todo tipo de sensaciones y movimientos involuntarios. No obstante, sin importar cuánto lo intentó, no pudo representar el razonamiento abstracto o la conciencia misma.

«No hay lugar... en el que la estimulación eléctrica haga que el paciente crea o decida», dijo Penfield.[31] Para él, esa evidencia de una mente no física distinta del cerebro lo persuadió a abandonar el *fisicalismo*.[32]

Sin embargo, ¿podría el cerebro, a medida que evolucionaba en complejidad, haber generado de alguna manera una mente consciente? Le pregunté a Dirckx sobre este punto de vista, que es popular entre muchos científicos.

—Si estamos tratando con un sistema cerrado de neuronas inconscientes, ¿cómo llegaron a generar mentes conscientes? —respondió ella, dejando que el desafío flotara en el ambiente por unos momentos—. Este ha sido el gran obstáculo. Nadie puede dar una explicación coherente para esto en un mundo materialista. Y si todo lo que se necesita es un cerebro físico para crear la mente, ¿por qué los animales no son conscientes en el mismo grado que nosotros? La discontinuidad entre primates y personas no es de *grado*; es una de *tipo*. La complejidad, por sí sola, no sería suficiente para cruzar ese abismo. Por supuesto, hay cristianos que tienen una visión emergente, pero, para ellos el sistema no está cerrado. Si Dios existe, las cosas extraordinarias son posibles. Entonces ese abismo se puede cruzar.

Hizo una pausa y luego continuó.

—Agregaré otra posible línea de evidencia de que los humanos somos más que moléculas —señaló—. Si la conciencia y el cerebro fueran lo mismo, entonces cuando la persona muera, su conciencia se extinguiría, ¿verdad?

—Eso es correcto —dije.

—Pero —preguntó ella— ¿qué pasa si las experiencias cercanas a la muerte [ECM] muestran que todavía podemos estar conscientes sin un cerebro que funcione? Una vez más, eso demostraría que la conciencia humana es más que una simple actividad física cerebral.

En su libro, Dirckx cuenta la historia de Pamela Reynolds, que en 1991 sufrió una hemorragia cerebral severa debido a un aneurisma. Durante su cirugía, llamada operación de «paralización», los médicos enfriaron su temperatura corporal, «detuvieron» las señales de su corazón y su cerebro, y drenaron la sangre de su cabeza. Clínicamente, estaba muerta, pero cuando la reanimaron después de la cirugía, asombró a todos al recordar cómo había estado consciente todo el tiempo.

Miles de pacientes han contado historias acerca de su muerte clínica, y sin embargo dicen haber salido del cuerpo flotando y observado los esfuerzos de reanimación desde arriba. Muchos han descrito que viajaron a través de largos túneles, vieron a familiares fallecidos y percibieron un reino asombrosamente hermoso más allá de nuestro mundo. En un estudio de 1.400 experiencias cercanas a la muerte, el cardiólogo Fred Schoonmaker dijo que cincuenta y cinco pacientes tuvieron su experiencia extracorporal durante un tiempo en que no tenían ondas cerebrales medibles.[33]

¿Sin ondas cerebrales medibles? ¿Y sin embargo su conciencia continuó? Eso ciertamente pondría sobre la mesa la posibilidad de una mente o un alma inmaterial. En lo personal, nunca había explorado la cuestión de si las ECM son creíbles. Así que le pregunté a Dirckx:

—¿Cree que las ECM pueden proporcionar una buena evidencia de un alma y una vida después de la muerte?

—Esto, ciertamente, se ha ido más allá de las simples anécdotas —respondió—. Se han realizado varios estudios en Estados Unidos, los Países Bajos y otros lugares. Por supuesto, algunas historias podrían haber sido inventadas, pero con otras hay evidencia muy intrigante.

—¿Corroboración?

—Eso es lo que se afirma. Sospecho que veremos más datos a medida que continúe la investigación. Pero piénselo de esta manera: todo lo que realmente necesitamos es un caso documentado.

—¿Qué haría eso?

—Sería otro golpe serio a la idea de que la conciencia reside completamente en el cerebro —dijo—. También sugeriría que incluso la ciencia apunta a la evidencia de que hay vida después de la muerte.

Reflexioné sobre eso por un momento y luego anoté en mi cuaderno: *investigar si las ECM son creíbles*.

La ilusión del libre albedrío

He aquí otro problema con la idea de que solo somos cerebro: muchos filósofos dicen que eso significa que no tendríamos libre albedrío en ningún sentido significativo. Por ejemplo, el ateo Sam Harris señala que, aunque *pensamos* que estamos actuando libremente, solo estamos cumpliendo con lo que nuestra genética y nuestro entorno nos obligan a hacer. En esencia, nuestras neuronas se activan y obedecemos, es tan simple como eso.

«El libre albedrío es una ilusión», declara Harris, quien obtuvo su doctorado en neurociencia cognitiva en UCLA. «Nuestras voluntades simplemente no son de nuestra propia creación. Los pensamientos y las intenciones surgen a partir de las causas de fondo de las que no somos conscientes y sobre las que no ejercemos ningún control consciente. No tenemos la libertad que pensamos que tenemos».[34]

A esto se le llama «determinismo duro». Quería saber qué pensaba Dirckx. ¿Esta perspectiva resiste el escrutinio?

—Permítame aplicar tres pruebas que se utilizan para evaluar la legitimidad de cualquier cosmovisión —dijo Dirckx—.[35] Primero, ¿es el determinismo duro internamente congruente? Realmente no. Si todos nuestros pensamientos son impulsados por fuerzas mecanicistas no racionales, entonces no son realmente nuestros pensamientos como tales. Provienen de fuerzas que escapan a nuestro control y por lo tanto no tienen sentido. ¡La persona que expresa una opinión dura y determinista te está pidiendo que no le creas!

»En segundo lugar, ¿es sensato el determinismo duro para el mundo que nos rodea? Insisto, no realmente. Si el libre albedrío es una ilusión, ¿por qué seguimos imaginando que es real? ¿Por qué luchamos por la autonomía? ¿Por qué buscamos tener el control de nuestras finanzas, nuestra salud y nuestras carreras? ¿Somos libres de moldear nuestras propias vidas y decidir nuestro propio destino o no? El determinismo duro crea confusión, no claridad.

»En tercer lugar, ¿se puede vivir de forma auténtica el determinismo duro? Definitivamente no. No vivimos como si nuestras elecciones fueran solo la activación mecánica de neuronas en nuestro cerebro; vivimos como si nuestras decisiones realmente significaran algo. De hecho, bajo un determinismo duro, no seríamos moralmente responsables de nuestras acciones, ya que en realidad no tendríamos una opción significativa en lo que hacemos. Eso significa que la sociedad no puede castigar legítimamente a las personas por sus crímenes ni recompensarlas por sus virtudes. No podemos vivir de esa manera.

Descubrí que la aparente absurdidad del determinismo duro es otra razón por la que tiene sentido creer que no somos solo cerebros. Debemos tener una mente o alma distinta que nos dé la capacidad de tomar decisiones *reales*: como amar u odiar, ayudar u obstaculizar, relacionarnos con Dios o alejarnos de él.[36]

—Me gusta el método que usted usa para probar una cosmovisión —le dije a Dirckx—. ¿Podría usar ese criterio para evaluar la opinión de que solo somos nuestros cerebros y nada más?

—Está bien, claro —respondió ella—. Primero, ¿es eso internamente congruente? Yo diría que no. Verá, la opinión de que usted es su cerebro ni siquiera puede expresarse sin presuponer antes una vida interior. Es como decir: "Mi perspectiva en primera persona es que no existe una perspectiva en primera persona". Negar la conciencia es en sí mismo un acto consciente.

»En segundo lugar, ¿tiene sentido para el mundo? Bueno, eso no explica qué significa ser una persona. Los cerebros no escriben libros. Los cerebros no tienen anhelos ni deseos. Los cerebros no hacen planes. Los cerebros no experimentan decepción. Las *personas* son las que hacen esas cosas *usando* sus cerebros. Existe una gran brecha explicativa entre la experiencia que tenemos de este mundo y la opinión de que somos solo un montón de voltajes celulares y neurotransmisores.

»Y en tercero, ¿se puede vivir? En verdad, no vivimos como si fuéramos una manada de neuronas andantes. Vivimos como si cada uno de nosotros tuviera una perspectiva única y válida del mundo. Además, queremos tratar a los demás como si fueran seres conscientes. Por ejemplo, nos indigna la trata de personas precisamente porque creemos que los individuos involucrados no son paquetes de neuronas, sino seres humanos conscientes que experimentan sufrimiento.

»La idea de que solo somos cerebro falla en las tres pruebas —concluyó ella—. No somos máquinas. Nuestro cerebro y nuestra mente son fundamentalmente distintos, aunque trabajan juntos. El cerebro ofrece una perspectiva en tercera persona; es la mente la que proporciona una experiencia en primera persona.

¿Son conscientes los electrones?

Antes de continuar, le pregunté a Dirckx sobre una forma diferente en la que algunos filósofos intentan explicar la conciencia. Se llama *panpsiquismo*, del griego *pan*, que significa «todo» y *psique*, que significa «alma» o «mente».[37]

—Esta es la idea de que la materia en sí es consciente —explicó Dirckx—, que solo hay un tipo de sustancia en el universo, y que todas las partículas tienen dimensiones tanto físicas *como* conscientes.

—¿*Todas* las partículas? —pregunté.

—Este punto de vista diría que hay niveles de conciencia en todo; en efecto, hay estados conscientes en cada átomo y en los minerales inanimados. Esos niveles crecerían a medida que los sistemas aumentaran en complejidad. Obviamente, los humanos tendrían los niveles más altos de conciencia.

—En otras palabras, la conciencia se incorporó al sistema desde el principio —dije—. Eso es inteligente, pero no explica de dónde vino todo, ¿le parece?

—No lo hace. Y no explica por qué los humanos son únicos en su conciencia en comparación con el resto del reino animal. Además, aquí hay un gran problema: es imposible confirmar esta teoría. A fin de verificar la conciencia, se necesita un lenguaje basado en palabras para expresarlo, capacidad que el mundo natural no tiene.

—¿Hasta dónde llega la conciencia en el panpsiquismo? ¿Son conscientes los electrones?

—Philip Goff, de la Universidad de Durham, diría que hay grados de conciencia inimaginablemente pequeños incluso en ese nivel.[38] Pero, por supuesto, eso también plantea problemas. Si los electrones son conscientes y tenemos billones de ellos en nosotros, ¿cómo podemos explicar la unidad con la que experimentamos el mundo? No tenemos billones de experiencias conscientes separadas; tenemos una. Todo está integrado. ¿Cómo explica usted esta unidad de conciencia?

Negué con la cabeza.

—Para ser sincero, el panpsiquismo me parece un gran atrevimiento.

—Entiendo esa reacción —dijo Dirckx—. Sin embargo, en el lado positivo al menos se toman la conciencia en serio y tratan de explicarla.

El propósito definitivo de la conciencia

Todo ello nos hizo volver al dualismo y al asunto del alma. En la antigua Grecia, poco antes de beber cicuta en 399 A. C.,

Sócrates expresó una especie de dualismo al afirmar: «Cuando esté muerto, no me quedaré, sino partiré y me iré... a un estado de felicidad celestial».[39]

Fue el alumno de Sócrates, Platón, el que se hizo famoso por filosofar sobre el alma, que era un concepto, por cierto, que ya había sido una creencia sensata y común entre la gente corriente, escriben los filósofos Stewart Goetz y Charles Taliaferro. Ellos le dan crédito a Platón y su discípulo Aristóteles como «los más importantes en la configuración de la historia del alma».[40]

—Sin embargo, el concepto hebreo del alma se remonta incluso a más atrás —indicó Dirckx—. La fe cristiana también tiene mucho que decir sobre el alma. El alma es lo que nos hace más que materia, más que primates avanzados, más que simplemente un cerebro. El alma es el núcleo impenetrable que Dios le dio a la persona.[41]

—He aquí una pregunta clave —dije—. ¿Son los hallazgos de la neurociencia moderna compatibles con la idea de que Dios existe?

—Sí, absolutamente —respondió ella—. Es importante señalar que los recientes descubrimientos de la neurociencia son totalmente compatibles con la existencia de Dios. De ninguna manera *ningún* descubrimiento en la investigación del cerebro descarta a Dios. Eso sería una absoluta interpretación errónea de los datos.

—¿Qué pasa —le pregunté— si uno empieza con la cosmovisión de que Dios existe?

—Bueno, entonces todo empieza a cobrar más sentido.

—¿Pero es racional adoptar esa cosmovisión? —pregunté—. ¿Cree que existen razones firmes e independientes para creer que el Dios del cristianismo es real?[42]

—Lo creo. Eso fue lo que contribuyó a llevarme a la fe y lo que me ha ayudado a crecer más profundamente desde entonces.

—Algunos filósofos afirman que el que Dios es consciente explica por qué lo somos nosotros también. ¿Es eso persuasivo para usted?

—Claro que lo es —respondió ella—. Génesis 1:1 dice: "Dios, en el principio...". Antes de que hubiera algo físico, existía la conciencia en la forma del Padre, el Hijo y el Espíritu Santo: la Trinidad. La mente incorpórea de Dios, que siempre ha existido, dio origen a todo lo demás. La Biblia también señala que los seres humanos fueron creados a imagen de Dios.[43] En consecuencia, es sensato expresar que debido a que Dios tiene una mente, nosotros tenemos la nuestra; que puesto que Dios piensa, nosotros pensamos; que dado que Dios es consciente, nosotros también lo somos. Eso explicaría mucho, ¿no es así?

—Sin embargo, para lograrlo, el científico tendría que ir más allá de su cosmovisión materialista.

—Nadie es neutral —dijo ella—. Podemos obviar las explicaciones o explorar posibilidades, pero los mejores científicos siempre son receptivos a nuevas ideas. Estoy convencida de que la cosmovisión cristiana está bien fundada. Y si es así, eso explica dónde se origina nuestro valor como seres humanos: estamos hechos a semejanza de Dios. También explica por qué a veces anhelamos algo más que este mundo. Los seres humanos no somos temporales, estamos destinados a vivir por la eternidad.

»Si todo lo que existe es la narrativa materialista, entonces podemos echar por la ventana la trascendencia, el propósito y la significación. Somos un punto en el paisaje. El cosmos tiene miles de millones de años y nosotros aparecimos en el último milisegundo. Somos completamente insignificantes. Las personas pueden tratar de alcanzar la trascendencia a través de sus logros, pero estos van y vienen.

»Sin embargo, la existencia de Dios proporciona una base firme para nuestra trascendencia. No podemos simplemente referirnos a la edad del cosmos, ni basar nuestro valor en lo que logramos. Eso viene de Dios. Somos creados y amados por él. La razón por la que todos anhelamos la eternidad es que, en efecto, fuimos creados por Dios a fin de vivir para siempre.

»Dios es relacional, existe desde la eternidad pasada como la Trinidad, y así como él, somos seres relacionales. Eso significa que podemos interactuar personalmente con Dios. Él es alguien a quien encontrar. Es una experiencia en primera persona, no una observación en tercera persona. Podemos ir más allá de los hechos *acerca de* Dios y realmente *conocerlo*.

Con eso, Sharon Dirckx hizo hincapié en su conclusión.

—En realidad, ese es el punto concluyente de la conciencia: *que podamos conocer a Dios*.

¿Puede lo inmaterial afectar lo material?

Aun así, hay objeciones planteadas por los *fisicalistas*. Por ejemplo, le pregunté a Dirckx de qué manera algo inmaterial como la mente o el alma puede ejercer impacto en algo físico como el cerebro. La pregunta no la desconcertó.

—Vemos muestras de ello todo el tiempo —respondió.

—¿Por ejemplo?

—¿Qué sucede cuando lo intimidan cibernéticamente? Usted puede perder el apetito, tener ataques de pánico, perder el sueño. ¿Qué pasa si la persona que usted ama le pide que tengan un encuentro romántico? Es posible que se ruborice o salte de alegría. ¿Qué ocurre si recibe malas noticias? Eso desencadena un proceso físico en el que se libera agua salobre de las glándulas lacrimales. Como ve, lo inmaterial afecta lo material cada día. Por lo tanto, ¿por qué no ha de interactuar una mente no física con un cerebro físico?

Esa respuesta me pareció sensata. Pasé a una segunda objeción.

—¿Qué pasa entonces con la navaja de Ockham? —pregunté, refiriéndome a la ley de la parsimonia, la que implica que al considerar varias hipótesis, debemos optar por la más sencilla—. ¿No sugeriría el principio de Ockham que la explicación más sencilla, que somos solo nuestro cerebro, debería preferirse a una teoría que agrega otra entidad, como el alma?

—A primera vista, puede parecer que la explicación más simple es que solo somos cerebros. No obstante, como hemos visto, la gente tiene que esforzarse mucho para tratar de explicar a la persona humana puramente en términos de neuronas.

»Si observamos cómo se han desarrollado otras áreas de la ciencia, vemos que no han llevado a explicaciones más simples. Al contrario, hemos visto una complejidad cada vez mayor, lo que lleva a un conocimiento más profundo. Tomemos, por ejemplo, la célula humana. Hace doscientos años los científicos pensaban que la célula era simple, solo una mancha homogénea. Ahora podemos mirar dentro y ver la complejidad de los cuerpos de Golgi, un núcleo, el ADN, el ARN: estructuras y micromáquinas extraordinarias.

»Observe la física, con las leyes de Newton dando paso a una comprensión más profunda de las cosas muy pequeñas en términos de la física cuántica. Si alguien cree que comprende la física cuántica, no es así; esta es demasiado compleja. A medida que nos internamos más y más en la exploración de la realidad, las cosas no se han vuelto cada vez más simples, sino que se han vuelto cada vez más complejas y hermosas. La complejidad no es enemiga de la verdad.

»Los seres humanos son muy complejos —agregó—. La implicación de que somos solo cerebro es increíblemente limitante. Reduce a los humanos a esta única dimensión, aunque en realidad tenemos muchas otras. No solo tenemos cerebro. Tenemos una personalidad, tenemos una genética, sentimos traumas, poseemos cierta educación; todo tipo de cosas moldean nuestras mentes y lo que somos. Las explicaciones demasiado simplistas no hacen justicia a la pregunta: "¿Qué es la persona?".

Sharon pensó por un momento y luego concluyó:

—Aunque también podría responder a esta pregunta de otra manera.

—¿Cómo es eso?

—Podría emplear la navaja de Ockham. Podría postular la posición de que los humanos son conscientes porque Dios es consciente. Eso es sencillo y directo, aunque en realidad tiene más poder explicativo que el *fisicalismo*.

Hecho para otro mundo

Para mí, la cuestión estaba resuelta. Soy más que mi cuerpo. Mi alma es distinta de mi cerebro. Parafraseando a J. P. Moreland, *soy* un alma y *tengo* un cuerpo. Eso le abre la puerta a la posibilidad de que cuando mi cuerpo respire por última vez en este mundo, pueda seguir viviendo.[44]

Después de que Sharon y yo intercambiamos algunos cumplidos finales, le agradecí su tiempo y su experiencia. Nuestra conexión transatlántica por Internet se interrumpió. Ella volvió con Abby y Ethan, que estaban horneando en la cocina del piso de abajo. La vida continúa, como lo hará por un tiempo. Con suerte, durante mucho, mucho tiempo. Sin embargo, al final, en última instancia, lo que suceda en la otra vida será de suma importancia para cada uno de nosotros.

Sharon Dirckx concluye su libro de esta manera: «Si usted es solo su cerebro, entonces fue hecho solo para este mundo, por lo que el único lema para vivir es que viva bien y aproveche al máximo la vida mientras la tenga. El cristianismo dice que usted es más que su cerebro: está hecho para la eternidad. De una forma u otra, habrá conciencia en la eternidad, ya sea con Cristo o fuera de él. Viva el presente pensando en la eternidad».[45]

El primer bloque de construcción en nuestro caso por la vida después de la muerte estaba en su lugar: la muerte no tiene que significar el fin de los seres humanos. Aun así, había otra evidencia a considerar. ¿Qué pasa con el problema que planteó Sharon Dirckx acerca de las experiencias cercanas a la muerte? ¿Podrían estas realmente arrojar luz sobre lo que sucede después de la muerte? Hay estudiosos que creen que sí. El destacado filósofo cristiano Paul Copan, de Palm Beach Atlantic University, cree que hay «pruebas muy sólidas» de ECM o experiencias extracorporales.[46]

Bajé la pantalla de mi computadora portátil. Es hora de buscar más respuestas.

CAPÍTULO 3

Experiencias cercanas a la muerte

¿Un vistazo al mundo del más allá?

La evidencia de experiencias cercanas a la muerte apunta a una vida después de la muerte y a un universo guiado por una inteligencia inmensamente amorosa.

— JEFFREY LONG, MÉDICO E INVESTIGADOR
DE ECM, *EVIDENCE OF THE AFTERLIFE*

Como agnóstico y neurocirujano de Harvard, Eben Alexander creía que solo somos cerebros y nada más.

«Si usted no tiene un cerebro que funcione, no puede estar consciente», dijo. «Esto se debe a que el cerebro es la máquina que en primer lugar produce la conciencia. Cuando la máquina se avería, la conciencia se detiene... Si uno desconecta el televisor, este se apaga. El espectáculo termina, no importa cuánto lo haya disfrutado».[1] En resumen, no hay otra vida, no hay cielo, no hay existencia de ningún tipo más allá de la tumba.

Luego llegó el 10 de noviembre de 2008, cuando una rara infección cerebral estrelló todo su neocórtex, la parte del cerebro que nos hace humanos. «Durante mi coma, mi cerebro no funcionaba mal, no funcionaba *en lo absoluto*», diría el médico más adelante.[2] Aun cuando su cerebro no funcionaba, todavía se encontraba completamente consciente, pero ahora en un nuevo mundo «brillante, vibrante, extático, asombroso»,[3] un lugar sustentado por una estimulante sensación de amor incondicional.

Allí se encontró con el rostro de una hermosa niña que lo miró con una sonrisa enigmática. No tenía idea de quién era ella, pero irradiaba un hermoso amor hacia él.

El médico, milagrosamente, salió sano por completo de su experiencia cercana a la muerte. Él había sido adoptado cuando era bebé, y después de reconectarse con su familia biológica, le enviaron una fotografía: era de una hermana llamada Betsy, de quien nunca había sabido nada y que había muerto años antes.[4]

La foto lo dejó anonadado. Esa era la niña con la misteriosa sonrisa que le había demostrado tanto amor en el mundo del más allá.

«Mi experiencia me mostró que la muerte del cuerpo y el cerebro no son el fin de la conciencia, que la experiencia humana continúa más allá de la tumba», declara ahora. «Más importante aún, continúa bajo la mirada de un Dios que ama y se preocupa por cada uno de nosotros».[5]

Seamos francos: todos queremos que eso sea cierto; sin embargo, ¿realmente lo es?

En el capítulo anterior, Sharon Dirckx ofreció razones convincentes para creer que cada uno de nosotros tiene un alma o una conciencia que es distinta de nuestro cerebro físico. No obstante, ¿hay alguna evidencia que sugiera que mi conciencia realmente sobreviviría a mi muerte física? Aun como alguien que tiene fe en Jesús, cuando fui hospitalizado no pude evitar sentir incertidumbre, incluso ansiedad, sobre lo que sucedería si la muerte me sobrecogiera. ¿Qué evidencia hay de que experimentaremos una vida después de la muerte? ¿Las experiencias cercanas a la muerte arrojan luz o siembran confusión sobre este tema?

¿Hay vida después de la vida?

Raymond Moody, un médico con doctorados en filosofía y psicología, acuñó la expresión «experiencia cercana a la muerte» (ECM) en su libro *Life after Life* publicado en 1975, que vendió trece millones de copias y se tradujo a una docena de idiomas.[6] Las entrevistas de Moody a ciento cincuenta personas que experimentaron ECM inspiraron a Kenneth Ring, profesor de psicología de la Universidad de Connecticut desde hace mucho tiempo, a convertirse en un destacado investigador en el campo de las ECM y en editor fundador del *Journal of Near-Death Studies*.

«Las historias que contaron los encuestados de Moody fueron muy cautivadoras y fascinantes, y describían la experiencia con la muerte en un lenguaje tan radiante y glorioso que las personas que las leían y las escuchaban apenas podían creer que aquello a lo que siempre habían temido como su mayor enemigo, visto de cerca, tenía el rostro del amado», indicó Ring.[7]

«Y más: cuando los entrevistados por Moody intentaban describir la experiencia con la muerte, a menudo mencionaban una luz con un brillo incesante y sobrenatural que mostraba un sentimiento de amor puro, incondicional y *absoluto*, que estaba asociado con una sensación de paz tan abrumadora que solo podían compararla con "la paz que sobrepasa todo entendimiento"».[8]

No es de extrañar que el público se emocionara con los escritos de Moody y los libros subsiguientes de otros autores sobre experiencias posteriores a la muerte. «Parecía una evidencia clara», escribió Ring, «de que lo que nuestras religiones occidentales enseñaron, al menos, era cierto: que la vida continúa después de la muerte, que el cielo no es una fantasía y que aquellos que mueren, en efecto, ven el rostro de Dios».[9]

Muchos eruditos siguen con sus dudas. «La gran pregunta es: "¿Proporcionan las ECM una prueba del cielo? ¿O del infierno?". No lo creo. Ninguno de los argumentos es convincente», dijo John Martin Fischer, profesor de filosofía en la Universidad de California-Riverside.[10]

Scot McKnight, erudito del Nuevo Testamento, escribió: «Las diferencias entre los diversos relatos a lo largo de la historia son tan dramáticas que me hacen dudar que informen cómo es el cielo o el más allá».[11]

Según un estudio de 2019, tantas como una de cada diez personas en treinta y cinco países ha experimentado algún tipo de ECM.[12] Sin embargo, ¿podrían explicarse esas experiencias? Cuando estaba al borde de la muerte en el hospital, ¿pudo mi cerebro traumatizado haber elaborado alucinaciones que me hicieran confundir la realidad? Quizá si me hubieran privado de oxígeno, habría entrado en un mundo imaginario que en realidad no tenía más sustancia que un sueño.

¿O podrían esas experiencias cercanas a la muerte ser fraudulentas? Después de todo, un joven fabricó su relato en un libro que fue un éxito de ventas,[13] y los periodistas también han intentado socavar la credibilidad de Eben Alexander.[14] ¿Existe alguna corroboración que respalde las afirmaciones de una existencia posterior a la muerte?

Afortunadamente, sabía dónde podía obtener respuestas. Un antiguo amigo mío, antes escéptico espiritual, ha investigado más de mil casos de experiencias cercanas a la muerte y recientemente escribió un libro sobre el tema que estaba escalando la lista de éxitos del *New York Times*. Un mensaje de correo electrónico programó una cita con él. Leslie y yo hicimos las maletas en nuestra casa de Houston, nos subimos al auto y nos dirigimos al oeste hacia Austin.

«Sabía en mi corazón que este era Dios»

Después de detenernos para almorzar en la pintoresca ciudad de Brenham, volvimos a incorporarnos a la autopista US-290 y continuamos conduciendo para entrevistarme con John Burke, un antiguo colega mío en una iglesia de Chicago y ahora pastor de la floreciente Gateway Church en la capital del estado.

En el trayecto, Leslie comenzó a leerme el libro que escribió Burke, *¿Qué hay después de la vida?*, que comienza con el relato de una ECM de una madre soltera en Londres, Inglaterra, que había sido admitida en el Memorial Hospital con una hemorragia severa:

> A medida que la sangre era drenada de mi cuerpo, también lo
> hacía mi voluntad de vivir. Escuché un sonido como un «pop» y

de repente el dolor se detuvo... tenía una visión muy clara de mi cuerpo mientras trabajaban afanosamente en mí, conectando unos tubos y tratando de hacerme una transfusión. Recordé haber pensado que solo deseaba que se detuvieran...

El hecho de que estuviera pensando eso a pocos centímetros del techo no me molestaba ni me confundía... Estaba totalmente consciente a pesar de que había escuchado a una enfermera, la única con una bata azul, decirles a los médicos que yo había perdido el conocimiento poco después de ingresar a la sala de emergencias. Estuve muy pendiente de cada detalle de los acontecimientos y de lo que sucedía en la sala. Noté un túnel que apareció de repente y me arrastraba hacia él. Me alegró estar lejos de esa tensa escena de allí abajo. Floté hacia el túnel y pasé a través de un ventilador que estaba arriba y luego traspasé el techo...

Gané velocidad dirigiéndome hacia una luz brillante a la distancia. A medida que avanzaba a un paso más rápido, sentí que había una presencia conmigo que me mantenía en calma e irradiaba tanto amor como sabiduría. No vi a nadie, pero sentí la esencia de mi abuelo que había muerto cuando yo tenía trece años...

Por último, llegué al final [del túnel] y floté en un lugar que estaba lleno de una luz blanca radiante que parecía encarnar todos los conceptos del amor. Un amor incondicional, como el que tiene una madre por un hijo... Sabía en mi corazón que este era Dios. Las palabras no pueden describir mi asombro ante esa presencia... Me di cuenta de que él conocía cada uno de mis pensamientos y mis sentimientos.

Lo siguiente que supe fue que estaba viendo a un bebé dormido que sabía que era yo. Observé con fascinación lo más destacado de cada etapa de mi vida... Sentí todas las acciones buenas o malas que había hecho y sus consecuencias para los demás. Fue un momento difícil para mí, pero fui apoyada por el amor incondicional y resistí los momentos dolorosos. Me preguntaron telepáticamente si quería quedarme o regresar...

De repente, volví a entrar en mi cuerpo y un dolor punzante atravesó la parte inferior de mi cuerpo. La misma enfermera de la bata azul me estaba poniendo una inyección y me decía que me relajara [y] que los analgésicos pronto empezarían a hacer su efecto. Parecía como si no hubiera estado inconsciente por más de unos minutos, pero mi visita al «Otro Lado» pareció durar [por] horas.

Mientras estaba fuera de mi cuerpo en la sala de emergencias, vi una etiqueta roja en el lado de la paleta de un ventilador situado en lo alto que daba hacia la parte superior del techo... Finalmente convencí [a una enfermera] para que consiguiera una escalera alta y viera por sí misma la calcomanía roja, cuya apariencia describí con gran detalle, en el lado oculto del ventilador de techo de la sala de emergencias. La enfermera y un ayudante vieron la calcomanía, confirmando todos los detalles de su apariencia tal cual la describí.[15]

Leslie cerró el libro.

—Bastante convincente —dijo.

—Sí —respondí—. La parte de la calcomanía le da cierta credibilidad. Pero plantea muchas preguntas.

Leslie volvió a abrir el libro.

—Diré que eso llamó mi atención.

—Todo el tema es fascinante —concordé con ella—. Acabo de leer un artículo sobre una investigación que muestra que el cuarenta por ciento de los pacientes que sobrevivieron a un paro cardíaco se hallaba consciente durante el tiempo que estuvieron clínicamente muertos y antes de que sus corazones volvieran a funcionar.[16] John ha estado estudiando ECM por más de tres décadas. Francamente, no puedo esperar para llegar al fondo de esto.

En mi opinión, haciéndome eco de algo similar a lo que me dijo la neurocientífica Sharon Dirckx durante nuestra entrevista, todo lo que se necesita sería solo un caso bien documentado de una experiencia cercana a la muerte. Para mí, eso constituiría una fuerte evidencia de que nuestra conciencia continúa activa incluso después de una muerte clínica.

Solo *un* caso.

Entrevista #3: John Burke

John Burke tenía dieciséis años cuando su padre, un ingeniero de una empresa petrolera en Houston, estaba muriendo de cáncer. Un día, John vio un libro en la mesa de noche de su padre; era el primer informe de Raymond Moody sobre las ECM. Curioso, John lo agarró y rápidamente lo leyó de principio a fin.

«Al final, nunca lo olvidaré, estaba sentado en mi cama con las lágrimas corriendo por mi rostro», recuerda. «Hasta ese momento había sido agnóstico, pero recuerdo que pensé: *Dios mío, esto de Jesús podría ser cierto, y si él es real, quiero estar con él*».

Poco después, un amigo lo guio en una oración de arrepentimiento a Cristo. John obtuvo su título de ingeniero en la Universidad de Texas, trabajó para un par de grandes compañías petroleras y luego completó su trabajo a nivel de maestría en teología y filosofía en Trinity International University, cerca de Chicago. Él y su esposa, Kathy, ministraron en recintos universitarios y en Rusia tras el colapso de la Unión Soviética.

Conocí a John cuando era director ejecutivo de ministerios en la iglesia de los suburbios de Chicago donde yo era pastor docente. En 1998, él y Kathy se fueron para fundar Gateway Church, en Austin, que ha crecido de cuatro personas que empezaron en un hogar a más de cinco mil asistentes. John promueve una atmósfera tipo «ven como eres» que atrae a escépticos, recelosos, luchadores espirituales y buscadores. Su organización sin fines de lucro (llamada Iniciativa de Liderazgo Gateway) ayuda a los pastores y cristianos comunes a amar, servir y participar en la cultura en general.

A lo largo de los años, John ha escrito varios libros influyentes, entre los que están: *No se admiten personas perfectas*, *Soul Revolution* y *Unshockable Love*. Padre de dos hijos y abuelo de la pequeña Sophia, John ha hablado en veintisiete países sobre liderazgo y desarrollo espiritual.

Su curiosidad en cuanto a las ECM, instigada por el libro de Raymond Moody, solo ha aumentado a lo largo de las décadas. En 2015, la investigación de Burke dio como resultado el éxito de ventas *Imagine Heaven*, que ha vendido casi un millón de ejemplares. El filósofo J. P. Moreland afirmó: «Con toda franqueza, este es ahora el libro de referencia más relevante sobre el cielo y las experiencias cercanas a la muerte».[17]

Mientras Leslie hacía un recorrido por las instalaciones de Gateway Church, John y yo nos acomodamos en una sala de conferencias de la iglesia. Él estaba vestido de manera informal, su cabello castaño oscuro un poco despeinado. Es atlético (un marinero aficionado y jugador de fútbol) e ingenioso, con una sonrisa a flor de labios y una voz entusiasta.

Lo que las ECM tienen en común

—En toda su investigación —le pregunté—, ¿cuál fue su descubrimiento más sorprendente en cuanto a las experiencias cercanas a la muerte?

—En primer lugar, no me gusta mucho el término experiencias cercanas a la muerte —comenzó—. Como dijo un sobreviviente: "No estaba *casi* muerto; estaba *muerto*, muerto". Algunos de estos casos involucran a personas sin latidos del corazón ni ondas cerebrales. Hay casos en los que los médicos ya los habían declarado muertos. Es posible que no hayan estado *eternamente* muertos, pero muchos en verdad estaban *clínicamente* muertos.

—Está bien, buen punto —dije.

—Ahora, déjeme responder su pregunta —continuó—. Lo que más me sorprendió es que, aunque varían bastante, estos relatos tienen un núcleo común e increíblemente congruente con lo que se nos dice sobre la vida después de la muerte en la Biblia.

—Sin embargo —dije— muchos cristianos asocian las ECM con el pensamiento ocultista o de la Nueva Era.

—No todos los cristianos piensan de esa manera. Muchos adoptan el enfoque del difunto teólogo R. C. Sproul, que trató de mantener una mentalidad receptiva a las ECM y alentó a que se llevara a cabo más investigación y análisis.[18] Los filósofos cristianos J. P. Moreland y Gary Habermas han estado escribiendo sobre las implicaciones de las ECM desde principios de la década de 1990.[19]

—¿Por qué varía tanto la manera en que las personas describen sus experiencias cercanas a la muerte?

—Bueno, noté que hay una diferencia entre lo que las personas *informan* que experimentaron y cómo lo *interpretan* —dijo—. Las interpretaciones varían, pero cuando usted profundiza en lo que realmente experimentaron, hay un núcleo que es congruente con lo que las Escrituras nos dicen sobre la vida por venir.

Alcé la cabeza y le pregunté:

—Como pastor, no está basando su teología sobre el cielo en esas experiencias cercanas a la muerte, ¿verdad?

—Para nada. Baso mis creencias en la Biblia. Esa es nuestra fuente más confiable. Simplemente estoy diciendo que la Biblia contiene palabras en blanco y negro sobre la otra vida, y esas ECM tienden a agregar color a la imagen. Estas no se contradicen; se complementan.

—¿Qué tienen en común las experiencias cercanas a la muerte? —le pregunté.

—Tres cuartas partes de las personas experimentan la separación de la conciencia del cuerpo físico —respondió.

—Una experiencia extracorporal.

—Así es. A la misma cantidad de personas aproximadamente se le intensifican los sentidos y las emociones.

—¿Positivas?

—Por lo general, sí. Dos de cada tres descubren una luz mística o brillante, y más de la mitad se encuentran con otros seres, ya sean místicos, familiares o amigos fallecidos. Más de la mitad describe reinos celestiales o ajenos al mundo. Una cuarta parte dice que se somete a una revisión de vida. Un tercio dice que se encuentra con una barrera o límite, y más de la mitad estaba consciente de la decisión de regresar a su cuerpo físico.

—¿No es cierto que a muchas personas les resulta difícil describir la experiencia?

—Por supuesto —respondió—. Una niña llamada Crystal dijo: "No hay palabras humanas que se acerquen siquiera". Un tipo llamado Gary expresó que nada podría describir adecuadamente la presencia divina que encontró.[20]

«Más brillante que el sol»

—Cuénteme de esa supuesta presencia divina —le dije—. ¿Qué suele decir la gente sobre él?

—Hablan de una luz brillante, más resplandeciente que cualquier otra cosa que hayan visto —dijo Burke.

Luego contó la historia de un ateo llamado Ian McCormack de Nueva Zelanda, que fue a bucear en la costa de Mauricio en el Océano Índico y fue picado cuatro veces por cubomedusas.

Me encogí cuando dijo eso. Sabía por mis viajes que a esas medusas se les califica a menudo como las criaturas más venenosas del mundo. Una de sus picaduras puede provocar un colapso cardiovascular y la muerte de dos a cinco minutos.[21] Y a Ian lo picaron *cuatro* veces.

—Ian se estaba muriendo —dijo Burke—. Entonces tuvo visiones de su madre, que le había dicho que clamara a Dios si alguna vez necesitaba ayuda. Él estaba en la más absoluta oscuridad, por lo que se sintió aterrorizado. Oró para que Dios perdonara sus pecados; entonces una luz brillante lo iluminó y literalmente lo sacó de la oscuridad. Describió esa luz como "indescriptiblemente brillante, como si fuera el centro del universo... más brillante que el sol, más radiante que cualquier diamante, más refulgente que un rayo láser. Sin embargo, usted podría mirarla directamente".

»Dijo que esa presencia lo sabía todo sobre él, lo que lo hacía sentir terriblemente avergonzado. Pero en vez de juicio, sintió "amor puro, sin adulterar, limpio, desinhibido, inmerecido". Comenzó a llorar incontrolablemente. Ian preguntó si podía "dar un paso hacia la luz". Mientras lo hacía, vio en medio de esa luz a un hombre con unas deslumbrantes túnicas blancas, prendas literalmente tejidas con luz, que le extendió los brazos para darle la bienvenida. Él dijo: "Sabía que estaba de pie en la presencia del Dios Todopoderoso".[22]

Burke hizo una pausa y luego continuó.

—¿Recuerdas la transfiguración? En Mateo 17:2 dice que el rostro de Jesús "resplandeció como el sol, y su ropa se volvió blanca como la luz" —dijo sonriente—. Me recuerda eso.

—Pero si Ian hubiera sido hindú, ¿podría haberse encontrado con un dios de esa fe?

—En toda mi investigación, nunca he leído de personas que describan algo como Krishna, que tiene la piel azul, o Shiva, que tiene tres ojos, ni descripciones de la disolución del yo individual en el Brahma supremo impersonal, que es la suprema realidad hindú. De hecho, dos investigadores estudiaron a quinientos estadounidenses y quinientos indios para ver en qué medida el condicionamiento cultural de ellos pudo haber afectado su ECM.

—¿Qué encontraron?

—Que en las visiones de los pacientes indios nunca se retrataron ninguna de las ideas hindúes elementales sobre el más allá. Nada de reencarnación. Describieron el encuentro con un hombre vestido de blanco que usaba un libro de cuentas. Para ellos, eso podría sugerir vagamente el Karma, o el historial de méritos y deméritos. Pero insisto, esa es una interpretación, porque también es muy congruente con lo que encontramos en la Biblia. Bruce Greyson, que estudió ECM transculturales, estuvo de acuerdo en que no es la experiencia central lo que difiere, sino las formas en que las personas interpretan lo que han experimentado.[23]

«Todo queda expuesto»

Le pedí a Burke que explicara lo que dicen tantas personas acerca de que sus vidas son examinadas durante su experiencia cercana a la muerte.

—Eso ocurre en presencia del Ser de luz y, a menudo, comienza cuando él pregunta algo como "¿Qué has hecho con la vida que te di?". Eso no se dice en forma de juicio, sino con amor, para promover la reflexión y el aprendizaje.

»Todo queda expuesto en la vida de la persona: cada pensamiento, cada motivo, cada acción. Nada está oculto. Lo interesante es que la atención no se centra en sus logros, trofeos o currículum, sino en cómo amaba a los demás. Se trata de relaciones. La gente, en verdad, ve y siente cómo repercuten sus acciones, incluso las más pequeñas e insignificantes aparentemente, en las vidas de otras personas, hasta cuatro o cinco pasos más adelante, de formas que nunca conocieron.

»A pesar de todo, no hay juicio. Lo que sucede es que las personas tienden a juzgarse a sí mismas. Un hombre dijo que estaba tan avergonzado por su comportamiento cruel y egoísta que rogó que detuvieran la revisión.[24] Sin embargo, aquí está la cosa: Jesús solo continuó comunicándole su amor incondicional por él.

—¿Experimentan las personas de diversas culturas esa revisión de una manera diferente?

—En realidad, es bastante congruente. Steve Miller estudió ECM en personas no occidentales ni cristianas y dijo: "En la muestra no occidental, no vi una diferencia significativa en las revisiones de la vida en comparación con las de la vida occidental".[25] Y recuerde que Jesús dijo en la Biblia: "No hay nada encubierto que no llegue a revelarse, ni nada escondido que no llegue a conocerse".[26]

Alcé la mano para que se detuviera.

—Espere un segundo —dije—, esto es lo que preocupa a muchos cristianos. La Biblia dice que Dios nos juzgará a cada uno de nosotros, pero al parecer no es de eso que tratan estas revisiones de vida. Suenan más a universalismo: todos son salvos, independientemente de cómo vivieron o si buscaron el perdón a través de Cristo.

La respuesta de Burke fue una sonrisa.

—Eso se basa en un gran malentendido —respondió—. Primero, el propio Jesús dijo: "Porque por tus palabras se te absolverá, y por tus palabras se te condenará".[27] Eso es lo que experimentan las personas: Dios los ama y ellos se juzgan a sí mismos. Además, la Biblia habla de dos juicios. Uno determina si hemos aceptado o rechazado el regalo gratuito que Dios nos da con su amor, su perdón, su adopción y su salvación; el otro consiste en recompensar a sus seguidores por el modo en que vivieron.[28]

»Pero esta revisión de vida no es ninguna de esas cosas —dijo—. Hebreos 9:27 nos dice que "está establecido que los seres humanos mueran *una sola vez*, y después venga el juicio" [cursivas añadidas]. Recuerde, esas personas no están *irreversiblemente* muertas; pueden estar *clínicamente* muertas, pero volverán a la vida en algún momento. Esa revisión de vida parece ser un recordatorio clarificador de que Dios sabe todo sobre nosotros y todos algún día rendiremos cuentas. Tenga presente que la Biblia enseña que no hay ningún juicio hasta que la historia humana llegue a su conclusión.[29]

—Así que usted no ve ningún conflicto entre esas revisiones de la vida y la doctrina cristiana —dije, y las palabras salieron más como una declaración que como una pregunta.

—No —respondió—. Realmente no lo veo así. A lo largo de mi libro *Imagine Heaven*, cito algunos capítulos y versículos sobre cómo se relaciona la esencia de las experiencias cercanas a la muerte con la fe cristiana.

Un descenso al infierno

La mayoría de las experiencias cercanas a la muerte implican encuentros positivos, aunque no todas. Doce estudios que involucraron a 1.369 sujetos revelaron que el veintitrés por ciento informó experiencias cercanas a la muerte que van desde inquietantes hasta aterradoras o desesperantes.[30] Es más, un estudio realizado en 2019 por el Congreso de la Academia Europea de Neurología con 1.035 personas en treinta y cinco países mostró que una de cada diez personas había pasado por una experiencia cercana a la muerte, y el setenta y tres por ciento la calificó como «desagradable».[31]

Así que le dije a Burke:

—En los primeros días de la investigación sobre experiencias cercanas a la muerte, muy pocas personas informaron haber tenido una experiencia infernal. ¿Por qué es eso?

—Por vergüenza. Querer suprimir la memoria. Miedo al ostracismo social. Algunos sufren un trauma psicológico a largo plazo. Hoy la gente está más dispuesta a hablar de ello, como Howard Storm, que se ha hecho amigo mío.

Storm era profesor de arte en Northern Kentucky University y ateo declarado cuando «murió» de una úlcera en el estómago que le perforó el duodeno. Curiosamente, se vio de pie junto a la cama, sintiéndose mejor que nunca. Él comenzó a seguir a unos visitantes misteriosos, aunque amistosos, que le hacían señas por el pasillo. Aquello se convirtió en una caminata de varios kilómetros, en condiciones cada vez más oscuras.

De repente, los extraños que lo habían recibido con tanta calidez se volvieron groseros y hostiles. Ahora estaba oscuro como la boca de un lobo, por lo que Storm sintió un terror absoluto. Ellos comenzaron a empujarlo, golpearlo, tirarlo, patearlo, morderlo y desgarrarlo con las uñas y las manos mientras se reían y lo maldecían. Peleó lo mejor que pudo, pero fue mutilado física y emocionalmente en la lucha.

«Nunca ha habido una película o libro de terror que pueda comenzar a describir su crueldad», recordó. «Finalmente, me aplastaron. En definitiva, perdí uno de mis ojos, mis orejas desaparecieron y quedé acostado en el piso de ese lugar.

»Así que ahora tengo la eternidad, tiempo sin medida, para meditar en mi situación... Como había llevado una vida miserable, estaba destruido. Ahí me di cuenta de que esta es la parte horrible: que las personas con las que me había encontrado eran mis almas gemelas. Negaban a Dios, vivían para sí mismos y sus vidas giraban en torno a la manipulación y el control de otras personas. Dediqué mi vida a construir un monumento a mi ego. Mi familia, mis esculturas, mis pinturas, nada de eso existía ya, ¿y qué importaba? No estaba lejos de convertirme en uno de mis propios torturadores por toda la eternidad».

Al fin, Storm pidió ayuda. «Grité en la oscuridad: "¡Jesús, sálvame!". Nunca en mi vida he querido decir algo con tanta fuerza».

Entonces apareció una pequeña luz, «mucho más brillante que el sol», y salieron manos y brazos. «Cuando me tocaron, bajo esa luz, pude verme a mí y toda aquella sangre. Estaba atropellado. Y aquella sangre comenzó a disolverse y volví a estar completo».

Él sintió un amor que está más allá de las palabras. «Si tomara toda mi experiencia amorosa en toda mi vida y pudiera resumirla en un momento, no podría ni comenzar a medir la intensidad de ese amor que estaba sintiendo. Y ese amor ha sido la base de mi vida a partir de entonces».

Esa experiencia fue tan transformadora que cuando Storm sanó de su condición médica, renunció a su cátedra titular y a la presidencia del departamento de arte de la universidad para convertirse en pastor de una pequeña iglesia, donde sirve hasta el presente.[32]

—A veces —me dijo Burke—, la gente sugiere que las ECM son simplemente alucinaciones de algún tipo. Pero las alucinaciones suelen ser aisladas y confusas, mientras que las experiencias cercanas a la muerte son lúcidas y cohesivas. Además, no veo que la gente cambie por completo el rumbo de su vida basándose en una mera alucinación. Sin embargo, a menudo las personas que han pasado por una ECM cambian para siempre. Como pasó con mi amigo Howard.

El niño que no regresó

En 2010, el inspirador libro *El niño que regresó del cielo* describió cómo el joven Alex Malarkey resultó gravemente herido en un accidente de tránsito y se encontró con Jesús en el cielo durante una experiencia cercana a la muerte.[33] Este se convirtió en un éxito instantáneo en los círculos cristianos, con más de un millón de copias vendidas, y sirvió como base para una película televisiva.

Más tarde, Malarkey hizo una confesión sorprendente: «Yo no morí. No fui al cielo. Dije que fui al cielo porque pensé que llamaría la atención».[34] El escándalo estremeció a la industria editorial cristiana. La lección fue clara: era muy fácil para cualquiera inventar afirmaciones de una experiencia cercana a la muerte.

Recordé ese incidente a Burke y le pregunté:

—¿No es este un peligro constante en las investigaciones sobre las experiencias cercanas a la muerte?

—No hay duda al respecto, pero he tratado de evitarlo en mi investigación —dijo.

—¿Cómo es eso?

—Me enfoco en historias de personas que no tienen un afán de lucro. Se trata de cirujanos ortopédicos, oncólogos, presidentes de bancos, cardiólogos, pilotos de aerolíneas comerciales, profesores, neurocirujanos. Ellos no necesitan dinero, y francamente se arriesgan a que su credibilidad se vea empañada si inventan historias locas. Muy pocas de las más de mil personas cuyos casos han sido estudiados han escrito un libro. Además, piense en el hecho de que, en todo el mundo, en todo tipo de lugares con diversas culturas, básicamente está surgiendo la misma historia de sobrevivientes de una experiencia cercana a la muerte. No hay forma de que todos conspiraran juntos para inventar algo.

—¿Qué tan convencido está de que no existen explicaciones fisiológicas o neurológicas para las experiencias cercanas a la muerte? —pregunté—. Se han presentado muchas teorías a lo largo de los años.

Burke se encogió de hombros.

—Simplemente, no creo que ninguno de ellas explique todo —respondió—. Por ejemplo, se ha demostrado que cuando uno intenta inducir alguna experiencia, no logra duplicar por completo una ECM.

Él agarró su libro y lo hojeó hasta llegar a su conclusión.

—Pim van Lommel es un cardiólogo holandés que realizó un estudio prospectivo a gran escala sobre las ECM, que se publicó en la respetada revista médica británica *The Lancet* —afirmó Burke.

Recorrió el texto en busca de algunas partes relevantes y luego me las citó.

—Después de examinar posibles explicaciones alternas para las ECM, van Lommel admitió que, aunque "varios factores fisiológicos y psicológicos podrían jugar cierto papel, ninguno puede explicar completamente el fenómeno". Su conclusión fue que estas teorías "no explican la experiencia de una conciencia mejorada, con pensamientos lúcidos, emociones, recuerdos de la primera infancia, visiones del futuro y la posibilidad de percepción desde una posición fuera y por encima del cuerpo".[35]

—Sin embargo, todavía hay controversia sobre las experiencias cercanas a la muerte, ¿no es así?

—Ciertamente, el debate continúa —dijo Burke—. Se está realizando una cantidad cada vez mayor de investigaciones. Se han publicado más de novecientos artículos en revistas académicas. No obstante, muchos investigadores escépticos han llegado ahora a la conclusión de que las ECM nos dan un vistazo al más allá. Ninguna de las explicaciones alternas tiene tanto sentido lógico como la simple conclusión de que realmente hay vida después de la muerte.

El zapato deportivo perdido

Personalmente, estaba hambriento de más corroboraciones. No puedo verificar que Eben Alexander se encontró con un nuevo mundo «brillante, vibrante, extático, asombroso»; que Ian McCormack estuvo en la presencia del Dios Todopoderoso; ni que Jesús rescató a Howard Storm del tormento. Desde una perspectiva positiva, tengo su testimonio, sus vidas transformadas y la evidencia de encuentros similares reportados en todo el mundo. Todo eso es intrigante. Pero, por supuesto, no tengo testigos oculares independientes que puedan dar fe de lo sucedido. El periodista investigativo que había en mí quería algo que pudiera comprobarse.

—Me impresionó el caso en el que la mujer moribunda dejó su cuerpo, se dirigió hacia el techo y pudo ver una calcomanía roja en el lado oculto de la paleta del ventilador —dije—. Más tarde se confirmó que lo que describió acerca de la calcomanía era correcto. Ese tipo de corroboración independiente es útil. ¿Hay otros casos así?

—Oh, claro —fue su respuesta—. Bastantes.

—Deme algunos ejemplos.

—Hay muchos casos en los que los pacientes con ECM abandonan su cuerpo, observan a los médicos tratar de resucitarlos, y luego pueden describir los procedimientos y las herramientas exactas que usaron los galenos. El cardiólogo Michael Sabom se mostró escéptico hasta que investigó ese tipo de casos. Por ejemplo, su paciente Peter Morton sufrió un paro cardíaco y sin embargo describió los esfuerzos de reanimación con un detalle tan preciso y exacto, que Sabom dijo que podría haber usado la cinta para entrenar a otros médicos.

—Espere —dije—. ¿No podría haber estado adivinando el paciente? Tal vez simplemente estaba recordando lo que había visto en programas médicos en la televisión.

—Eso ha sido investigado —respondió Burke—. La doctora Penny Sartori hizo un estudio de cinco años y descubrió que los pacientes que afirmaban estar fuera de sus cuerpos eran "sorprendentemente precisos" en sus observaciones. Ella comparó eso con los pacientes a los que se les pidió que adivinaran qué sucedió durante sus reanimaciones.

—¿Cómo les fue a esas personas?

—Mal. Ella dijo que todos cometieron errores y tenían conceptos erróneos sobre el equipo utilizado, además de que describieron procedimientos incorrectos. Por ejemplo, señaló que muchos adivinaron que se había utilizado el desfibrilador cuando, de hecho, no había sido así.[36]

—Es interesante —dije.

—Uno de los casos más famosos proviene de la investigadora Kimberly Clark Sharp, que describe la experiencia extracorporal de una paciente de infarto llamada María. Durante el tiempo que María estuvo inconsciente, atravesó el techo y salió del hospital. Cuando lo hizo, vio un zapato deportivo en el alféizar de la ventana del tercer piso del hospital.

—¿Cómo lo describió?

—Un zapato de hombre, izquierdo, azul oscuro, con una marca de desgaste en el dedo meñique y un cordón metido debajo del talón. Sharp investigó y en efecto, al fin encontró el zapato, exactamente como lo había descrito María.[37]

Reflexioné sobre la historia por un momento.

—Bueno, eso es impresionante —dije—. ¿Con qué frecuencia ocurre este tipo de corroboración?

—Janice Holden estudió a noventa y tres pacientes con ECM que afirmaron hacer múltiples observaciones verificables mientras estaban fuera de sus cuerpos físicos. Ella dijo que un notable noventa y dos por ciento de las observaciones eran "completamente precisas". Piense en eso, casi todo el mundo estaba en lo cierto. Otro seis por ciento contenía solo "algún error". Solo el dos por ciento eran "completamente erróneas".[38]

Tuve que asentir.

—Ese es un historial bastante sorprendente.

Y los ciegos pueden ver

Le hice un gesto a Burke para que continuara con los ejemplos de los casos corroborados. Meditó por un segundo y luego comenzó a recitarlos, alzando de vez en cuando su libro y hojeándolo en busca de detalles para refrescar su recuerdo.

—*The Lancet* publicó el relato de un paciente que fue llevado al hospital en coma y sin respirar después de un paro cardíaco. Un enfermero le quitó la dentadura postiza al hombre y la guardó en una gaveta de un carrito de emergencia. Una semana después, en otra habitación, el paciente recuperó el conocimiento. Cuando entró el enfermero, el paciente lo reconoció y le dijo: "Me sacaste la dentadura postiza de la boca", y procedió a describir con precisión cómo el enfermero la había puesto en la gaveta inferior de un carrito determinado.

»El enfermero dijo: "Me sorprendió especialmente porque recordé que eso sucedió mientras el hombre estaba en coma profundo y en el proceso de resucitación. Cuando le pregunté más, parecía que el hombre se había visto a sí mismo acostado en la cama, que había captado desde arriba cómo las enfermeras y los médicos habían estado ocupados con la reanimación cardiopulmonar".

En otro caso, encontraron a una niña de siete años llamada Katie flotando boca abajo en una piscina. Estaba sumida en un coma profundo, con una inflamación cerebral masiva y sin actividad medible del cerebro. Su corazón no latió durante casi veinte minutos. Estaba conectada a un pulmón artificial para mantener la respiración. Sin embargo, de alguna manera, se recuperó milagrosamente en solo tres días y sorprendió a los médicos al decir: «Conocí a Jesús y al Padre celestial».

Intrigados, los médicos la interrogaron ampliamente. Es más, le pidieron que hiciera un dibujo de la sala de emergencias y logró colocar todo correctamente. Luego dijo que en su estado extracorporal siguió a su familia a casa una noche. Pudo dar detalles específicos de lo que observó, incluido lo que estaba leyendo su padre, cómo empujaba su hermano a un soldado de juguete en un jeep, y a su madre cocinando pollo asado y arroz. Incluso sabía qué ropa llevaba cada miembro de la familia esa noche.

—Todo ello comprobado —dijo Burke.

Luego agregó:

—Además, hay casos en los que las personas con ceguera congénita pueden ver durante su experiencia cercana a la muerte. Por ejemplo, Vicki nunca había visto nada en sus veintidós años. Pero tuvo un accidente automovilístico y se encontró mirando hacia abajo al vehículo destruido, y luego vio a los médicos trabajar en su cuerpo mientras flotaba en dirección al techo.

Después de bajar por un túnel hacia un lugar maravilloso, Vicki se encontró con dos compañeros de escuela que habían muerto años antes. Aunque eran mentalmente discapacitados en su vida anterior, ahora estaban sanos por completo. Luego vio una reproducción de sus años en la tierra. Más tarde pudo proporcionar varias observaciones precisas, incluso sobre sus amigos de la infancia, las cuales no pudo haber presenciado en su momento, pero afirmó haber visto en la revisión de vida.

Entre las conclusiones de Kenneth Ring, quien entrevistó a veintiún personas ciegas que informaron haber tenido ECM, está la que dice que «las descripciones de la experiencia con personas invidentes y con discapacidad visual muestran que hubo ciertas percepciones visuales o "similares a las visuales", y algunos de estos informes han sido validados por testigos».[39]

Un desfile de improbabilidades

Mientras más investigaba las experiencias cercanas a la muerte, mayor era el número de casos documentados y corroborados que encontré, incluidos varios informados por J. P. Moreland y Gary Habermas:

- Una mujer registró ausencia de ondas cerebrales, no tenía signos vitales, fue declarada muerta y la estaban trasladando a la morgue cuando recuperó el conocimiento. Ella describió con precisión los procedimientos de reanimación exactos que le aplicaron los médicos, repitió un chiste que había contado uno de ellos para aliviar la tensión, e incluso recordó los diseños de las corbatas de los doctores.

- Una joven en su lecho de muerte dejó su cuerpo y fue a otra habitación del hospital, donde escuchó a su cuñado decir que esperaría para ver si ella iba a «morir». Más tarde lo avergonzó al contarle lo que había oído.

- Rick, de cinco años, estaba en coma con meningitis antes de que lo llevaran en ambulancia al hospital. Permaneció inconsciente durante varios días. Sin embargo, describió haber abandonado su cuerpo y haber visto a los parientes afligidos durante ese tiempo, incluso vio cómo sacaban a una niña de doce años de la habitación que él iba a ocupar. Sus observaciones específicas fueron confirmadas por otros.

- En su lecho de muerte, una mujer llamada Eleanor comenzó a gritar los nombres de los seres queridos fallecidos que estaba viendo. De repente, vio a una prima llamada Ruth. «¿Qué está haciendo ella aquí?», dijo Eleanor. Resulta que Ruth había muerto inesperadamente la semana anterior, pero a Eleanor nunca se le había dicho eso a causa de su enfermedad.

- Otra niña, que tuvo una ECM durante una operación cardíaca, dijo que conoció a su hermano en el más allá, lo que la sorprendió, porque no tenía hermano. Cuando se recuperó más tarde y se lo contó a su padre, él le reveló por primera vez que sí tenía un hermano, pero que había fallecido antes de que ella naciera.[40]

- Una niña holandesa de cinco años contrajo meningitis y entró en coma. En su ECM conoció a una chica de unos diez años que le dijo: «Soy tu hermana. Nuestros padres me llamaban Rietje para abreviar». Rietje la besó y le dijo: «Debes irte ahora», y la niña volvió a su cuerpo. Más tarde sorprendió a sus padres al contarles la historia. Ellos confirmaron que tenía una hermana llamada Rietje que había muerto por envenenamiento, pero decidieron no decírselo a los otros niños hasta que tuvieran la edad suficiente para entenderlo.[41]

Todos esos relatos hacen que uno se rasque la cabeza. Y solo son la punta del iceberg. No me sorprende que el investigador de experiencias cercanas a la muerte Jeffrey Long, un radioncólogo experimentado, concluyera que «las ECM proporcionan una evidencia científica tan poderosa que es razonable aceptar la existencia de una vida después de la muerte».[42]

La culminación de lo que buscamos

Justo o no, hay estereotipos en cuanto a los ingenieros, como por ejemplo que son inexorablemente racionales más que melindrosos o sentimentales, y que prefieren los hechos y la lógica antes que los sentimientos y las emociones. Vivo en un vecindario de Houston poblado por ingenieros de compañías petroleras, y francamente esas percepciones no están muy lejos de la realidad. Por eso detecté algunos de esos rasgos en Burke, hasta que llegamos al final de nuestra conversación.

El intercambio comenzó con una pregunta bastante inofensiva.

—¿Qué quiere que la gente capte con la lectura de su libro *Imagine Heaven*? —le pregunté. Esperé una respuesta breve.

Burke pensó durante unos momentos.

—Quiero que lo primero que hagan sea que se enamoren de Jesús y lo vean.

La voz se le quebró y luego se detuvo. Sus ojos se inundaron de lágrimas. Las emociones lo abrumaron.

—Lo siento —murmuró mientras luchaba por recuperar la compostura.

—Está bien —le aseguré.

Respiró hondo.

—Solo eso —se detuvo para recomponerse antes de continuar—. Solo quiero que la gente vea que Jesús es todo lo que queremos. Él es la culminación de todo lo que buscamos —dijo finalmente.

»Muchas personas a las que he entrevistado intentan describir la asombrosa belleza que han visto en el cielo —continuó Burke—. Un paisaje que te deja sin aliento. Una fragancia muy suave y dulce. Colores nada vistos en la tierra. Una persona dijo: "Los colores parecían estar vivos".[43] Luego otros dijeron: "Sí, fue asombroso, pero eso no me interesó". Yo pregunté por qué. Y ellos repondieron: "Porque no podía apartar los ojos de Jesús. Él es más que hermoso. Él es todo lo que siempre he deseado".

Los ojos de Burke se encontraron con los míos.

—Eso ayudó a cristalizar algo que me ha cambiado profundamente.

—¿Qué es eso?

—Que todo lo que he disfrutado en la vida: la belleza del aire libre, el amor de un padre, la risa de un hijo, la plenitud del matrimonio, todo eso es solo una pizca en comparación con la gran realidad que se encuentra en él.

Ahora fueron *mis* ojos los que se humedecieron. Apagué mi grabadora.

Basta de charla.

Un vistazo al más allá

Esa noche, Leslie y yo nos sentamos uno frente al otro mientras cenábamos en un restaurante de mariscos de Austin. Le describí extensamente mi entrevista con Burke, dándole todos los detalles más importantes.

—¿Cuál es tu conclusión? —me preguntó.

—Estas descripciones de una vida después de la muerte —le dije mientras apartaba mi tenedor— son fascinantes. Y John tiene razón: muchas de esas experiencias centrales coinciden con los relatos bíblicos de lo que sucede después de nuestra muerte. Aun así, hay grandes diferencias entre las historias.

—Y realmente —agregó Leslie— no hay forma de verificar todos esos detalles sobre el cielo y el infierno.

—Es cierto —dije—. ¿Pero será que inventan esas cosas? Tantas personas han tenido experiencias cercanas a la muerte que es difícil creer que todas puedan ser inventadas. ¿Qué son estos relatos en realidad? ¿Describen estas personas con sinceridad una experiencia como un sueño o una alucinación que han sido producidos por algún fenómeno físico, como la falta de oxígeno? Bueno, ninguna explicación alterna ha podido explicar todas las características de las ECM. Sin embargo, dejemos a un lado esas descripciones de la otra vida y concentrémonos en lo que podemos saber con certeza.

—¿Y qué es eso? —preguntó Leslie.

—Como mínimo, estos casos demuestran de manera convincente que la conciencia realmente permanece después de la muerte clínica. ¿Por cuánto tiempo? La evidencia no establece eso. Pero tenemos la corroboración de muchas cosas que las personas nunca podrían haber sabido a menos que hubieran tenido una auténtica experiencia extracorporal.

Dejé que esa declaración se mantuviera por un momento mientras comíamos.

—Supongo que lo que estoy diciendo —agregué— es que la mejor explicación para la totalidad de la evidencia es que hay una existencia *post mortem* de algún tipo. Después que nuestro cerebro deja de funcionar, después que nuestro corazón deja de latir, después que los médicos nos declaran muertos, seguimos viviendo. Nuestra conciencia sobrevive. *Sobrevivimos.*

Leslie dejó que la idea fuera asimilada y luego preguntó:

—¿De qué forma podemos determinar con certeza cómo es la otra vida? Los cristianos dicen una cosa; la teología islámica dice otra.

Le sonreí.

—Cariño, ¿cuándo fue la última vez que visitaste Indiana?

—¿Por qué? ¿Estás diciendo que es un pedacito de cielo? —preguntó con una sonrisa.

—No exactamente. Pero tengo otro viejo amigo allá que creo que puede ayudar a resolver esto.

Leslie dejó su servilleta.

—Revisaré los vuelos a primera hora de la mañana —dijo.

CAPÍTULO 4

La pirámide al cielo

¿Por qué cree la cristiandad en el más allá?

Quiero que el ateísmo sea cierto, pero me inquieta
que algunas de las personas más inteligentes y mejor
informadas que conozco sean creyentes religiosos.

—THOMAS NAGEL, FILÓSOFO, LA ÚLTIMA PALABRA

Chad Meister, un joven ingeniero electromecánico que había crecido cuestionando la realidad de Dios, estaba sentado en su apartamento en Tempe, Arizona. Sostenía una pistola. Presa de la depresión, estaba a punto de apretar el gatillo.

En medio de su angustia, clamó: «Dios, si estás ahí, muéstramelo, porque no quiero vivir más. Y si no estás, no vale la pena vivir». Con eso, al instante, tuvo una visión. Todo se oscureció y lo único que pudo ver fueron letras en blanco y negro que deletreaban «Hechos 14:22».

«No tenía idea de qué era eso», recordó más tarde. «Pensé que tal vez tenía algo que ver con la Biblia, pero nunca la había leído, aunque había oído hablar de algunos de los libros que contiene».

Puso a un lado el arma, salió, agarró una Biblia, regresó a su apartamento y buscó hasta que encontró el capítulo y el versículo, en el cual Pablo y Bernabé les dicen a los discípulos: «Es necesario pasar por muchas tribulaciones para entrar en el reino de Dios».

Ese sentimiento se grabó profundamente en Chad. Mientras pensaba en las tribulaciones de su vida, se dio cuenta por primera vez de que Dios había estado ahí todo el tiempo, persiguiéndolo, pero Chad lo había apartado de él repetidas veces y caminado en otra dirección.

Su depresión desapareció. Allí mismo, en su apartamento, Chad le entregó su vida a Dios. Él prometió: «Te seguiré a donde sea que me lleves».

En efecto, su vida cambió. Se casó con una contable cristiana llamada Tammi y se mudaron a Minneapolis, donde asistieron a una iglesia que animaba a los feligreses a hablarles a los demás acerca de Jesús. Decidió hacer precisamente eso, pero sus esfuerzos fracasaron.

Él se estaba preparando para emprender un viaje en automóvil de cuatro horas con su jefe, un hindú muy educado. *Muy bien, esto es fantástico*, pensó Chad. *Sale un cristiano de viaje y regresan dos cristianos.*

Sin embargo, ese hindú sincero y elocuente exaltó la belleza y la maravilla de su religión de manera tan elocuente que estaba influyendo en Chad. Como este nunca había estudiado realmente por qué era cristiano, se desorientó. «La cabeza me daba vueltas», dijo.

Esa misma semana, un colega mormón habló de sus creencias con Chad. Un amigo que había estado estudiando con una secta desafió lo que Chad entendía acerca de la Trinidad. Otro ingeniero que era de una secta marginal también atacó sus creencias. En una reunión de Toastmasters, una organización que entrena para hablar en público, Chad escuchó a una mujer exponer un discurso apasionado sobre el movimiento de la Nueva Era y cómo todos son parte de la Madre Tierra, esa gloriosa flor del universo.

«Estaba muy confundido», dijo Chad. «Ya no sabía en qué creer. Empecé a replantearme la visión que tuve. Quizás fue de Alá o Brahman o alguna otra realidad divina. Mi fe se desvaneció y me volví agnóstico».

Chad comenzó a buscar respuestas. En sus viajes de negocios a Rochester, Minnesota, se detenía en L'Abri Fellowship, iniciada por los pensadores cristianos Francis y Edith Schaeffer. En vez de promover el cristianismo, la gente allí animó amablemente a

Chad a analizar con cuidado las diversas cosmovisiones. ¿Cuál es razonable? ¿Cuál es lógica? ¿Cuál se puede vivir? ¿Cuál tiene la evidencia de su lado?

«Comencé desde el principio haciendo la pregunta: "¿Qué es la verdad?"», dijo Chad. «Terminé investigando distintas cosmovisiones durante un año y medio. Al final, la conclusión fue clara: el cristianismo es el más razonable, el más adecuado, el mejor respaldado por la evidencia y coincidía con mis propias experiencias de Dios. Así que volví a entregarle mi vida a Cristo».

Tan estimulante fue su investigación espiritual que Chad decidió dejar su carrera de ingeniería y estudiar teología y filosofía. En la actualidad, es un erudito muy respetado y con muchas publicaciones, que es lo que nos llevó a Leslie y a mí a Mishawaka, Indiana, donde Chad es presidente del departamento de religión y filosofía de Bethel University.

Yo quería saber: con tantas teorías diferentes sobre la vida después de la muerte en varias religiones, ¿por qué la gente debería confiar en lo que el cristianismo enseña sobre el mundo del más allá?

Entrevista #4: doctor Chad V. Meister

Si alguien parece un profesor de filosofía, ese es Chad Meister. Su cabello oscuro, teñido de plata, es corto y peinado a un lado con una raya; su bigote y su barba son de un gris distinguido. Lleva gafas conservadoras con bordes finos. Agréguele un abrigo deportivo de lana con parches en los codos y pensará que es de un elenco artístico principal.

Con su mente incisiva, humor afable y personalidad agradable, Meister se encuentra entre los profesores más populares de Bethel, donde comenzó a enseñar en 1998. Recibió su maestría con honores en Trinity Divinity School y su doctorado con honores en Marquette University. También ha sido investigador invitado en el Centro de Estudios Hindúes de Oxford, algo irónico a la luz de la conversación con su jefe hindú que una vez ayudó a descarrilar su fe.

Meister es autor, coautor o editor de más de veinte libros, entre ellos *Philosophy of Religion; Evil: A Guide for the Perplexed; Contemporary Philosophical Theology; The Cambridge Companion to Religious Experience; Debating Christian Theism;* y *The Oxford Handbook of Religious Diversity*. Charles Taliaferro y él son editores generales de una serie de seis volúmenes llamada *The History of Evil*. Meister y el apologista William Lane Craig editaron *God Is Great, God Is Good*, que ganó el premio al libro *Christianity Today* 2010.

Sin embargo, estaba allí para hablar sobre el primer libro de Meister, *Building Belief: Constructing Faith from the Ground Up*, publicado en 2006.[1] La historia de este libro involucra... bueno, a mí.

Cuando Meister estudiaba en Trinity, asistía a una iglesia donde yo era pastor docente y mi colega Mark Mittelberg era director de evangelismo. Mittelberg reclutó a Meister para que fuera el líder voluntario del ministerio de apologética de la iglesia, un papel en el que Meister se desarrolló.

Un domingo después de dar un sermón sobre la resurrección, yo estaba saludando a los visitantes cerca de donde Chad se encontraba sentado. Un hombre se me acercó y me dijo: «Solo quiero que sepa que soy ateo. Un amigo me invitó aquí. Lo que predicó fue interesante. Me gustaría conocer más; de hecho, ¿podría reunirse conmigo esta semana?».

Le expliqué que lamentablemente viajaría durante las próximas tres semanas. «Pero ese caballero de allí se reunirá con usted», le dije, señalando a Meister.

Meister estuvo de acuerdo. «Claro, me encantaría reunirme con usted», le dijo al escéptico.

El ateo accedió a ir a cenar al apartamento de Meister. Mientras tanto, Meister oró sobre cómo podría ayudar a ese escéptico, y en su mente apareció lo que se conoce como la «pirámide de la apologética», una descripción visual de cómo se puede perseguir lógica y sistemáticamente la búsqueda de la verdad sobre el cristianismo.

Como resultado de la propia travesía espiritual de Meister, la pirámide no asume nada extraordinario al principio, comenzando con la pregunta más amplia y reduciendo gradualmente los problemas a medida que avanza hacia la cima. Su objetivo no es la prueba absoluta, sino mostrar que el entendimiento más razonable de la evidencia es concluir que el cristianismo es verdadero.

El ateo fue a cenar a la casa de Meister. Comieron a las 7:00 de la noche. Luego trabajaron con la pirámide. A las 2:00 de la mañana, el que dudaba era un creyente.

Yo quería que Meister recorriera las seis capas de evidencia que constituyen su pirámide. Nos reunimos en su oficina repleta de libros en el tercer piso del edificio administrativo Huffman en el recinto de Bethel. Francis Schaeffer siempre instó a los cristianos a comenzar con un terreno común, por lo que comenzamos en la base de la pirámide, con las leyes fundamentales de la lógica y la realidad.

Nivel 1: Verdad — ¿Por qué no todos pueden tener la razón?

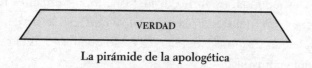

La pirámide de la apologética

—Poncio Pilato preguntó: "¿Y qué es la verdad?"[2] —comencé diciendo—. Si le preguntaran eso hoy, ¿cómo respondería?

Meister se aclaró la garganta.

—Incluso antes de que Pilato viviera, los antiguos griegos pensaban diligentemente en eso —respondió—. Platón dijo en su libro *El sofista* que una declaración verdadera dice las cosas como son, y que una declaración falsa las dice de manera diferente a como son.[3] Su alumno Aristóteles afirma algo similar en *Metafísica*.[4] Y estaban en algo.

»Esta es la teoría correspondentista de la verdad. Una afirmación o proposición es verdadera si se corresponde con un hecho. Si afirmo lo siguiente: "Su auto de alquiler está en el estacionamiento exterior", esto sería cierto, porque mi afirmación corresponde o coincide con la realidad. Eso significaría que la verdad es absoluta y universal.

—Parece sentido común —dije.

—Sí, es cómo todos enfocamos la vida cada día.

—Por supuesto, la gente trata de eximir a la religión —señalé—. Dicen que la verdad religiosa no es absoluta, sino relativa.

Meister no se lo creía.

—Si dijera: "*Mi* verdad es que su auto de alquiler *no está* en el estacionamiento", eso no sería exacto solo porque digo que es *mi verdad*; en cambio, esa afirmación sería falsa. No coincide con la realidad. Las opiniones y creencias son subjetivas y personales, pero los hechos no lo son. Además, hay un problema lógico con el relativismo.

—¿Cuál es?

—Decir que no hay absolutos es hacer una afirmación absoluta. Se refuta a sí misma —dijo—. Piénselo de esta manera: si un miembro de la Flat Earth Society no estuviera de acuerdo en que la tierra es redonda, usted no diría: "Bueno, la verdad es relativa. Su creencia en una tierra plana es *su verdad*; eso le sirve a él o es coherente con sus otras creencias". No, lo que usted diría es: "Está totalmente equivocado".

—Pero —interferí— ¿no es la religión diferente? Algunos dicen que la religión no debe entenderse como verdadera o falsa, ya que no tenemos la visión de Dios de las cosas. Plantean que una afirmación religiosa puede *volverse* cierta, ya que conforma las vidas de quienes la creen.

—Todas las religiones principales hacen afirmaciones de la verdad que son absolutas —dijo Meister—. Y en esencia se contradicen entre sí. No todas pueden ser verdad, porque afirman cosas opuestas; por ejemplo, la Biblia dice que Jesús es el Mesías, que dio su vida como sacrificio por el pecado. Otras religiones niegan esa afirmación. Ambas *no pueden* ser verdad. Esa es la ley de la no contradicción.[5] Decir que todas las afirmaciones religiosas son ciertas puede parecer magnánimo, pero es lógicamente absurdo. Nuestra tarea es descubrir qué es verdad y qué no.

—Aun así, ¿no es intolerante decir que la verdad es absoluta?

—La verdad no puede estar prejuiciada, pero la gente ciertamente puede estarlo, se trate de cristianos, ateos, hindúes o musulmanes. La verdad es la verdad, pero cómo la comunicamos puede ser de mentalidad estrecha y arrogante. Necesitamos seguir los ejemplos de Jesús y Gandhi, que enseñaron de una manera humilde, pero apasionada.

El fundamento de la pirámide quedó establecido. La verdad no es relativa, es decir, no la determina lo que creamos; la verdad es todo lo que es *coherente con la realidad*. Nuestra función es descubrir qué es la verdad al continuar escalando la pirámide. El teólogo John Stackhouse dijo: «La religión es fundamentalmente sobre la verdad: tratar de descubrir qué es real y cuál es la mejor manera de representarlo».[6]

Nivel 2: Cosmovisiones — *El choque de los tres* ismos

La pirámide de la apologética

El siguiente nivel de la pirámide examina las tres principales concepciones del mundo o cosmovisiones.

—Una cosmovisión es una colección de creencias e ideas sobre los temas principales de la vida —explicó Meister—. Es el lente a través del cual vemos el mundo, ya sea que lo decidamos conscientemente o no. Hablando en términos generales, cada religión o ideología se puede encontrar dentro de una de tres categorías: *teísmo, ateísmo* o *panteísmo*. Pero, por supuesto, sus presuposiciones básicas se contradicen entre sí, y por lo tanto solo una de ellas puede ser cierta.

—¿Cómo analiza usted sus diferencias? —pregunté.

—Hay cinco cuestiones fundamentales que cada cosmovisión debe abordar —dijo—. Primero, ¿existe un Dios y cómo es ese

Dios? En segundo lugar, ¿cuál es la realidad suprema? En tercer lugar, ¿cómo se obtiene el conocimiento? Cuarto, ¿dónde se encuentra la base de la moralidad y el valor? Y quinto, ¿qué somos como seres humanos?

—Está bien —señalé—, hablemos de los tres *ismos*.

—Tendré que hablar ampliamente, por supuesto —dijo Meister—. Primero, está el *teísmo* o la creencia en un Dios personal separado del mundo. Para las principales religiones teístas (el judaísmo, el cristianismo y el islam) hay un Dios, creador de todo, que es omnisciente, omnipotente, omnipresente y todo bondad.

»La realidad suprema en el teísmo es Dios, que está más allá del reino físico de la existencia. Adquirimos conocimiento a través de nuestros cinco sentidos y otros medios, incluida la revelación en las Escrituras. La base de la moralidad es Dios. Bien, mal, bueno, malo, todos se basan en la naturaleza del Dios personal e infinito que creó todo. Finalmente, ¿qué significa ser humano? Que no estamos a la par con Dios, aunque nos encontramos en un plano más alto que el resto del reino animal. Somos únicos y tenemos un alma inmaterial que vive en la eternidad.

Estaba apuntando notas en mi libreta mientras él hablaba.

—Buen resumen —dije—. ¿Qué pasa con el ateísmo?

—*Ateísmo* significa incredulidad en Dios u otros dioses. ¿Cuál es la realidad universal? Como dijo el astrónomo Carl Sagan: "El cosmos es todo lo que es, fue o será".[7] No hay dominio o existencia sobrenatural más allá de este mundo físico. ¿Cómo adquirimos conocimientos? Dado que el mundo físico es todo lo que existe, cualquier conocimiento que tengamos debe ser sobre él y solo sobre él. Estamos limitados al conocimiento empírico, siendo el método científico el estándar de oro.

—¿Qué ocurre con la moralidad? —pregunté, haciendo un seguimiento de los cinco fundamentos que escribí en mis notas.

—Por lo general, los ateos no consideran que la moralidad sea objetivamente verdadera. Al contrario, suelen decir que surgió a través de la evolución. En otras palabras, los humanos, o nuestros genes, inventaron la idea de la moralidad debido a que mejoraba nuestras posibilidades de supervivencia, por lo que ella puede variar de un lugar a otro y de una época a otra. Ahora bien, a algunos ateos les incómoda eso. Un ateo prominente dijo que la moralidad no proviene de Dios ni de la evolución, sino que "simplemente es".[8] Eso, francamente, no explica mucho.

»Por último, sobre la cuestión de los seres humanos, el ateísmo dice que somos máquinas electromecánicas, animales que han crecido en complejidad a lo largo de los eones gracias a la evolución. Como dice el biólogo Richard Dawkins: "Somos... vehículos robóticos programados ciegamente para preservar las moléculas egoístas conocidas como genes".[9] No hay alma ni aspecto inmaterial en las personas. Vivimos, morimos, decaemos, eso es todo lo que hay.

—¡Eso no suena muy alentador! ¿Qué tal el panteísmo?

—El *panteísmo* no tiene una forma única; tiene aspectos filosóficos y religiosos. En términos generales, no hay distinciones fundamentales en el universo: todo es inmutable, todo es uno y todo es Dios, o Brahman en el hinduismo. En resumen, Dios es uno con el universo.

»En cuanto a la realidad suprema, es Dios, indistinguible e indescriptible. Todas las distinciones son *maya*, o ilusiones. Animales, plantas, insectos, rocas, usted, yo, todo es una y la misma realidad suprema. Para los panteístas de esta clase, el conocimiento no se adquiere mediante la investigación racional, sino a través de la meditación y otras prácticas destinadas a vaciar la mente. El canto y otras técnicas se utilizan para alterar la conciencia y experimentar una unidad con todo lo que es.

»Además, el bien y el mal objetivos son ilusorios. La panteísta Mary Baker Eddy, que fundó la Ciencia Cristiana, dijo: "El mal no es más que una ilusión y no tiene un fundamento real. El mal es una creencia falsa".[10] Finalmente, ¿qué son los humanos? Para los panteístas, somos Dios. Somos divinidad espiritual; somos uno con el universo. Pero, lamentablemente, estamos bajo la ilusión universal, y como resultado no nos percatamos de nuestra naturaleza divina. Por lo tanto, nuestro objetivo es reconocer esa verdad y liberarnos de esta ilusión para que podamos ver y experimentar al Dios que realmente somos.

Dejé que todo eso fuera asimilado por unos momentos y luego dije:

—Tres concepciones del mundo, todas contradictorias entre sí. ¿Cómo puede alguien determinar cuál es la verdad?

—Ah —dijo Meister con una sonrisa—, tenemos que seguir adelante.

La prueba del ateísmo y el panteísmo

Meister propuso dos pruebas para saber qué cosmovisión es más plausible: lógica y habitabilidad. Una cosmovisión es falsa si sus creencias fundamentales son internamente contradictorias o incoherentes, y por otra parte una cosmovisión debe rechazarse si no se puede vivir de manera coherente.

—Empecemos por el ateísmo —dije—. ¿Hay alguna objeción que lo invalide?

—Bueno, existe el problema lógico del bien —respondió Meister.

—¿El problema del bien? ¿Está diciendo que los ateos no pueden tener una vida decente?

—No, no es eso. Estoy diciendo que, si la moralidad es un mecanismo de supervivencia, entonces es una mera ilusión "que nos engañen nuestros genes", como admiten los filósofos ateos Michael Ruse y Edward Wilson.[11] Por lo tanto, no es más racional creer en la moralidad que en San Nicolás. Incluso si la moralidad no tiene sus raíces en la genética, sino que es solo una construcción social, insisto en que es subjetiva y relativa, no absoluta ni universal.

»Y si no hay moralidad objetiva, el ateo no puede afirmar lógicamente que existan cosas como lo correcto, lo erróneo, el bien o el mal objetivos. El ateo ni siquiera puede afirmar en realidad que el asesinato de niños inocentes sea objetiva y moralmente maligno. Podría decir que eso lo ofende, pero es una preferencia; no puede afirmar coherentemente que es malo en realidad. Si esta visión de la moralidad se viviera realmente, se produciría el caos. Como dijo el ateo Jean-Paul Sartre: "En efecto, si Dios no existe, todo está permitido".[12] Aun cuando algunos ateos han intentado establecer una especie de bien y mal universal, sus argumentos también son complicados.

—Sea un poco más concreto con su argumento su argumento —dije.

—Bien. Primero, si existen valores morales objetivos, entonces el materialismo ateo debe ser falso. Sin embargo, *existen* valores morales objetivos, todos lo sabemos. Por lo tanto, el materialismo ateo debe ser falso. Además de eso, el ateísmo no pasa la prueba de la habitabilidad. En verdad, los ateos no pueden vivir coherentemente la opinión de que la moralidad es meramente ilusoria o relativa. ¿Resulta la afirmación "Torturar bebés por diversión es malvado" objetivamente cierta o solo una opinión? Si alguien afirma que hacer eso es correcto, nadie lo aceptaría. ¿Por qué? Porque sabemos que es realmente malo. ¿Recuerda lo que dijo el famoso asesino en serie Ted Bundy?[13]

—¿Qué dijo?

—Dijo que, dada su visión ilustrada del mundo, no hay Dios, no hay realidad trascendente, solo somos moléculas en movimiento. Él afirmó que no hay tal cosa como la moralidad objetiva. Que podemos decidir por nosotros mismos qué hacer, porque la moralidad es personal y relativa. Afortunadamente, pocas personas viven de esa manera. Incluso los que afirman que no creen en absolutos morales, actúan como si lo creyeran.

—Su conclusión, entonces, es que el ateísmo no es plausible —dije.

—Así es.

—¿Qué pasa con el panteísmo?

—Los panteístas también tienen un problema con el bien y el mal —dijo.

Me contó sobre una ocasión en que se reunió para cenar espaguetis con una panteísta que le dijo: «Todo es Dios y todo es uno. No hay distinciones». Meister le respondió: «Pero si no hay distinciones, entonces, en última instancia, no hay bien ni mal, no hay distinción entre crueldad y no crueldad, o entre bien y mal». Con eso, tomó una olla de agua hirviendo de la estufa y la colocó sobre su cabeza, fingiendo que la iba a derramar sobre ella. «¿Estás *segura* de que no hay distinción entre el bien y el mal, la crueldad y la no crueldad?», bromeó.

Ella reconoció el gesto con una sonrisa y dijo: «¡Bueno, supongo que parece haber una distinción entre el bien y el mal!».

—Por supuesto —continuó Meister—, los panteístas pueden *decir* que no hay distinción entre el bien y el mal y que el sufrimiento es solo una ilusión, pero en realidad no pueden vivir bajo esa premisa. La gente vive como si *hubiera* absolutos morales.

»Además —agregó—, el panteísmo parece ser lógicamente incoherente. En el panteísmo, soy Dios y en última instancia impersonal. Yo soy el Todo inmutable. Sin embargo, soy animado a descubrir este hecho sobre mí. A través de la meditación, necesito darme cuenta de que soy uno con lo Divino. Sin embargo, hay un problema.

—¿Qué problema?

—Primero, bajo el panteísmo somos uno con Dios. En segundo lugar, Dios es el Todo inmutable. En tercer lugar, nosotros, Dios, necesitamos ir más allá de nuestra ignorancia y ser iluminados para percatarnos de nuestra propia divinidad. Esas declaraciones son lógicamente incoherentes.

—¿Cómo es eso?

—Llegar a conocer algo es cambiar de un estado de ignorancia a uno de iluminación, por lo que no puedo ser inmutable y al mismo tiempo cambiar para darme cuenta de que soy inmutable.

»Además —agregó—, se supone que el universo es impersonal, pero yo soy una persona con esperanzas, sueños, pensamientos y sentimientos, todo lo cual los panteístas dicen que son ilusiones. De alguna manera, el universo arroja gente ilusoria y engañada, que en realidad no son personas, y ahora necesitan volver al yo impersonal que realmente son. No obstante, ¿cómo se puede engañar al yo impersonal haciéndole creer que soy un ser personal que necesita reconocer mi verdadera naturaleza impersonal? ¿Cómo se puede engañar a algo impersonal de todos modos? No tiene sentido.

Sabía cómo responderían los panteístas.

—¿No dirían que necesita ir más allá de la racionalidad y abrirse a una conciencia mística de su unidad con el cosmos? —pregunté.

La mirada de Meister demostró frustración.

—Argumentar en contra de la razón es usar la razón en un intento de negarla, una vez más, algo incoherente. Seamos objetivos, si quiere ser lógico y coherente con sus puntos de vista, el panteísmo no es la cosmovisión que desea.

¿Qué hay acerca del teísmo?

Todo esto dejó una pregunta obvia: ¿Invalida al teísmo la existencia del mal y el sufrimiento? ¿No es una contradicción decir que hay un Dios que es poderoso y amoroso, pero que en el mundo que él creó existe el mal?

—Ese es un problema serio. No pretendo que no lo sea —respondió Meister—. De hecho, es tan serio que publiqué diez libros sobre este tema. Pero no es exclusivo del teísmo. Todas las cosmovisiones luchan con el problema del mal y el sufrimiento. Sin embargo, no creo que sea una contradicción para el teísmo; es más, diría que los cristianos tienen la respuesta más digna.

—¿De qué manera?

—Por un lado, es al menos lógicamente plausible decir que si hay un Dios, le dio a la gente libre albedrío.

Ordenó sus pensamientos y luego continuó.

—Como sabe, fui ingeniero en robótica. Recuerdo haber oído hablar de un gran dispositivo robótico que aplastó a un trabajador. Sin embargo, el robot no fue acusado de ningún delito. ¿Por qué? Porque no fue culpable. No hubo intencionalidad. Carecía de libre albedrío. Por lo tanto, parece que la noción misma de responsabilidad moral y la capacidad de hacer el bien requieren libertad. Incluso el amor requiere la libertad de optar por no amar, razón por la cual los robots no pueden enamorarse. Solo pueden hacer lo que se les programa que hagan.

—Dios podría haber creado un mundo donde las personas fueran como robots, pero entonces nunca podríamos experimentar el valor más alto del universo, que es el amor. Realmente no podríamos estar haciendo buenas acciones ni actos morales. Y donde hay libertad, eso necesariamente implica la libertad de volverse contra el bien. Esa es la explicación de por qué tenemos maldad moral en el mundo.

Meister describió cómo una vez recibió una nota de una mujer en la iglesia que fue muy eficaz para ayudar a otras personas que están luchando con el dolor de su pasado. Ella le reveló cómo había atravesado una experiencia traumática mientras crecía.

Unas semanas antes, Meister y su esposa habían horneado un pastel. Meister decidió probar cada ingrediente individualmente. Polvo de hornear: repugnante. Huevos crudos: *asqueroso*. Extracto de vainilla: *desagradable*. No obstante, una vez que se mezclaron y se hornearon, el resultado fue un sabroso pastel de chocolate.

—Le conté esta historia a la mujer y se puso a llorar —recordó Meister—. Se dio cuenta de que Dios no quería que le pasaran esas cosas malas. Él no las causó. Y sin embargo, en su omnisciencia y omnipotencia, él es capaz de tomar incluso las cosas malas que suceden y de convertirla en una persona hermosa con un gran corazón para ayudar a los que sufren.

»Ahora bien, podemos rechazar a Dios y endurecernos contra él, pero eso no es lo que Dios quiere. A veces se necesitan pruebas y tribulaciones para convertirnos en seres humanos espirituales y maduros. La Biblia habla de la manera en que las dificultades desarrollan el carácter y la perseverancia.[14] Todos sabemos que, si criamos a un niño de una manera totalmente protectora, no madurará por completo.

—¿Está diciendo que criar a un individuo maduro debe implicar necesariamente algunas dificultades? —pregunté.

—Sí, eso es plausible. No hay contradicción entre la existencia de Dios y la existencia del mal si Dios tiene una razón buena y suficiente para permitir que existan. Como he mostrado, es al menos lógicamente posible que Dios tenga tales razones.

»En realidad, Agustín escribió un libro completo sobre cómo la libertad permite la posibilidad de que el agente libre elija el mal sobre el bien.[15] Él argumentó que es algo bueno que Dios nos haya dado la libertad, pero con esa libertad vino el peligro de que la gente usara este buen regalo con motivaciones equivocadas, incluso por razones maliciosas. Y eso es lo que sucedió: la humanidad se volvió contra su Creador.

»Pero podemos ver por qué Dios puede permitir que exista el mal. Una dificultad grave o incluso una tragedia pueden hacer que las personas reconozcan a Dios y su necesidad de salvación. Como dijo C. S. Lewis: "Dios nos susurra en nuestros placeres, habla en nuestra conciencia, pero grita en nuestros dolores: [el mal] es su megáfono para despertar a un mundo sordo".[16]

—Su conclusión entonces —le dije— es que aun cuando el panteísmo y el ateísmo están descalificados debido a contradicciones lógicas, incoherencias y afirmaciones imposibles de vivir, el teísmo sobrevive.

—Correcto —fue su respuesta—. Hay mucho más que decir, he escrito mucho sobre esto. Aquí solo estamos viendo la superficie. Pero mi conclusión es que, dado todo esto, el teísmo en general, y el cristianismo en particular, es la cosmovisión más acertada.

Nivel 3: Teísmo — Las huellas digitales de Dios

La pirámide de la apologética

Estaba interesado en la evaluación de Meister acerca de la evidencia positiva del teísmo, así que le formulé un desafío:

—Deme tres razones a favor de que el teísmo es verdadero.

—¿Solo tres? —respondió—. Bien, seguro —se inclinó hacia adelante y dijo—: Primero, está el ajuste fino del universo. Un universo que permita la vida es extremadamente improbable. Los científicos han descubierto que si se modificara ligeramente las leyes fundamentales del cosmos o cualquiera de las docenas de constantes básicas de la física, la vida sería imposible.

»Cosas como la constante gravitacional, la constante de la fuerza nuclear fuerte y las masas relativas de las partículas elementales son solo algunos de los cincuenta o más ejemplos de la física que están calibrados de una manera cuidadosamente equilibrada para que la vida pueda existir. La probabilidad de que esto ocurra por causas naturales no dirigidas o por la casualidad es prácticamente nula.

Estaba familiarizado con ese argumento. Unos años antes, entrevisté al profesor de física Michael Strauss de la Universidad de Oklahoma. Para dar solo un ejemplo del ajuste fino del universo, dijo: «Poco después de la Gran Explosión o Big Bang, la cantidad de materia en el universo se ajustó con precisión a una parte en un billón de billones de billones de billones de billones. ¡Eso es un 10 seguido de sesenta ceros! En otras palabras, agregue una moneda de diez centavos de materia extra y el universo no existiría». Su conclusión: «Creo que la explicación más plausible es que el universo fue diseñado por un Creador».[17]

Sin embargo, los escépticos tienen una vía de escape, la cual le planteé a Meister:

—¿Qué pasa si hay un número infinito de universos, y entonces usted gira los diales de la física suficientes veces al azar y resulta que uno de esos universos obtiene los números de la suerte por casualidad, y es el nuestro?

—No hay evidencia física ni experimental que apoye la teoría de muchos universos —respondió Meister—. Aunque personalmente, no me sorprendería si los hubiera.

Su respuesta me sorprendió.

—¿Por qué?

—El principio de la plenitud dice que la bondad desea compartir más bondad. Si Dios es bondad infinita, entonces es probable que desee compartir su bondad, así que quizás creó muchos universos para compartirla. No obstante, como señala el físico y filósofo Robin Collins, un número infinito de universos debe ser producido por algún tipo de generador de muchos universos, el cual a su vez necesitaría a un diseñador inteligente. Entonces se vuelve al teísmo.[18]

—Bien, ¿cuál es su segundo argumento a favor del teísmo?

—El comienzo del universo apunta poderosamente hacia un Creador —respondió—. Como dice el filósofo William Lane Craig, todo lo que comienza a existir tiene una causa; prácticamente todos los científicos están ahora de acuerdo en que el universo comenzó a existir en algún momento del pasado; por tanto, el universo debe tener una causa.[19] Dado que *universo* significa tiempo, espacio, materia y energía física, esa causa debe ser atemporal, sin espacio, inmaterial y lo suficientemente poderosa como para crear toda la energía física que existe. Eso describe a Dios.[20]

—¿Quién creó a Dios?

—Nadie —dijo Meister rotundamente—. Por definición, él es la causa no causada, así que preguntar qué causó a Dios es incoherente.

Seguí otro ángulo.

—Quizás fue una fuerza impersonal la que le dio origen al universo, en vez de un Dios personal.

—Si hubiera una fuerza impersonal, algo tendría que desencadenarla, por lo que tendría que haber una causa previa, y esa necesitaría otra causa previa y así sucesiva e infinitamente.[21] Y una serie infinita real de causas y efectos es lógicamente imposible. Por el contrario, una causa personal puede elegir libremente darle existencia al universo, lo que tiene más sentido.

—Muy bien, ¿cuál es su tercera razón para el teísmo?

—Es el argumento moral que planteé antes. Primero, si hay valores morales objetivos, entonces Dios existe. Los valores morales objetivos son preceptos universalmente vinculantes para todas las personas en todo momento y lugar, sea que los sigan o no. En segundo lugar, sabemos que *existen* valores morales objetivos; por ejemplo, es objetivamente malo torturar a un bebé por diversión. Por tanto, Dios existe.

—Pero ¿cómo se explican los desacuerdos morales de una sociedad a otra? —pregunté.

—Que una sociedad no viva de acuerdo con un precepto moral en particular no significa que el precepto no exista —respondió—. Dada la enfermedad mundial del pecado, eso es lo que deberíamos esperar. El teísmo cristiano dice que todas las personas usan su libre albedrío para actuar en contra de lo que es correcto y bueno.[22] Y además, uno puede encontrar preceptos morales fundamentales malos, como el adulterio, en prácticamente todas las sociedades de la historia del mundo.

Meister había resumido rápidamente tres de los argumentos que desarrolla con mucho mayor detalle en sus libros. Su conclusión fluyó naturalmente:

—Por estas y muchas otras razones, Lee, estoy convencido de que el teísmo es la cosmovisión más probable, en gran medida.

Eso en efecto parecía lógico. Sin embargo, ¿qué especie de teísmo parece cierta? Eso nos llevó al siguiente nivel de la pirámide.

Nivel 4: Revelación — ¿Le ha hablado Dios a la humanidad?

La pirámide de la apologética

Todas las religiones principales creen que sus escrituras tienen autoridad y son inspiradas por Dios. Los cristianos no ven ningún conflicto entre su Biblia y las escrituras judías contenidas en el Antiguo Testamento, ya que consideran que su fe es el cumplimiento del judaísmo.

Sin embargo, existen diferencias irreconciliables entre la Biblia y otros textos sagrados. Por ejemplo, el Corán contradice explícitamente la enseñanza bíblica sobre la Trinidad, la muerte y la resurrección de Jesús, y la enseñanza de que Jesús es el Hijo unigénito de Dios.[23] En consecuencia, si es plausible creer que la Biblia es confiable, ello descartaría las afirmaciones del Corán que contradicen las de la Biblia.

Quería centrarme en el Nuevo Testamento, porque contiene el contraste más marcado con las creencias judías e islámicas. Meister propuso tres pruebas para determinar si es posible creer que se puede confiar en el Nuevo Testamento.

—Primero, está la prueba bibliográfica —dijo—, que se refiere a si podemos confiar en la transmisión del texto a través de la historia. No es exagerado decir que la evidencia del texto del Nuevo Testamento es asombrosa. Tenemos más de 5.800 manuscritos y fragmentos griegos antiguos, algunos de los cuales datan de menos de cien años después de los originales. Eso hunde a los otros escritos antiguos. Si bien esto no prueba que el Nuevo Testamento sea cierto, sí ofrece una buena razón para creer que tenemos una representación razonablemente precisa de lo que se escribió en el principio.

—Sin embargo —dije—, hay muchas variaciones entre las copias.

—Es cierto, pero la gran mayoría se trata de diferencias ortográficas menores y no afectan ninguna doctrina esencial del cristianismo —respondió.[24]

»A continuación —siguió diciendo Meister—, hay evidencia interna. Varios documentos del Nuevo Testamento se refieren a sus autores *como* testigos presenciales de los hechos, *mencionando* testigos, o *entrevistando* a testigos presentes. Por ejemplo, el autor del Evangelio de Lucas habló con testigos presenciales y señala que había "investigado todo esto con esmero" para tener "plena seguridad" de lo que ocurrió.[25] Pedro dice que él fue personalmente testigo ocular de los acontecimientos que describió.[26] Pablo señala que hay cientos de testigos de lo que afirmó sobre Jesús y su resurrección.[27] Ningún otro texto religioso tiene este nivel de autenticación de testigos presenciales. Esto le da al Nuevo Testamento una credibilidad especial.

»Luego está la evidencia externa, que analiza si las fuentes externas proporcionan alguna corroboración. Una vez tras otra los descubrimientos arqueológicos han confirmado, y nunca refutado, las referencias fundamentales del Nuevo Testamento. Además, hay escritos antiguos aparte de la Biblia que corroboran el esquema básico de la vida de Jesús.

—¿Está diciendo entonces que la confiabilidad del Nuevo Testamento ha sido probada?

—Todo lo que estoy tratando de establecer es que es probable creer en la confiabilidad de la Biblia. Sé que no tengo que convencerlo, Lee; usted ha escrito cientos de páginas sobre este tema en sus libros. Simplemente digo que cualquier persona razonable estaría justificada al emitir el veredicto de que la Biblia es esencialmente digna de confianza.

Nivel 5: Resurrección — ¿Se levantó Jesús de la tumba?

La pirámide de la apologética

La última categoría de evidencia del cristianismo, según dijo Meister, es la resurrección de Jesús, la cual reivindica su afirmación de que era el Mesías y el Hijo unigénito de Dios.[28]

El historiador y filósofo Gary Habermas analizó 2.200 fuentes expertas sobre la resurrección. A partir de ese estudio, compiló varios «hechos mínimos» que están fuertemente evidenciados y que son considerados históricos por la gran mayoría de los académicos, incluidos los escépticos.

Ellos son que (1) Jesús fue asesinado por crucifixión; (2) los discípulos creyeron que había resucitado y se les apareció; (3) el perseguidor de la iglesia, Saulo, se convirtió; (4) el escéptico Santiago (medio hermano de Jesús) se convirtió; y (5) la tumba de Jesús estaba vacía.[29]

—Me centraré solo en dos hechos —me dijo Meister—. Primero, la tumba de Jesús estaba vacía.[30] Esto se informa en el Evangelio de Marcos, el primer evangelio escrito que llega demasiado rápido para que se desarrolle una historia legendaria muy elaborada. De hecho, los cuatro evangelios informan que la tumba estaba vacía, además de que Pablo lo insinúa claramente.

»Y esto es muy significativo: incluso los enemigos de Jesús admitieron que la tumba estaba vacía. En vez de discutirlo, simplemente intentaron explicarlo. Todo lo que tenían que hacer para sofocar ese nuevo movimiento religioso sería presentar el cuerpo de Jesús, lo que nunca hicieron. El historiador y escéptico Michael Grant, de Cambridge, afirmó que "la evidencia de que la tumba estaba vacía es firme y probable".[31]

»Segundo, los seguidores de Jesús creían que el Jesús resucitado se les apareció. Los cuatro evangelios hacen referencia a eso. Insisto, esas son fuentes tempranas, como dice el erudito William Lane Craig: "Las leyendas no surgen de manera significativa hasta que la generación de testigos oculares muere".[32] Además, Pedro confirmó que fue testigo ocular del Jesús resucitado.[33] Y Pablo informó que se encontró con el Cristo resucitado, transformándolo en su seguidor, que se convirtió en apóstol suyo y terminó escribiendo gran parte del Nuevo Testamento.[34]

»Sin embargo, la evidencia más persuasiva proviene de una carta que Pablo escribió aproximadamente veinte años después de la muerte de Jesús, en la que relata un credo de los primeros cristianos que cita a grupos e individuos que fueron testigos presenciales del Jesús resucitado, incluidas quinientas personas.[35] El destacado historiador James D. G. Dunn dice que "podemos estar completamente seguros" de que este credo se formuló realmente pocos *meses* después de la muerte de Jesús.[36] Piense en eso —dijo Meister, arqueando las cejas—. ¡Esa es una noticia histórica!

En realidad, he escrito mucho sobre este tema. Tenemos muchos hechos que aceptamos de la historia antigua basados en una o dos fuentes, y sin embargo contamos con no menos de *nueve* fuentes antiguas, dentro y fuera del Nuevo Testamento, que confirman y corroboran la convicción de los discípulos de que se habían encontrado con el Jesús resucitado.[37] Además del credo, los cuatro evangelios y las palabras de Pedro,[38] tenemos a Pablo afirmando que él y los discípulos decían lo mismo acerca del Cristo resucitado.[39]

Es más, también tenemos dos fuentes no bíblicas firmes que conocían a algunos de los testigos oculares. Primero, está Clemente. El padre de la iglesia primitiva Ireneo informa que Clemente conversó con los apóstoles y Tertuliano dice que Clemente fue ordenado por el mismo Pedro. En segundo lugar, está Policarpo. Ireneo dice que Policarpo fue instruido por los apóstoles, y Tertuliano confirma que Juan nombró a Policarpo como obispo. Tanto Clemente como Policarpo confirman específicamente que fue la resurrección real de Jesús lo que motivó a los discípulos.[40]

—Una objeción muy común de los escépticos —le dije a Meister—, es que los discípulos simplemente estaban alucinando.

—No podrían haber sido alucinaciones —dijo sacudiendo la cabeza—. El profesor de psicología Gary Collins afirma que "por naturaleza, una sola persona puede ver una alucinación determinada a la vez".[41] Sin embargo, Lucas y Juan reportan apariciones en grupo, y el informe más antiguo de todos, el credo que mencioné, dice que Jesús se apareció a quinientas personas a la vez.

—Quizá fue algo más sutil, como una visión —dije.

—Insisto, eso no es posible. Los discípulos hablaron con Jesús, comieron con él y lo tocaron —respondió Meister—. Además, Pablo y Santiago eran escépticos, no estaban psicológicamente preparados para una visión. Encima de eso, si se tratara de visiones o alucinaciones, todavía hay una tumba vacía por explicar.

—Mire —dijo—, se han escrito muchos libros para refutar las explicaciones naturales que han presentado los escépticos. Los hechos históricos, en mi opinión, son claros y convincentes: Jesús se levantó de la tumba y, al hacerlo, demostró su naturaleza divina.

»Y eso afianza al cristianismo como la cosmovisión que es más sensata para mí. Es creíble y habitable. Como lo demuestra la pirámide, está construida sobre una base sólida en la que se puede confiar. Es más, a lo largo de los años, muchas personas que comenzaron como escépticos se han convertido en creyentes después de estudiar la evidencia.

—Incluido yo —dije alzando mi mano.

Nivel 6: El evangelio — Abriendo la puerta del cielo

La pirámide de la apologética

Eso nos llevó a la cima de la pirámide: las buenas nuevas del evangelio. La lógica y la evidencia habían reducido las alternativas razonables a esta única opción. Si los bloques de construcción de la pirámide son sólidos, lo cual parecían ser, entonces el cristianismo se ha establecido como el punto de vista más racional entre muchos. En otras palabras, es completamente razonable tomar las enseñanzas de la Biblia sobre la otra vida con la mayor seriedad.

De repente, lo que parece la afirmación más escandalosa hecha por Jesús ahora está imbuida de credibilidad debido a las credenciales de la resurrección. «Yo soy el camino, la verdad y la vida», dijo él. «Nadie viene al Padre sino por mí».[42]

«Yo soy la resurrección y la vida», declaró Jesús. [43] Su promesa de un hogar eterno en el cielo para sus seguidores es explícita: «Mis ovejas oyen mi voz; yo las conozco y ellas me siguen. Yo les doy vida eterna, y nunca perecerán, ni nadie podrá arrebatármelas de la mano».[44]

Jesús dijo en Lucas 4:43: «Es preciso que anuncie también a los demás pueblos las buenas nuevas del reino de Dios, porque para esto fui enviado». Un reino es un lugar en el que impera un rey. Un teólogo explicó: «En la esencia de este tema yace la idea del reino mesiánico de Dios. Es un reino que será gobernado por el Mesías designado por Dios, quien no solo será Redentor de su pueblo, sino su Rey».[45]

A medida que la historia de Jesús se desarrolla en el Nuevo Testamento, se revela que él es el Mesías que fue injustamente asesinado en pago por nuestros pecados, resucitó triunfante sobre la muerte, ascendió al Padre y regresa para gobernar. Podemos pasar la eternidad con él en su reino si recibimos su regalo de gracia ofrecido gratuitamente.[46] *Esa es* la buena noticia del evangelio.

Meister me habló de una película que había visto sobre un lugar mítico llamado Camelot.

—La idea es que usted posea este reino asombroso en el que el rey ama a su pueblo y la gente ama y sirve al rey. Él los sustenta y se preocupa mucho por ellos. Esa es la noción de un reino; un reino es un lugar donde gobierna un buen rey.

»Y Jesús dice que nos está abriendo el reino de Dios. La Biblia deja en claro que el reino de Dios es donde él gobierna de manera perfecta: ama a su pueblo, provee para ellos, se preocupa por ellos; y nosotros a cambio de eso lo amamos, servimos y adoramos con gratitud. Él nos invita a todos a entrar, en su reino somos transformados.

»El Nuevo Testamento dice que el fruto del Espíritu (amor, gozo, paz, paciencia, bondad, bondad, fidelidad, mansedumbre y dominio propio) es la manifestación de una vida entregada al rey.[47]

Mientras más nos rendimos, más experimentamos lo que debe ser la vida. Esa es la vida que siempre hemos querido. Es todo lo que deseamos. Podemos entrar en el reino de Dios ahora y experimentarlo por siempre.

Es probable que Meister estuviera preguntándose por qué sus palabras me hicieron sonreír. No pude evitar recordar que todo eso venía de un hombre que una vez había estado sumido en la desesperación y a pocos minutos del suicidio.

La pirámide celestial exclusiva de Meister había proporcionado una base sólida para confiar en lo que Jesús enseñó sobre la vida eterna. ¿Queremos saber la verdad sobre la otra vida? En pocas palabras, Jesús es la fuente más confiable.

Entonces, ¿cómo será el cielo? Tan cómodo como una mansión con muchas habitaciones, les aseguró Jesús a sus seguidores.[48] Un lugar donde «no habrá muerte, ni llanto, ni lamento ni dolor, porque las primeras cosas han dejado de existir».[49] Un país maravilloso donde moraremos con Dios a perpetuidad.[50]

Sin embargo, había mucho más por descubrir en nuestra investigación. ¿Qué pasará durante nuestra primera hora en el cielo? ¿Recibirán algunas personas recompensas especiales por la forma en que han vivido? ¿Existe una estación de purificación, llamada purgatorio, que deba ser soportada antes de llegar a nuestro destino final en la eternidad?

En lo personal, no podía esperar para profundizar más, y sabía exactamente adónde ir para obtener más información. Necesitaba buscar a un destacado erudito del Nuevo Testamento que ha escrito de manera conmovedora sobre lo que él llama «la promesa del cielo».

CAPÍTULO 5

El cielo: una guía

Cómo pasarán la eternidad
los seguidores de Jesús

La alegría es un asunto serio del cielo.

—C. S. LEWIS, CARTAS A MALCOLM

---

*Dios hizo este mundo de espacio, tiempo y materia; él
lo ama y lo va a renovar.*

—N. T. WRIGHT, *SIMPLY GOOD NEWS*

Las películas originales de *La guerra de las galaxias, Viaje a
las estrellas* y el programa de televisión *Cosmos* cautivaron
la imaginación de Sarah Salviander mientras crecía en Canadá.
«Cuando tenía nueve años, sabía que algún día sería científica
espacial», dijo.

Salviander se convirtió pronto en atea, como sus padres. Aunque
nunca había leído la Biblia, pensaba que el cristianismo era «filo-
sóficamente trivial» y hacía que la gente fuera «débil y tonta». Al
fin, obtuvo su doctorado en astrofísica. Sin embargo, hubo algunos
giros inesperados. Por ejemplo, sus primeros profesores de física eran
cristianos, y su influencia atenuó su antipatía hacia la fe.

Luego, mientras estudiaba la abundancia de deuterio en relación
con la Gran Explosión, quedó «total y absolutamente asombrada»
por el orden subyacente del universo y el que pudiera explorarse
científicamente. «Sin saberlo», dijo, «estaba despertando a lo que
Salmos 19 nos dice tan claramente: "Los cielos cuentan la gloria de
Dios, el firmamento proclama la obra de sus manos"».[1]

Después de eso, un físico y teólogo la convenció de que el relato de la creación de la Biblia era «científicamente consistente y no solo un "mito tonto" como creían los ateos».[2] Y si Génesis es cierto, ¿qué pasa con los evangelios? Eso la llevó a investigar la vida de Jesús. Como Albert Einstein, quedó «cautivada por la luminosa figura del Nazareno».[3]

En resumen, este fue un viaje intelectual similar a escalar la pirámide que el filósofo Chad Meister describió en el capítulo anterior. Basada en su análisis cerebral de la evidencia, Salviander puso su confianza en Cristo. Y, sin embargo, fue una tragedia personal posterior la que realmente solidificó su fe.

Su primera hija, una niña llamada Ellinor, nació muerta; una experiencia desgarradora para Salviander y su esposo. Las enfermeras les permitieron permanecer en la habitación del hospital la mayor parte del día para estar con su bebé fallecida.

«Desarrollé un vínculo con Ellinor durante ese tiempo», me dijo Salviander. «Sin embargo, por desdicha, me había apegado a un diminuto cuerpo sin vida. El dolor hace mucho para torcer nuestro pensamiento, y por horrible y loco que parezca, sentí que era mi deber maternal que me enterraran con Ellinor».

¿Qué la rescató de ese impulso morboso? Nada menos que la realidad del cielo. Si la evidencia fue suficiente para convencer a Salviander de que el cristianismo es verdadero, entonces las enseñanzas de este sobre el cielo no se basan en ilusiones, sino que están verdaderamente fundadas en la realidad, y eso significaba que Ellinor sería criada por nada menos que su Padre celestial.

«Consciente de que estaba a salvo en un reino de amor, alegría, paz y belleza indescriptibles, y de que ese sería el lugar en el que algún día nos reuniremos, al fin me liberé de la desesperación», expresó. «Tuve una visión en la que vi a Dios tomando tiernamente el cuerpo de Ellinor de entre mis brazos y llevándola al cielo; ese fue el momento preciso en que tuve paz. No había mejor lugar para ella, y como madre, esa era la única forma en que realmente podía dejarla ir».[4]

Su confianza en la existencia del cielo marcó la diferencia para Salviander. Sin embargo, ¿cuánto podemos saber realmente por adelantado acerca de cómo será nuestra experiencia en la eternidad? Resulta que la Biblia proporciona muy pocos detalles concretos. Es más, en realidad declara: «Ningún ojo ha visto, ningún oído ha escuchado, ninguna mente ha imaginado lo que Dios tiene preparado para quienes lo aman».[5]

Como dijo Martín Lutero: «En la misma medida en que los niños en el útero de su madre saben tan poco acerca de su nacimiento, sabemos nosotros en cuanto a la vida eterna».[6] J. Todd Billings, un teólogo cristiano que sufre de cáncer incurable, dijo que aunque sabemos que Cristo «será el centro de la vida por venir», no obstante «la *información* que tenemos sobre la vida eterna es minúscula, imperceptible».[7]

Como resultado, los mitos y los conceptos erróneos abundan. «Casi todos los cristianos con los que he hablado tienen alguna idea de que la eternidad es un servicio religioso interminable», dijo el autor John Eldredge. «Nos hemos decidido por una imagen del canto perpetuo en el cielo, un gran himno tras otro, por los siglos de los siglos, amén. Y nuestro corazón se consume. *¿Por los siglos de los siglos? ¿Es eso? ¿Es esa la buena noticia?* Y luego suspiramos y nos sentimos culpables por no ser más "espirituales". Nos desanimamos y volvemos una vez más al presente para encontrar la vida que podamos».[8]

Sin embargo, hay algunos hechos que podemos saber acerca del cielo, lo cual me atrajo a una modesta iglesia anglicana en los suburbios del norte de Chicago una agradable tarde de verano. Estaba ansioso por tener una conversación con un destacado erudito del Nuevo Testamento cuyo libro sobre el cielo desacredita varios mitos populares acerca de la otra vida y aclara las cosas, basándose en lo que podemos deducir responsablemente de los relatos bíblicos.

Entrevista #5: doctor Scot McKnight

Scot McKnight es un erudito neotestamentario muy influyente y prolífico, con especial experiencia en estudios históricos de Jesús, los evangelios, el cristianismo primitivo y temas contemporáneos relacionados con la iglesia. Habiendo crecido como hijo de un diácono bautista en Freeport, Illinois, llegó a la fe en Cristo cuando era joven y luego tuvo una experiencia transformadora con el Espíritu Santo en un campamento de la iglesia.

Cuando le pregunté sobre su carrera en teología, me dijo: «Eso es todo lo que siempre quise hacer en mi vida».

Él obtuvo su maestría en Trinity Evangelical Divinity School y su doctorado en la Universidad de Nottingham, donde estudió con el distinguido erudito James D. G. Dunn. Después de servir como profesor en Trinity y North Park University, ahora enseña en el Northern Baptist Theological Seminary en Lisle, Illinois.

McKnight se ha convertido en una fuerza en la cultura cristiana a través de su blog de gran éxito, Jesus Creed; mediante la exposición a los medios de comunicación en la televisión y en revistas como *Time* y *Newsweek*; y por medio de sus conferencias en lugares de todo el mundo, incluidos Corea del Sur, Australia y Sudáfrica.

Entre los más de ochenta libros que ha escrito se encuentran el galardonado *The Jesus Creed; The Blue Parakeet: Rethinking How You Read the Bible; The King Jesus Gospel*; comentarios sobre varios libros del Nuevo Testamento; textos acerca de cómo interpretar el Nuevo Testamento en general y los evangelios sinópticos en particular; e incluso un libro sobre la madre de Jesús llamado *The Real Mary*.

Fue el libro de McKnight sobre la otra vida, llamado *The Heaven Promise*, lo que me impulsó a reunirme con él cerca de Chicago, no lejos de donde él y su esposa, Kristen, una psicóloga que fue su novia de la infancia, han residido durante años.

Con una franja de cabello canoso y anteojos de montura metálica, McKnight tiene el comportamiento de un profesor, aunque no de una manera desagradable. Su sonrisa a flor de piel, sus ojos inquisitivos y sus modales resultan atractivos y empáticos; en resumen, parece el tipo de profesor que se reúne con los estudiantes en una cafetería para charlar sobre sus vidas fuera del aula.

Después de relatar algunas de las pruebas del cielo que presenté en la primera parte de este libro, decidí preguntarle a McKnight por qué cree en una vida futura con Dios. Como cualquier buen teólogo, expuso sus pensamientos de manera clara y sistemática, diciendo que tenía nueve razones en total.

—Primero —dijo McKnight—, creo en el cielo porque Jesús y los apóstoles creyeron también. Jesús dijo: "Porque la voluntad de mi Padre es que todo el que reconozca al Hijo y crea en él tenga vida eterna, y yo lo resucitaré en el día final".[9] Pedro les prometió a sus iglesias: "Se les abrirán de par en par las puertas del reino eterno de nuestro Señor y Salvador Jesucristo".[10] En cuanto a Juan, dijo: "Esta es la promesa que él nos dio: la vida eterna".[11] Pablo habló acerca de nuestros frágiles cuerpos, diciendo: "De hecho, sabemos que, si esta tienda de campaña en que vivimos se deshace, tenemos de Dios un edificio, una casa eterna en el cielo, no construida por manos humanas".[12] Si todos ellos creyeron en el cielo, entonces eso es suficientemente bueno para mí.

—¿Cuál es su segunda razón? —pregunté.

—Que Jesús resucitó de entre los muertos; para mí, esa es la más grande —respondió—. No solo resucitó, sino que la gente vio su cuerpo; hablaron con él; comieron con él; y luego regresó al Padre con la promesa de que volvería a la historia consumada. Eso le da una gran credibilidad a una vida después de la muerte, y como dijo N. T. Wright: "La resurrección de Jesús es *la iniciación del nuevo mundo de Dios*".[13]

»Mi tercera razón para creer en el cielo es que la Biblia en general cree en él.

—Espere un segundo —dije—. El estudioso y agnóstico Bart Ehrman afirma que los primeros libros bíblicos no enseñan nada sobre el cielo, y parece sugerir que los conceptos de cielo e infierno simplemente se inventaron a lo largo de los siglos.[14]

—Bueno, veamos algunos hechos —respondió McKnight—. Es cierto que hay muy poco interés en el cielo o en la otra vida en el Antiguo Testamento. Ahí se habla de la muerte, o *Seol*, de la manera en que lo hacían otras culturas del Cercano Oriente y el

Mediterráneo en ese tiempo, donde la muerte parece ser permanente. El *Seol* es un pozo oscuro, profundo y cenagoso. Es más, las únicas declaraciones del Antiguo Testamento sobre la otra vida se encuentran en sus últimos libros.[15] Es el Nuevo Testamento el que marca el comienzo de una nueva esperanza para la vida eterna y el cielo.

—¿Debería eso molestar a los cristianos? —pregunté.

—Ni en lo más mínimo, porque así es como opera la revelación divina. Se desarrolla con el tiempo —explicó—. Los temas principales de la Biblia se desarrollan, crecen, se difunden y nos llevan al propio precipicio de la eternidad. Es como ver una obra de teatro, en la que toda la historia no se muestra con claridad hasta que termina. Una vez que llegamos a Jesús, y especialmente a su resurrección, las imágenes del *Seol* del Antiguo Testamento dan paso a sus gloriosas enseñanzas acerca de la inmortalidad, la vida eterna y el reino de Dios.

Belleza, deseo, justicia, ciencia

—¿Cuál es su cuarta razón para creer en el cielo? —le pregunté a McKnight.

—Que la iglesia ha enseñado eso constantemente —respondió.

Sabía que eso era importante, porque si la iglesia alguna vez había vacilado en sus enseñanzas sobre la vida eterna o las había alterado de manera significativa, ello podría indicar que los pasajes bíblicos relevantes son ambiguos y pueden interpretarse legítimamente en una variedad de formas.

—La teología cristiana ha creído desde el principio en una vida después de la muerte, sobre todo debido a la resurrección —me dijo McKnight—. Nunca ha habido una era en la que la iglesia no haya creído en el cielo.

»Luego está mi quinta razón para creer en el cielo: la belleza.

Eso me pareció intrigante.

—¿Cómo es eso?

—Incluso los ateos se asombran por la grandeza del mundo: visitando el Gran Cañón, paseando entre las gigantescas secuoyas de California, escuchando a Bach o viendo una pintura de Van Gogh. Todo eso apunta hacia algo más allá. Verá, muchos de nosotros creemos en el cielo porque vemos en el mundo presente un destello de algo mucho más grandioso: el mundo como pensamos que *debería* ser. ¿De dónde sacamos ese sentido del *deber*? ¿Podría indicar una realidad futura: un cielo nuevo y una tierra nueva? Si Dios hizo un mundo tan bueno, ¿no tiene sentido que haría uno en el que todo sea incluso mejor?

McKnight dejó que esa pregunta permaneciera en el aire por un minuto. Luego pasó a su siguiente razón para creer en el cielo, a saber, que la mayoría de las personas creen en este. Citó algunas estadísticas que muestran que el ochenta y cuatro por ciento de los estadounidenses cree en algún tipo de cielo, y casi siete de cada diez están convencidos de que es «absolutamente cierto».[16]

En efecto, Todd Billings señala que incluso un tercio de los que *no* creen en Dios, *aun así*, creen en la vida después de la muerte. Es más, él dijo que «la creencia en la otra vida parece ir en aumento» durante los últimos años en Estados Unidos.[17] Jean Twenge, investigadora de la Universidad Estatal de San Diego, señaló: «Fue interesante que menos personas participaran en la religión u oraran, al mismo tiempo que más creyeran en la vida después de la muerte».[18]

—En esencia —me dijo McKnight—, los seres humanos, a lo largo de la historia y en todo el espectro de religiones y filosofías, siempre han creído en la otra vida. ¿Por qué es eso? ¿Hay algo inherente en los humanos, una especie de innata intuición de Dios, de que hay vida más allá de la tumba? La Biblia dice que Dios "sembró la eternidad en el corazón humano".[19] Creo que la historia de la creencia de la humanidad en el cielo es un argumento para creer que este es verdad.

—¿Cuál es su séptima razón?

—Se debe al deseo —respondió—. C. S. Lewis dijo: "Si somos hechos para el cielo, el anhelo de estar en ese lugar nuestro ya está dentro de nosotros". Él dijo que ese es un deseo que "ninguna felicidad natural satisfará".[20] En otra parte explicó: "Si encuentro en mí un deseo que ninguna experiencia en este mundo puede satisfacer, la explicación más probable es que fui hecho para otro mundo'".[21] Como dijo el filósofo Jerry Walls: "Un Dios bueno no nos crearía con el tipo de aspiraciones que tenemos para luego dejar esas aspiraciones insatisfechas".[22]

»Creo que la constante falta de satisfacción al poseer lo que deseamos (el amor de otro, la familia, la belleza, el trabajo) indica que hay un verdadero hogar que finalmente satisfará todos nuestros deseos por completo, y ese hogar es el cielo. En otras palabras, las satisfacciones fugaces de este mundo apuntan más allá de nosotros, a un lugar de cumplimiento final y eterno.

Con eso, McKnight pasó a su octava razón para creer en el cielo: el deseo de que se haga justicia.

—Este mundo huele a injusticia. Desde pequeños nos han dicho que la vida no es justa —e hizo un gesto en dirección a la ciudad de Chicago—. No muy lejos de aquí, están disparándoles a niños inocentes en el centro de la ciudad. El abuso y la explotación sexuales florecen en todo el mundo. Cuando estaba en la escuela secundaria, pensé que la discriminación racial terminaría en mi generación, pero obviamente no fue así. Parece que tenemos un sentido innato de lo que está bien y lo que está mal, y anhelamos que se haga justicia.

»Creo en el cielo porque creo que Dios quiere arreglar todas las cosas. Quiere que la justicia se establezca de manera definitiva y plena. Eso significa que las víctimas de la injusticia algún día se sentarán bajo la sombra del árbol de la justicia y sabrán que Dios hace que todas las cosas sean tan nuevas que las injusticias pasadas se diluyen en el gozo de la nueva creación.

—¿Y cuál es su última razón?

—Que la ciencia no proporciona todas las respuestas. Hoy tenemos una mentalidad empírica. Mucha gente cree que el conocimiento científico es superior a cualquier otra forma de conocimiento. Sin embargo, eso simplemente no es cierto. La ciencia puede decirnos cómo funciona y se comporta el mundo, pero no puede sondear el significado y el propósito. Puede mapear la función cerebral, pero no puede explicar el amor.

Interrumpí para hacer una observación.

—Incluso la afirmación de que "la ciencia es la única forma de conocimiento" se refuta a sí misma, porque esa aseveración en sí no puede ser confirmada por el método científico.

—Bien —dijo—. La cuestión es que la ciencia no puede probar que el cielo existe, pero no todo tiene que ser sometido a un escrutinio científico. Por ejemplo, tenemos una excelente evidencia histórica de la resurrección de Jesús, y eso debería ser suficiente para señalar la realidad de una vida futura con Dios.

Un cielo nuevo y una tierra nueva

Entre los conceptos erróneos sobre el cielo está el que afirma que es una existencia etérea, en algún lugar de las nubes, un sitio puramente espiritual donde somos almas fantasmales que pasamos cada hora de vigilia cantando himnos a Dios. Cuando le pedí a McKnight que respondiera a esas ideas, abrió los ojos con asombro.

—Bueno, hay mucho que aclarar ahí —dijo.

—Empecemos por el principio.

—Está bien —dijo—. Necesitamos ver el cielo en dos fases. Primero, está el cielo presente, que es a donde vamos cuando muramos. Esta es una situación temporal, la comparo con un dormitorio donde los estudiantes no esperan quedarse para siempre. Con el tiempo, se mudarán a un condominio o a una casa de forma más permanente.

—Este sería el llamado "estado intermedio" —dije.

—Correcto. Jesús le dijo al ladrón en la cruz: "Hoy estarás conmigo en el paraíso".[23] Cuando Esteban estaba siendo apedreado hasta morir, miró al cielo o al paraíso y vio la gloria de Dios.[24] No tenemos mucha información para continuar, pero en este estado intermedio estaremos de manera consciente presentes con Dios.

—Cuando Jesús habla de la muerte de su amigo Lázaro —intervine—, dice que Lázaro "se ha dormido".[25] ¿No significa eso que el estado intermedio es un lugar de sueño en el que no nos damos cuenta de lo que está sucediendo?

—No, Jesús usó ese término para sugerir que Lázaro estaba en un lugar de descanso en la presencia de Dios. Esa fue una situación temporal, como lo es el sueño. En última instancia, este cielo actual dará paso a un cielo nuevo y una tierra nueva. Esa es la segunda fase.

—Así que, al final, el cielo no es un lugar lejano, sino que está aquí —dije.

—Correcto. Es la renovación completa de nuestro mundo, un lugar físico muy terrenal, no solo para espíritus o almas, sino para cuerpos resucitados diseñados para el reino de Dios. Juan dice en Apocalipsis: "Después vi un cielo nuevo y una tierra nueva, porque el primer cielo y la primera tierra habían dejado de existir, lo mismo que el mar. Vi además la ciudad santa, la nueva Jerusalén, que bajaba del cielo, procedente de Dios, preparada como una novia hermosamente vestida para su prometido".[26]

—¿Sugiere eso que el cielo nuevo estará situado sobre la actual Jerusalén?

—Algunas personas piensan que sí, y también que Dios morará en el templo reconstruido. Pero creo que es una interpretación demasiado rígida. La Biblia dice que esta es una nueva Jerusalén. En otras palabras, este mundo se parecerá a nuestra tierra actual, pero será un lugar transformado para personas transformadas. No habrá templo, porque Juan nos dice que "el Señor Dios Todopoderoso y el Cordero son su templo".[27]

»Estamos hablando de una redención gloriosa y la restauración de toda la creación —continuó, mientras su voz cobraba más ánimo—. Jesús lo describió como un lugar con multitud de habitaciones para sus seguidores.[28] Dios morará con nosotros y nosotros moraremos con Dios. De hecho, veremos el rostro de Dios. ¿Puede creerlo? Toda la creación será liberada y se dirigirá a Dios en alabanza. Será una creación orgánicamente pura, como fue diseñada. La palabra hebrea para *bueno* es *tov*. De modo que todo lo que sea verdaderamente *tov* sobre nuestro mundo de hoy se realzará en el cielo nuevo y la tierra nueva. Será un lugar de celebraciones, música y cantos, festivales y conmemoraciones.

Guiñó un ojo y agregó:

—Y los Cachorros siempre ganarán la Serie Mundial.

¡Eso sí que sonó extraordinario!

—¿Cómo se desarrollará todo esto? —pregunté.

—Pablo dice en 1 Corintios 15 que primero tendrá lugar la resurrección de Jesús, después de la cual él regresará para vencer a los poderes del mal que están obrando en el mundo. Entonces conquistará a la propia muerte antes de entregarle el reino al Padre. Con eso, se cumple la misión de la historia. Pablo termina con la expresión "para que Dios sea todo en todos".[29] Ese es el objetivo de la historia. Dios es el Alfa y la Omega: es el principio y el fin de toda la existencia y está en el centro de todo su significado.[30]

Teocéntrico versus centrado en el reino

—Según la Biblia, ¿cómo será nuestro cuerpo en ese cielo nuevo y en la tierra nueva? —pregunté.

—Nuestras almas se volverán a encarnar, solo que esta vez nuestros cuerpos serán transformados e imperecederos —explicó McKnight—. Es más, todo lo que se pueda afirmar sobre el cuerpo resucitado de Jesús se podría decir sobre el nuestro. Nuestros cuerpos serán perfeccionados para un nuevo tipo de existencia en la eternidad.[31]

Se palmeó su cabeza calva y agregó con una sonrisa:

—Incluso tendré cabello en el cielo.

—¿Qué edad cree que tendremos en el cielo? —le pregunté.

—Ha habido largos debates sobre eso. Algunos piensan que será la edad de Jesús en su resurrección, pero realmente no lo sabemos. Creo que envejeceremos sin declinar; en otras palabras, no nos degradaremos con el tiempo, pero continuaremos creciendo y expandiéndonos intelectualmente a medida que aprendamos y nos desarrollemos más. Es importante señalar que no se trata de un cuerpo *nuevo*; es una transformación de nuestro cuerpo *actual*. Habrá de existir una correspondencia uno a uno, o cierta continuidad, entre los dos. La gente en el cielo nos reconocerá. Algunos dirán: "Oye, ese es Lee Strobel. ¡Me sorprende que esté aquí!".

Eso, por supuesto, provocó una carcajada.

—Pablo —continuó McKnight— dice que "se siembra un cuerpo natural" y "se resucita un cuerpo espiritual".[32] Con eso quiso decir que tendremos un cuerpo hecho para un mundo perfectamente dirigido por el Espíritu. En cierto sentido, nuestro cuerpo será normal. Cuando los discípulos se encontraron con Jesús en el camino a Emaús, por ejemplo, no vieron nada extraño en él. Era un cuerpo que necesitaba alimentarse y tenía marcas de su vida anterior. Pero en otro sentido, nuestro cuerpo será extraordinario: con capacidad para aparecer en una habitación sin abrir la puerta o incluso resplandecer con la gloria de Dios.[33]

—Los estadounidenses somos propensos a ser bastante individualistas —dije— y nuestra tendencia es ver el cielo definitivo como un lugar donde tendremos una experiencia singular con Dios. No obstante, es mucho más que eso, ¿no es así?

—Sí, los cristianos tienden a irse a uno de los dos extremos cuando piensan en el cielo —fue su respuesta—. Algunas personas lo ven como algo puramente *teocéntrico*, o centrado en Dios, enfocándose en las personas que lo adoran y le dan gloria. Él será completamente exaltado, pero eso puede provenir de algo más que un servicio de adoración interminable y extático. Dios es glorificado cuando nos interesamos, cuando somos buenos padres, cuando cuidamos nuestro jardín. Esa visión teocéntrica, a veces, describe el cielo como una experiencia espiritual más que una encarnada.

»Por otro lado, hay una visión del cielo *centrada en el reino*, la cual enfatiza el aspecto comunitario de la otra vida. Aquí, el énfasis es en Dios y su pueblo, en la adoración y el compañerismo, en la justicia y la paz, en el compromiso social. Es una existencia encarnada donde las relaciones florecen en medio de nuestra total devoción a Dios.

—¿Cree usted que esta visión también pueda llevarse demasiado lejos?

—Sí, las descripciones del cielo pueden volverse hasta casi mundanas —dijo.

De hecho, yo había visto ejemplos en los que el más allá está pintado como si no fuera mucho más que una gran y amistosa fiesta de barrio. Una persona se quejó del excesivo énfasis en los aspectos sociales del cielo al decir: «¿Quién quiere un desfile y comida especial todos los días?».[34]

—La respuesta, me parece, está en el centro —concluyó McKnight—. Necesitamos un equilibrio entre los dos puntos de vista. El cielo será un lugar de adoración y comunión. Será una unión gloriosa de deleite en Dios y complacencia de unos con otros. Tenemos un rey y seremos ciudadanos de su reino, viviendo juntos en una sociedad floreciente.

—¿Cómo se divertirá la gente en el cielo —le pregunté—, si saben que hay otros, tal vez incluso parientes, que están sufriendo en el infierno?

McKnight respondió a la pregunta asintiendo.

—Ese tema ha provocado mucho debate a lo largo de los años —dijo—. Se han propuesto un montón de teorías. No sabemos cómo lo hará Dios, pero de alguna manera se ocupará de esto. Podemos tener confianza en eso. C. S. Lewis dijo que Dios no permitirá que el infierno tenga poder de veto sobre las personas que se divierten legítimamente en la eternidad con él.[35]

La terraza celestial

Para mí, el aspecto comunitario del cielo ha sido especialmente intrigante. Por eso le pedí a McKnight que se extendiera con más detalles.

—El cielo final será una aldea global —dijo McKnight—. Es un lugar diseñado para aquellos que quieren tener una relación con Dios y tener comunión con los demás. Después de todo, ¿qué sucedió luego de que Jesús resucitó de entre los muertos? Inmediatamente renovó la comunión con sus discípulos. En el cielo eterno, Dios estará en su trono, pero al mismo tiempo la nueva creación estará llena de relaciones amorosas entre su pueblo.

McKnight hizo una pausa para recordarme que la Biblia no nos da una imagen del cielo en alta resolución. Más bien, utiliza metáforas e imágenes para avivar nuestra imaginación al sugerir cómo será la vida eterna con Dios. Una de esas imágenes es que Jesús nos está preparando habitaciones en los hogares celestiales.[36]

—Cuando uso mi imaginación —señaló McKnight—, vislumbro nuestras casas teniendo una terraza para disfrutar del compañerismo y un patio para el retiro.

—¿Una terraza? —le pregunté.

—Sí, la terraza es una señal de hospitalidad —respondió—. Un líder de la iglesia estudió la historia de la arquitectura en Nueva Zelanda y descubrió que antes de la Segunda Guerra Mundial, las casas se construían con terrazas donde la gente se sentaba por la noche con su familia para saludar a los transeúntes e invitarlos a detenerse y charlar. Sin embargo, las terrazas tendieron a desaparecer después de la guerra. Fueron reemplazadas por jardines en la parte trasera de la propiedad, donde la gente se aislaba del resto del mundo.[37]

Curiosamente, Leslie y yo hemos estado pasando nuestro tiempo libre buscando casas para reducirnos, y una de nuestras prioridades ha sido un porche amplio en el que podamos sentarnos e interactuar con los vecinos. Me sorprendió que, incluso en las llamadas comunidades para jubilados, pocas casas ofrezcan esa característica.

—Me gusta la idea de la terraza —le dije a McKnight.

—A mí también —respondió—. Cuando era pequeño, no teníamos aire acondicionado, así que después de la cena salíamos al patio delantero para refrescarnos y los vecinos venían, charlaban y pasaban el rato. Era grandioso. Creo que el cielo logrará el equilibrio perfecto entre la privacidad y el amor consagrado a Dios, así como el compañerismo y el amor por la familia y los demás.

»Y habrá fiestas. ¡Ah, habrá fiestas! —añadió—. La Biblia usa metáforas con banquetes y festividades; de hecho, la primera imagen del reino de Dios en la visión final del Apocalipsis es una celebración de bodas caracterizada por el amor, la amistad y la comunidad.[38] El cielo será un lugar de compañerismo en el que habrá reconciliación y perdón por doquier, donde todas las relaciones se caracterizarán por la confianza y la alegría, y todos tendrán una historia que contar y que todos deseemos escuchar.

La primera hora en el cielo

Si habrá un auténtico —de hecho, trascendente— sentido de comunidad entre las personas en el cielo definitivo, ¿qué ocurre con todos los pequeños conflictos, discusiones irritables y disputas relacionales que existen entre nosotros en este mundo? ¿No se presentarán en la eternidad y frustrarán el plan de Dios para que vivamos en armonía por siempre?

—Esa es una buena pregunta —dijo McKnight—. Y eso me lleva a lo que creo que sucederá en nuestra primera hora en el cielo.

—¿De qué habla usted?

—De reconciliación —respondió—. Creo que tendremos reuniones cara a cara con todas las personas con las que hemos estado en conflicto y se manifestará la verdad, habrá confesión, honestidad y arrepentimiento. Sin equívocos, sin excusas, sin fingimiento. Se reconciliarán las amistades; las relaciones se arreglarán. Estrecharemos los brazos y nos daremos palmadas en la espalda, nos abrazaremos y derramaremos lágrimas de alivio y alegría.

—¿En verdad lo cree?

—¿De qué otra manera podemos continuar en paz y armonía si esas brechas no se curan? —preguntó—. Obviamente, no conozco la mecánica de cómo sucederá eso. Quizás sea instantáneo. Pero debe ocurrir. Y *querremos* que suceda. Dios nos llenará del deseo y la capacidad de reconciliarnos los unos con los otros. Los tutsis se sentarán con los hutus; los maridos infieles se sentarán con sus esposas heridas; los niños rebeldes se reconciliarán con sus padres.

Ese último comentario instigó un pensamiento personal. Mi padre y yo tuvimos una relación difícil. En el punto álgido de una discusión en la víspera de mi graduación de la escuela secundaria me dijo: «No tengo suficiente amor por ti como para llenar mi dedo meñique». Nunca nos reconciliamos realmente después de eso; al contrario, ocultamos nuestro conflicto muy bien.

Creo que mi padre, que murió en 1979, era un creyente genuino y que nos volveremos a encontrar algún día en el cielo. En los últimos años, a través de la oración y la introspección, me he enfrentado a las muchas formas en que mi propia rebelión, deshonestidad y egoísmo contribuyeron al cisma entre nosotros. Quería admitirle todo eso y expresarle mi pesar y mi arrepentimiento. Quería superar la mala voluntad que ambos albergamos durante tantos años.

Le mencioné esto brevemente a McKnight, que me escuchó con la paciencia de un consejero.

—Bueno —dijo—, creo que tu padre ya es más consciente de esas cosas que tú.

—¿En realidad?

—Él tiene el deseo perfecto de reconciliarse. Supongo que ya se ha arrepentido por su parte en el conflicto. Y un día, la relación de ustedes se curará. Será un momento hermoso para los dos. Piénselo: después de eso, pasará una eternidad con él en el tipo de relación padre-hijo que ambos siempre han deseado.

Sonreí y me agaché como para comprobar si la grabadora seguía funcionando correctamente, pero fue una artimaña, por supuesto. No quería que McKnight viera que mis ojos brillaban.

Ver el rostro de Dios

Las Escrituras tienen varias referencias a la esperanza de ver a Dios cara a cara en la eternidad, algo que a menudo llaman *visión beatífica*, una doctrina que inexplicablemente se ha desvanecido en gran parte de la teología protestante contemporánea.

El erudito Hans Boersma, al rastrear la visión beatífica a través de la tradición cristiana, indicó: «Somos fieles a como Dios nos ha hecho cuando hacemos de la visión de él nuestro mayor deseo».[39] Andrew Louth, profesor emérito de la Universidad de Durham, dijo que «la "visión beatífica", contemplar a Dios con sumo gozo, es el objetivo final de la vida cristiana, el cumplimiento de nuestro discipulado cristiano».[40]

En los Salmos, David escribió: «Una sola cosa le pido al SEÑOR, y es lo único que persigo... contemplar la hermosura del SEÑOR y recrearme en su templo».[41] Pablo dijo que, aunque ahora vemos las cosas vagamente, algún día en la eternidad «veremos cara a cara».[42] Jesús expresó en el Sermón del Monte: «Dichosos los de corazón limpio, porque ellos verán a Dios».[43]

—Esto parece confuso —le dije a McKnight—. La Biblia declara que Dios le dijo a Moisés: "No podrás ver mi rostro, porque nadie puede verme y seguir con vida".[44]

—Sí, la Biblia dice que las personas no pueden mirar a Dios y sobrevivir a su gloriosa brillantez —dijo McKnight—. Pero aun cuando la presencia absoluta de Dios es insoportable para los humanos aquí y ahora, en la eternidad todos sus seguidores se encontrarán cara a cara con él. El apóstol Juan confirma específicamente que todos los que están en el cielo "verán su rostro".[45] Cuando estemos allí, no solo podremos *sobrevivir* a su gloriosa presencia, sino que nos *deleitaremos* en ella para siempre.

Él señaló que Jesús dijo: «El que me ha visto a mí ha visto al Padre».[46] En un momento, Jesús se transfiguró ante sus discípulos y «su rostro resplandeció como el sol». Incluso su ropa «se volvió blanca como la luz».[47]

—Lo vieron mientras manifestaba su gloria esencial, el cuerpo resucitado, y el libro de Apocalipsis comienza con Juan vislumbrando a ese mismo Jesús glorioso —dijo McKnight—. Cuando veamos a Dios en la eternidad, nos llenará de felicidad y gozo hasta rebosar. Estaremos completamente vivos, con un profundo conocimiento relacional del Todopoderoso.

McKnight contó que cuando sus hijos eran pequeños, disfrutaban de los libros «Magic Eye», en los que uno mira fijamente un conjunto de puntos hasta que se transforman en una imagen tridimensional, todo mientras se pierde la visión periférica. En cierto sentido, usted entra en la escena cuando sus ojos se adaptan y se ajustan para ver la imagen.

—Estar con Dios será así, excepto que más grande. Nuestra vida diaria de devoción a Dios es como ese montón de puntos: a veces es maravillosa, a veces no lo es —dijo—. Cuando encontremos a Dios completamente bajo el poder de un cuerpo transformado, todos los puntos cobrarán sentido de repente, y habremos sido absorbidos en la profundidad de lo que Dios es. San Juan de la Cruz dijo que esa presencia de Dios era una "llama viva de amor",[48] lo que significa que nuestra morada con Dios será un encuentro maravillosamente cálido e íntimo.

»No estamos preparados para eso todavía —continuó frunciendo los labios con una pizca de nostalgia en su voz—. Algún día, sí. Entonces el velo se rasgará y tendremos la capacidad de ver a Dios cara a cara. Como ve, Lee, para eso es el cielo. El cielo existirá para aquellos que anhelan contemplar el bello y resplandeciente rostro de Dios.

En palabras del destacado teólogo del siglo dieciocho Jonathan Edwards: «Cuán bueno es Dios, que ha creado al hombre para este fin, para hacerlo feliz en el disfrute de sí mismo, el Todopoderoso».[49]

Charles Spurgeon no pudo contenerse ante el pensamiento: «La gloria misma del cielo es que lo veremos, a ese mismo Cristo que una vez murió en la cruz del Calvario, que nos postraremos y adoraremos a sus pies, es más, que nos besará con su boca y nos dará la bienvenida para que habitemos con él para siempre».[50]

«A Dios nadie le vio jamás», dice la versión Reina Valera 1960 en Juan 1:18. «El unigénito Hijo, que está en el seno del Padre, él le ha dado a conocer». En el griego original, la expresión «en el seno» describe la cercanía de Dios y su Hijo.

En efecto, dice Michael Reeves en su libro *Delighting in the Trinity*, Juan está pintando un cuadro de Jesús como si estuviera eternamente en el regazo del Padre. «Uno nunca se atrevería a imaginarlo», dijo Reeves, «pero Jesús declara [Juan 17:24] que su deseo es que los creyentes puedan estar con él allí».[51]

Adelante, solo por un momento, *atrévete*.

Confiable y verdadero

Es un pensamiento asombroso: el cielo estará *aquí*, en este mundo, un ambiente recreado y renovado, libre de pecado y decadencia, un lugar bullicioso lleno de comercio y amistades y una hermosa naturaleza, todo enfocado en la comunidad del pueblo de Dios glorificando a su Creador trino.

Como el apóstol Juan escribió en Apocalipsis 21:5 (PDT): «Entonces, el que estaba sentado en el trono dijo: "Yo estoy haciendo todo nuevo". También dijo: "Escribe esto porque estas palabras son verdaderas y confiables"».

El autor John Eldredge escribió: «Si Dios estuviera borrando la realidad tal como la conocemos y marcando el comienzo de una nueva realidad, la frase hubiera sido: "¡Yo estoy haciendo todas *las cosas nuevas!*". Pero eso no es lo que él dice».[52] Más bien, dijo que está haciendo «todo nuevo». «Los primeros cristianos», dijo N. T. Wright, «creían que Dios iba a hacer por todo el cosmos lo que había hecho por Jesús en Pascua».[53]

Podemos confiar en que las palabras de Dios son «verdaderas y confiables»; sin embargo, ¿qué pasa con las implicaciones? Nuestra curiosidad se despierta. Las preguntas proliferan. Los debates se han prolongado a lo largo de los siglos. Existe la tentación de ir más allá del texto y desatar nuestra imaginación por completo, pero yo me decidí a resistirme a ese impulso.

Saqué un bloc de notas de mi cartera y le dije a McKnight:

—Tengo siete preguntas sobre el cielo por las que tengo una curiosidad especial.

Él me indicó que continuara.

—Haré lo mejor que pueda —respondió.

CAPÍTULO 6

Siete acerca del cielo

Preguntas principales sobre la
vida eterna con Dios

En un tiempo en que la especulación sobre el cielo es
desenfrenada, me parece emocionante y reconfortante
examinar con sumo cuidado lo que afirma la Escritura.

—RANDY ALCORN, «CINCO PREGUNTAS

CURIOSAS SOBRE EL CIELO»

C uando el tema es el cielo, las preguntas abundan. La imagen de un cielo nuevo y una tierra nueva estimula nuestra imaginación, despierta nuestra curiosidad, nos impulsa a escudriñar las Escrituras y hace que anhelemos más ese día en que el Señor «secará toda lágrima de los ojos, y no habrá más muerte ni tristeza ni llanto ni dolor».[1]

Y puesto que tenía acceso sin restricciones a un erudito bíblico de clase mundial como Scot McKnight, el periodista que hay en mí no pudo resistir la tentación de explorar siete preguntas polémicas sobre lo que hay más allá de este mundo. Con el consentimiento de McKnight, pasé a apuntar mis notas en una página nueva y, pluma en mano, reanudé nuestra conversación en el cómodo salón de una pequeña iglesia suburbana de Chicago.

Sin embargo, no comencé con el tema más significativo desde el punto de vista teológico, ni con el más profundo ni incluso el más trascendente. Al contrario, empecé con la pregunta que casi siempre surge cuando hablo con cualquier audiencia.

Pregunta #1: ¿Habrá mascotas en el cielo?

Para McKnight, era un labrador negro llamado Sam. Para mí, era un caniche gigante llamado Nikki. Los animales domésticos de la infancia son compañeros cálidos y maravillosos; sin embargo, ¿los volveremos a ver en el cielo?

—Sam solía ir conmigo por la ruta en la que repartía el periódico —recuerda McKnight—. Pero tenía el instinto de un perro perdiguero, así que al principio, cuando yo lanzaba un periódico, corría tras este y me lo traía de regreso.

Ya sea un gatito o un hámster, un roedor o un periquito, la mayoría de las familias tienen un amigo peludo, plumoso o escamoso que se hace querer tanto por los niños como por los padres. Nuestros corazones dicen que nos encantaría volver a verlos en la eternidad, ¿pero qué dicen los hechos bíblicos? ¿Es el título de la película animada *Todos los perros van al cielo* una afirmación teológicamente correcta?

—En cuanto a los animales en general, sí, creo que el cielo nuevo y la tierra nueva estarán poblados por todo tipo de vida silvestre —me dijo McKnight—. Los depredadores y las presas estarán en paz. Isaías dice que "el lobo vivirá con el cordero, el leopardo se echará con el cabrito, y juntos andarán el ternero y el cachorro de león, y un niño pequeño los guiará".[2] Lo que Dios hace, lo perfecciona. Y lo que Dios ha hecho para nuestro mundo hoy, lo perfeccionará en el mundo venidero.

—No obstante ¿qué pasará con su perro y el mío? —le pregunté—. ¿Nos recibirán nuestras mascotas en el cielo final?

La opinión popular parece decir que sí. Un estudio del cementerio de mascotas más antiguo de Estados Unidos, donde hay enterrados setenta mil animales, mostró que antes de la década de 1980 casi ninguna inscripción mencionaba alguna esperanza del cielo para Fido. Sin embargo, desde la década de 1990, las lápidas a menudo «expresan la creencia del dueño en una vida futura para las mascotas, así como la expectativa, o al menos la esperanza, de que los dueños y las mascotas se reúnan en la otra vida».[3]

La respuesta de McKnight fue una sonrisa.

—Cuando el teólogo Rich Mouw era niño, le preguntó a su mamá si había mascotas en el cielo, y cuando Mouw ya era padre, su hijo le hizo la misma pregunta. En ambos casos, la respuesta fue: "Bueno, los perros no tienen alma. Pero todo es posible con Dios. Él hará lo que sea mejor para nosotros".[4]

»Y *sí hará* lo que sea mejor para nosotros —dijo McKnight—. Estoy convencido de que el cielo no será un lugar más aburrido que este mundo, y creo que el mundo sería más aburrido sin las mascotas. Si bien nuestro enfoque en el cielo no estará en las mascotas, creo que sería como si Dios tuviera a nuestros perros allí para nosotros.

—Pero no gatos —enfaticé.

—Absolutamente. No gatos. Nada más que decir.

Scrappy y Scupper

Aunque bromeamos sobre los gatitos, el cauto optimismo de McKnight sobre el tema expresa lo mismo que consideran muchos pensadores cristianos. Cuando se le preguntó sobre las mascotas en el cielo, el filósofo Peter Kreeft respondió en tono gracioso: «¿Por qué no?».[5] Luego hizo referencia a Salmos 36:6, que algunos eruditos traducen así: «Tú preservas, oh SEÑOR, al hombre y al animal».[6]

Kreeft declaró: «Estábamos destinados desde el principio a tener la mayordomía sobre los animales; aún no hemos cumplido ese plan divino en la tierra; por lo tanto, parece probable que la relación correcta con los animales sea parte del cielo... ¿Y qué mejor lugar para comenzar que con las consentidas mascotas?».[7]

¿Qué pasaría con la mascota schnauzer de Joni Eareckson Tada, llamado Scrappy? «Si Dios les devuelve la vida a nuestras mascotas, no me sorprendería», dijo ella. «Esto sería justo como él. Sería totalmente acorde con su carácter genuino... Exorbitante. Excesivo. Extravagante en gracia tras gracia. De todos los deslumbrantes descubrimientos y placeres extáticos que el cielo nos deparará, la posibilidad de ver a Scrappy sería pura fantasía: total, alegre y sorprendentemente prolija».[8]

Hank Hanegraaff, el conocido Bible Answer Man, señala que los animales poblaron el jardín del Edén, «por lo tanto, hay un precedente para creer que los animales poblarán el Edén restaurado también».[9] Aunque dijo que no podemos saber con certeza si específicamente las mascotas resucitarán en la eternidad, «por mi parte, no estoy dispuesto a descartar la posibilidad».

En ausencia de una enseñanza bíblica específica sobre el tema, el teólogo Alan Gomes es más prudente. «Algunos versículos y temas bíblicos implican que bien puede haber animales en el ES [estado eterno]», dijo. Sin embargo, agregó: «Si hay animales en la nueva tierra, es poco probable que sean los mismos que existieron en esta tierra. Es decir, Dios crearía nuevos animales, no resucitaría a los que ya existían».[10]

No obstante, Gomes admitió que carecía de interés personal en el tema, ya que solo le tiene «un cariño moderado» a su periquito, Scupper. «Hablando emocionalmente», dijo, «en realidad, no tengo un perro para esta pelea».[11]

El filósofo J. P. Moreland brinda buenas y malas noticias. La buena es que, aunque nuestras mascotas no tienen almas complejas como los humanos, que están hechos únicamente a la imagen de Dios, existe evidencia bíblica de que poseen algún tipo de alma rudimentaria.[12]

La mala noticia es: «No creo que el alma animal sobreviva a su cuerpo. Podría estar equivocado, pero creo que el alma animal deja de existir al morir».[13]

Espero que esté equivocado, por el bien de Sam y Nikki. Ah, y de Scrappy. E incluso de un periquito marginalmente apreciado llamado Scupper.

Pregunta #2: ¿Habrá matrimonio en el cielo?

Cuando Leslie y yo nos casamos en 1972, nos comprometimos a amarnos y cuidarnos el uno al otro «mientras ambos vivamos». Esa es la palabrería usual en los votos matrimoniales; sin embargo,

¿sugiere eso que nuestra relación matrimonial terminará abruptamente en la tumba?

Bueno, sí, dicen muchos pensadores cristianos. Ellos enseñan que no habrá matrimonio ni familias en el cielo final. Por ejemplo, Colleen McDannell y Bernhard Lang resumen la enseñanza de Agustín de esta manera: «Todos los vínculos especiales [matrimonio, familia, amistades] serán absorbidos en una comunidad de amor integral e indiferenciada».[14]

Randy Alcorn, cuyo libro *El cielo* es un mega *best seller*, lo expresó de la siguiente manera: «En el cielo habrá un matrimonio, no muchos. Ese matrimonio será el que simbolizó y señaló el matrimonio terrenal, el matrimonio de Cristo con su esposa [la iglesia]. Así que todos estaremos casados, pero con Cristo».[15]

Desde eruditos hasta autores populares, la cuestión de si hay matrimonio en el cielo a menudo recibe una respuesta inequívoca. «Afortunadamente, el propio Hijo de Dios respondió a esta pregunta de la manera más clara y sencilla que cualquiera podría hacerlo. Y su respuesta es un rotundo "no"», dijo Alan Gomes, profesor de la Escuela de Teología Talbot.[16]

Mark Hitchcock, pastor de una iglesia en Oklahoma y autor de varios libros, no podría estar más de acuerdo: «Jesús declaró claramente que el matrimonio, como lo conocemos aquí en la tierra, no se trasladará al más allá».[17]

Le mencioné esa conclusión a McKnight y vi cómo se extendía lentamente por su rostro una mirada escéptica. Se aclaró la garganta.

—Bueno —dijo—, respetuosamente no estoy de acuerdo con eso.

Me acomodé más en mi silla, deseando tener palomitas de maíz. *Esto se va a poner interesante*, reflexioné.

«Porque serán como los ángeles»

Todo gira en base a un pasaje registrado en los tres evangelios sinópticos.[18] Los saduceos, una secta religiosa que no creía en la resurrección, estaban tratando de plantearle a Jesús un acertijo que arrojaría dudas sobre la vida resucitada.

Como de costumbre, Jesús los venció con su propio juego. Citó la Torá de ellos para aprobar la resurrección. En respuesta a una pregunta sobre el matrimonio con la que los saduceos intentaban engañarlo, Jesús respondió: «Cuando ellos resuciten de entre los muertos, ni se casarán ni serán dados en matrimonio, sino que serán como los ángeles en los cielos».[19]

—Eso parece bastante claro para mucha gente —le dije a McKnight.

McKnight levantó la mano.

—Espera un minuto —respondió—. Si Jesús hubiera querido enseñar que no habría vida matrimonial en el cielo, podría haberlo dicho con más claridad. Podría haber afirmado: "Lee mis labios: no hay matrimonios ni familias en el cielo". Sin embargo, no lo hizo. Dijo que "no se casarán ni serán dados en matrimonio". La primera parte, "no se casarán", se refiere al novio, y la segunda parte, "*ni serán dados en matrimonio*", se refiere a la novia que se entregará.

»¿Qué está diciendo realmente? Él dice que no habrá *bodas* o *nuevos matrimonios* en el cielo. No dice nada sobre si las personas que están casadas ahora permanecerán en el estado de casados en el cielo final. Solo está diciendo que no habrá nuevos matrimonios allí. ¿Por qué? Afirma que debido a que "serán como los ángeles en los cielos".

—Algunos comentaristas —interrumpí— dicen que los ángeles no tienen género, por lo que esto encaja con la idea de que no hay matrimonios en el cielo.

McKnight tomó su Biblia y la abrió en el Evangelio de Lucas.

—El relato de Lucas agrega una pista importante. Allí se cita a Jesús diciendo que las personas en el cielo "*tampoco podrán morir, pues serán como los ángeles*".[20] Jesús enfatiza que los ángeles viven para siempre. Una de las principales razones del matrimonio es la procreación para continuar con el linaje, pero en el cielo las personas son eternas, por lo que nadie necesitará procrear para continuar con el linaje familiar. Por lo tanto, no habrá necesidad de *nuevos* matrimonios en el cielo.

Cerró la Biblia y continuó.

—Este es el texto clave que la gente cita contra las relaciones matrimoniales en el cielo, pero como puede ver, no dice que los matrimonios y las familias de este mundo no permanecerán intactos en el cielo final. En consecuencia, creo que los matrimonios y las familias *sí* existirán en el cielo, y como todo lo demás, serán mucho mejores de lo que son ahora.

McKnight dijo mucho sobre lo cual reflexionar. Como alguien cuyo matrimonio por casi cincuenta años ha sido maravilloso y satisfactorio, ciertamente esperaría continuar en una relación matrimonial con Leslie para siempre en el mundo venidero.

No obstante, incluso si Alcorn, Gomes y Hitchcock tienen razón en cuanto a que el matrimonio en sí no continuará, eso no disminuiría la alegría del cielo. «Las parejas que compartieron la intimidad más cercana en la tierra continuarán conociéndose, atesorándose y apreciándose mutuamente en la vida del Señor por siempre», dijo Hitchcock. «Planeo pasar toda la eternidad con mi esposa, Cheryl, en una relación que va mucho más allá de todo lo que hemos experimentado aquí en la tierra».[21]

Gomes concluyó: «Dios no nos quita nada en el estado eterno excepto para reemplazarlo o realzarlo con algo mejor. En este caso, no es que amemos a nuestro cónyuge terrenal menos en el estado eterno de lo que lo hacemos ahora, sino que los amaremos a *todos* en ese estado eterno a un grado insondable e inalcanzable en la actualidad».[22]

Pregunta #3: ¿Habrá recompensas en el cielo?

¿Serán todos iguales en el cielo o algunos cristianos serán más recompensados que otros? ¿Cómo debemos entender las referencias de la Biblia a las recompensas o «coronas» ganadas en esta vida? La entrada al cielo es solo a través de la gracia de Dios; no obstante, ¿incidirán las «buenas obras» de los cristianos en este mundo en la *calidad* de su vida después de la muerte?

Muchos cristianos piensan que sí. «Podemos concluir razonablemente que todos los siervos de Dios en cierto sentido reciben la misma recompensa, que es la vida eterna», dijo Alan Gomes. «Dicho esto, también vemos indicaciones de que "dentro del ámbito de la salvación" el Señor recompensa a sus siervos de diversas formas».[23] Sin embargo, otros teólogos no están tan seguros.

—Recuerdo que cuando era niño me motivaba a memorizar versículos de la Biblia debido a las recompensas que obtenía en forma de reconocimiento de los maestros —me dijo McKnight—. Pero el primer lugar al que iría para explorar ese tema sería a una parábola contada por Jesús.[24]

En esa historia, el dueño de una finca contrata a unos obreros temprano en la mañana, prometiéndoles un denario por trabajar en su viñedo. Más tarde esa mañana, contrata a más obreros, diciendo que les pagará «lo que sea justo». Vuelve a hacer eso al mediodía, a la media tarde y a las cinco de la tarde.

Al final del día, a los últimos obreros contratados y que trabajaron solo una hora se les dio un denario. Los contratados antes recibieron la misma cantidad, lo que los llevó a quejarse. El hacendado respondió: «Amigo, no estoy cometiendo ninguna injusticia contigo. ¿Acaso no aceptaste trabajar por esa paga? Tómala y vete. Quiero darle al último obrero contratado lo mismo que te di a ti. ¿Es que no tengo derecho a hacer lo que quiera con mi dinero? ¿O te da envidia de que yo sea generoso?».

Un comentarista dijo: «Casi todo el mundo concuerda en que Jesús está enseñando acerca de una igualdad fundamental aquí entre aquellos que son verdaderamente sus discípulos. Todos son recompensados por igual».[25] Otro señaló: «En el reino de Dios, los principios del mérito y la capacidad pueden dejarse a un lado para que prevalezca la gracia».[26]

—Las acciones del propietario —intervino McKnight— se consideran escandalosas e incluso injustas. Pero los caminos de Dios no son los nuestros —me dijo—. En el reino de Dios, la correlación entre trabajo y recompensa parece fuera de lugar. Somos exigentes, pero Dios es generoso. La clave es esta: "¿O te da envidia de que yo sea generoso?". La generosidad de Dios es lo opuesto a la envidia humana. Anhelamos jerarquía y estatus, pero él es amable.

En el cielo, todos estaremos mirando por igual a Dios en *su* gloria, no a la nuestra.

Coronas, recompensas e igualdad

Sin embargo, le pregunté a McKnight qué pasa con los pasajes relacionados con las recompensas y las «coronas» que los cristianos ganan en esta vida.[27] En 2 Corintios 5:10 dice: «Porque es necesario que todos comparezcamos ante el tribunal de Cristo, para que cada uno reciba lo que le corresponda, según lo bueno o malo que haya hecho mientras vivió en el cuerpo».

—¿No contradice esto esa parábola? —le pregunté.

—Primero —dijo McKnight—, todo lo dicho sobre las recompensas no debería distraer nuestro enfoque en la gloria de Dios y su promesa de que todos experimentaremos la plenitud para siempre en el cielo. En segundo lugar, observe las últimas visiones del cielo de Juan en Apocalipsis 20—22. Allí no hay sucesiones. Nadie es más importante que otro. En tercer lugar, creo que es prudente ver el lenguaje de la recompensa como la forma en que Dios nos motiva a ser fieles.

»Y en cuarto —dijo—, en el cielo final todo el pueblo de Dios estará lleno de gozo, y no se puede estar más lleno que lleno. La generosidad de Dios abrumará cualquier sentido de correlación entre lo que hicimos en la tierra y cualquier recompensa en la otra vida. Note que en Apocalipsis dice que los santos "deponían sus coronas delante del trono".[28] Ese es un buen cuadro para nosotros: cualquier corona merece ser arrojada a los pies del Dios de gracia.

El artículo de Craig Blomberg, el erudito en Nuevo Testamento, que analizó los pasajes sobre las recompensas, concluyó: «No creo que haya un solo texto del Nuevo Testamento que, al interpretarse correctamente, respalde la noción de que los creyentes se distinguirán unos de otros por toda la eternidad con base en sus obras como cristianos».[29]

La mayoría de los comentaristas, dijo, concuerdan en que los textos sobre las coronas «no hablan en absoluto de grados de

recompensa en el cielo, sino simplemente de la vida eterna».[30] Y
añadió: «Varios textos del Nuevo Testamento les advierten a los
creyentes que deben rendir cuentas al Señor por cada acto realizado (Romanos 2:6; Apocalipsis 22:12) y cada palabra pronunciada
(Mateo 12:36; Lucas 12:2–3), pero nada en el contexto de ninguno
de esos pasajes sugiere diversos grados de recompensa ni la perpe-
tuación de distinciones más allá del Día del Señor. El propósito de
la presencia de los cristianos ante el tribunal de justicia de Dios
es declararlos absueltos, no avergonzarlos ante todo el cosmos por
todas sus fallas».[31]

¿Una experiencia mejorada?

En sus escritos, el teólogo Millard Erickson señaló otra parábola
en la que el amo les entrega una mina a diez sirvientes, que al fin
y al cabo le devuelven cantidades diferentes y son recompensados
en proporción a su fidelidad.[32] Sin embargo, Erickson reconoció
que las miradas bíblicas al cielo no muestran «ninguna diferencia
real» entre las personas allí: «todos adoran, juzgan, sirven».[33]

Él dijo que si en las recompensas en el cielo algunas personas obtienen un beneficio visible, como una habitación más
grande, eso reduciría la alegría de los demás y sería un recordatorio eterno de sus defectos. En cambio, especuló que las
recompensas podrían provenir de la experiencia subjetiva de las
personas en el cielo.

«Por lo tanto, todos participarían en la misma actividad, por
ejemplo, la adoración, pero algunos la disfrutarían mucho más que
otros», dijo. «Quizás aquellos que han disfrutado más de la adoración en esta vida hallarán mayor satisfacción en ello en la vida del
más allá que otros».

Como analogía, mencionó que las mismas ondas sonoras llegan a los oídos de todos los asistentes al concierto, pero aquellos que
han estudiado profundamente la música tienen una experiencia
mayor que los que los rodean. En el cielo, señaló, «nadie se dará
cuenta de las diferencias en el alcance del disfrute, y por lo tanto

no habrá oscurecimiento de la perfección del cielo a causa del arrepentimiento por las oportunidades desperdiciadas».[34]

Le expuse esa analogía a McKnight.

—¿Tendrán algunos una experiencia mejorada en el cielo? —pregunté.

—Esa es una visión bastante común en la historia de la iglesia. ¿Es posible? Quizás, no lo sé. En otro sentido, si todos nos redimimos por completo, ¿no tendremos todos una experiencia totalmente mejorada? —preguntó—. Al final, veo que hablar de recompensas es un lenguaje motivador para animarnos. Ciertamente me motiva, aunque en última instancia ¿no deberíamos servir a Dios con gozo simplemente en gratitud por su gracia?

Pregunta #4: ¿Es bíblico el purgatorio?

«No se puede eludir que *purgatorio* es una palabra que implica lucha», dijo el filósofo Jerry Walls, y él habla por experiencia.[35] Como uno de los pocos profesores universitarios bautistas que respaldan la doctrina, Walls ha recibido mucho rechazo a viva voz por parte de otros pensadores evangélicos.[36]

La oposición al purgatorio fue expresada enérgicamente por el reformador Juan Calvino, que declaró en el siglo dieciséis: «Debemos clamar con un grito que salga no solo de nuestras voces, sino también de nuestras gargantas y pulmones, que el purgatorio es una ficción mortal de Satanás».[37]

Sin embargo, muchos cristianos se sorprenden al saber que nada menos que un ícono evangélico como C. S. Lewis escribió sin ambigüedades: «Creo en el Purgatorio».[38] Hoy, dijo Walls, «algunos pensadores protestantes han mostrado recientemente su voluntad de reconsiderar la doctrina».[39]

Como señala Walls, todos los teólogos deben dar cuenta de dos realidades. En primer lugar, el cielo es un lugar de perfección y Hebreos 12:14 dice: «Sin la santidad, nadie podrá ver al Señor» (DHH). En segundo lugar, la mayoría de los cristianos, si no todos, están lejos de ser perfectamente santos al morir. Ellos son perdonados por medio de Cristo y presumiblemente han hecho algún progreso en la búsqueda de la santidad, pero no han completado esa jornada.

Frente a esos dos hechos, los cristianos evangélicos responden indicando que, en el momento de la muerte, Dios en su gracia perfecciona instantáneamente a los creyentes mediante un acto de glorificación. La otra alternativa es el purgatorio, una estación de paso entre este mundo y el cielo definitivo.

Existe el modelo de *satisfacción* del purgatorio, en el que el individuo sufre un castigo retributivo hasta que la justicia de Dios se satisface plenamente. Luego está el modelo de la *purificación*, en el que «Dios continuará el proceso de santificación después de la muerte con nuestra libre cooperación hasta que seamos total y completamente perfectos», para usar la descripción de Walls.[40] «El purgatorio es el final exitoso de la búsqueda de esa santidad sin la cual nadie puede ver al Señor», expresó.[41]

En cuanto a C. S. Lewis, reconoció la diferencia entre estos dos enfoques y solo apoyó el modelo de purificación. «Nuestras almas *demandan* el purgatorio, ¿no es así?», preguntó.[42]

Una prueba de fuego

Mi pregunta a McKnight fue que si hay algún texto bíblico que apoye la doctrina del purgatorio, particularmente un pasaje comúnmente citado en el que Pablo habla de la prueba de fuego. El término griego para *fuego* es *pur*, del que obtenemos la palabra *purgatorio*, o «perfeccionado por el fuego».

McKnight estaba listo con una respuesta.

—En ese pasaje Pablo parece estar diciendo que ya sea en la muerte o después, las cosas que hemos hecho en nuestra vida serán probadas por fuego, y todo lo que sobreviva será eterno. Eso significa que sí, la imagen de un fuego que purga definitivamente está ahí. Sin embargo, hay que decir que no, el pasaje no apoya la doctrina del purgatorio.

—Explique por qué no.

—Escuche el texto con atención —dijo, abriendo su Biblia y leyendo 1 Corintios 3:11-15:

Porque nadie puede poner un fundamento diferente del que ya está puesto, que es Jesucristo. Si alguien construye sobre este fundamento, ya sea con oro, plata y piedras preciosas, o con madera, heno y paja, su obra se mostrará tal cual es, pues el día del juicio la dejará al descubierto. El fuego la dará a conocer, y pondrá a prueba la calidad del trabajo de cada uno. Si lo que alguien ha construido permanece, recibirá su recompensa, pero, si su obra es consumida por las llamas, él sufrirá pérdida. Será salvo, pero como quien pasa por el fuego.

McKnight señaló la página.

—Como ve, no se trata de *personas* que están siendo probadas y aprobadas, sino de sus *obras* —dijo—. No tiene sentido que haya una experiencia *post mortem* en la que las personas se deshagan de sus pecados bajo la mano disciplinaria de Dios. Cuando la Biblia habla de purgar, se refiere a la vida ahora, y es un acto de Dios, no algo en lo que nos unamos a él. Este texto revela que en la muerte o el juicio, Dios juzga nuestras obras y nos purifica o santifica de nuestras corrupciones de modo que seamos aptos para su presencia.

Alan Gomes llega a la misma conclusión sobre el pasaje. «En contexto», dijo, «Pablo está discutiendo las diversas recompensas que los creyentes recibirán por su servicio a Cristo. Eso no tiene nada que ver con pagar las penas temporales por los pecados de uno, ni con la purificación a través del fuego que purga».[43]

—¿Hay otros pasajes que respalden al purgatorio? —le pregunté a McKnight.

—No, realmente no los hay —dijo, cerrando la Biblia—. Algunas personas citan 2 Macabeos, donde los soldados oran por las almas de los muertos para que puedan unirse a la resurrección final.[44] Pero los protestantes no aceptan ese libro como canónico por varias razones. Además, cuando usted estudia el pasaje de cerca, puede ver que de todos modos no hay evidencia allí para creer en el purgatorio.[45]

Con eso, McKnight se inclinó hacia adelante para enfatizar.

—Francamente, Lee, no veo *ninguna* base bíblica para el purgatorio —dijo—. Debemos tener mucho cuidado en cuanto a no menospreciar lo que Cristo ha hecho por nosotros a través de su gracia ofrecida gratuitamente. Ese es el verdadero peligro de creer en el purgatorio.[46]

Pregunta #5: ¿Deberían ser incinerados los cristianos?

¿Ataúd o urna para cenizas? Cada vez más personas optan por la cremación en vez del entierro. En la actualidad, más del cincuenta y cinco por ciento de los estadounidenses dicen que prefieren la cremación, un número que se prevé aumentará al setenta por ciento para 2030.[47] Las principales razones son económicas (es más barato) y ambientales (no se usa la tierra).

Aunque no condena la cremación como herética, N. T. Wright escribe de forma negativa sobre la práctica, señalando que la cremación pertenece clásicamente a la teología hindú o budista. «Cuando las personas piden que sus cenizas se esparzan en una de sus laderas favoritas o en un río muy querido o en la costa, podemos entender el sentimiento», escribió. «Sin embargo, la implicación subyacente de un deseo simplemente de volver a fusionarse con el mundo creado, sin ninguna afirmación de una vida futura con una nueva encarnación, contradice la teología cristiana clásica».[48]

Hank Hanegraaff concuerda con eso: «Las Escrituras claramente favorecen el entierro sobre la cremación... Mientras que el entierro apunta a la resurrección, la cremación con sus permutas orientales destaca el escape del cuerpo».[49] Cuando se le pidió su consejo, Billy Graham también se opuso a la cremación: «Debemos honrar la tienda terrenal de nuestra morada cuando esté en nuestro poder hacerlo, porque el cuerpo físico es obra de las manos [de Dios]».[50]

Cuando le pregunté a McKnight sobre la cremación, salió a relucir que su principal preocupación se centra en la intención de esta.

—En general, no tengo ningún problema con la cremación —me dijo—. La Biblia dice: "Porque polvo eres, y al polvo volverás".[51] Eclesiastés 12:7 afirma: "Volverá entonces el polvo a la tierra, como antes fue, y el espíritu volverá a Dios, que es quien lo dio". Lo que la cremación logra es acelerar nuestro inevitable regreso al polvo, del cual Dios nos convertirá en nuestros cuerpos de resurrección diseñados para el cielo final.

—Ciertamente, Dios no tendría ningún problema en resucitar a los incinerados —observé.

—Así es. Una persona que es enterrada al fin termina tan completamente aniquilada como alguien que es incinerado. Solo lleva más tiempo. Alguien devorado por un animal salvaje o muerto por una explosión nuclear puede ser reconstituido por Dios y resucitado, por lo que la cremación no presenta ningún problema insuperable para él.

—¿Tiene alguna duda sobre la cremación?

—En realidad —dijo—, me preocuparía si alguien elige la cremación por motivos erróneos.

—¿Por ejemplo?

—Si está motivado por una actitud negativa hacia el cuerpo, no lo respaldaría. Eso no es cristiano. Nuestros cuerpos son creación de Dios; son el templo del Espíritu Santo y muy valorados en la Biblia. No es apropiado querer incinerarlo debido a una visión negativa de uno mismo. O si alguien ve la cremación como una forma de liberar su alma de su cuerpo lo más rápido posible, esa no es teología cristiana; es filosofía griega. En ninguna parte la Biblia enseña que nuestras almas están atrapadas en nuestros cuerpos ni que necesitan ser liberadas.

Por otra parte, señaló, si la motivación se basa, por ejemplo, en el deseo de honrar la creación de Dios al no ocupar espacio en un cementerio, a él no le preocupa la cremación.

—Mi consejo para los pastores —dijo— sería que descubrieran sabiamente por qué alguien quiere ser incinerado para asegurarse de que no se base en un malentendido teológico.

Pregunta #6: ¿Qué pasa con los niños que mueren?

En su libro *The Heaven Promise*, McKnight cuenta el conmovedor relato de una mujer que tuvo un aborto cuando era adolescente, luego se casó y tuvo varios hijos. Cuando los niños crecieron lo suficiente, ella y su esposo los sentaron para contarles la historia. «Se sorprendieron, por supuesto. Lloraron mucho. Igual que lo hice yo. Les pedí perdón, ya que después de todo era su medio hermano».

Más tarde ese mismo día, dos de ellos le entregaron una hoja de papel. «Se nos ocurrió un nombre para nuestro bebé», dijeron. Los niños tomaron una letra de cada uno de sus nombres y crearon el nombre: Kasey.

«¡Ah, cómo lloré cuando esas chicas me entregaron eso! He llorado muchas veces desde entonces», dijo ella. «Creo que llegará el día en que conoceré al niño llamado Kasey. Creo eso también acerca de los bebés que nacen muertos o que han tenido un aborto espontáneo. Ya sea que le demos un nombre a ese bebé o no, Dios le ha dado un alma a ese niño».[52]

—Esa es, obviamente, una esperanza sincera que cualquier madre tendría —le dije a McKnight—. Sin embargo, ¿es una creencia bíblica?

—Las Escrituras no hablan directamente ni explican lo que les sucede a los bebés o los niños —dijo—. Cuando se reúnen las pistas, no solo algunos versículos, sino las enseñanzas generales sobre la naturaleza de Dios, muchos teólogos concluyen que sí, que estarán en el cielo. Eso incluye a cristianos tan reconocidos como Charles Hodge, B. B. Warfield, John Stott y Billy Graham.

En apoyo a esa conclusión, muchos teólogos señalan Romanos 1:20, que declara que los incrédulos no tienen excusa debido a la evidencia de Dios en la creación. Los más jóvenes, por otro lado, no experimentan la creación como lo hacen los adultos. Por lo tanto, lógicamente no se les puede responsabilizar por no llegar a la conclusión de que Dios existe.

Otros pensadores cristianos creen en la salvación de los niños basados en el versículo en el que David dice de su hijo que nació muerto: "Yo iré adonde él está, aunque él ya no volverá a mí".[53] Otro pasaje comúnmente citado es donde Jesús dijo: "Dejen que los niños vengan a mí, y no se lo impidan, porque el reino de los cielos es de quienes son como ellos".[54]

—¿Cuál es su posición? —le pregunté a McKnight.

—Debo empezar con que Dios es amoroso, bueno y justo —dijo—, lo que me lleva a concluir que Dios no enviaría a los bebés ni a los niños pequeños a la oscuridad eterna. Más bien, creo que los niños resucitarán y crecerán hasta la madurez, para el deleite y la alegría de sus padres. Como dijo el teólogo Graham Twelftree: "No tenemos otra alternativa que dejar el asunto en manos de un Dios en quien hemos llegado a confiar como completamente justo y totalmente amoroso".[55]

—Eso es reconfortante para muchos padres como yo, que han pasado por la experiencia de un aborto espontáneo —afirmé.

—También nosotros pasamos por uno, aunque fue muy temprano —dijo—. Recuerdo que un día hablé de este tema con una mujer que había tenido un aborto y se puso a llorar. Eso mostró su anhelo de que lo que se hizo tuviera arreglo.

Saqué a relucir otra perspectiva.

—Algunos teólogos dicen que Dios, en su omnisciencia, juzgará a los bebés basándose en cómo sabe que habrían respondido si se les hubiera mostrado el evangelio.

—Sí, esa es la posición molinista, que tiene cierto atractivo.[56] Por supuesto, no lo sabemos con certeza —respondió McKnight—. Sin embargo, creo en un cielo afable, donde esos niños crecerán hasta alcanzar la madurez completa y florecerán por la eternidad. Por eso, cuando la gente me pregunta dónde está su hijo o bebé después de una muerte prematura, simplemente les digo: "En las manos de nuestro buen Dios".

Pregunta #7: ¿Quién estará en el cielo?

Pensé que mi pregunta era sencilla, y McKnight me dio una respuesta simple, pero terminó requiriendo una explicación más elaborada.

—¿Quién estará en el cielo? —preguntó McKnight, haciéndose eco de mi pregunta—. Eso es fácil. La Biblia lo dice claramente: *Jesús*.

—Claro, sí, eso lo sé —respondí—. No obstante, ¿cómo llegan las personas allá?

—Ah —dijo—, esa es la forma en que tendemos a ver las cosas, ¿verdad? Queremos saber qué tenemos que hacer para llegar al cielo. Y la respuesta, insisto, es Jesús. Él es el que vivió, murió, resucitó hacia la presencia de Dios y será el centro del reino para siempre. Todo comienza con él. Jesús les dijo a sus seguidores que iba a preparar un lugar donde vivirían con él para siempre.[57] Entonces la respuesta es: aquellos que están *en Cristo* estarán en el cielo. El cielo es para Jesús y su pueblo.

»Como ve —continuó—, cuando nos enfocamos en *nosotros* y en lo que *tenemos* que hacer para llegar al cielo, apartamos nuestra atención de él. No tenemos que *hacer* nada para entrar al cielo, no tenemos que practicar una cantidad de rituales religiosos, ni cumplir con una larga lista de demandas, ni realizar un montón de buenas acciones. Simplemente tenemos que mirar a Jesús, dirigirnos a él, creer en él y dejar que *su* vida, muerte y resurrección sean *nuestra* vida, muerte y resurrección. La pregunta que debemos hacer es: "¿Está usted en Cristo?".

—¿Cómo explicaría usted el evangelio?

McKnight respiró hondo.

—Bueno, tenemos que mirar lo que el Nuevo Testamento llama específicamente evangelio. En 1 Corintios 15, Pablo dice que *este es* "el evangelio" y "mediante este evangelio son salvos"; es decir, "que Cristo murió por nuestros pecados según las Escrituras, que fue sepultado, que resucitó al tercer día según las Escrituras, y que se apareció a Cefas [Pedro] y luego a los Doce".[58] *Ese es* el evangelio, dice Pablo.

»Casi al final de su vida, Pablo escribió: "No dejes de recordar a Jesucristo, descendiente de David, levantado de entre los muertos. *Este es* mi evangelio".[59] En otras palabras, recuerde que Jesús es el Mesías, esa es la referencia a él descendiendo de David, y recuerde que resucitó de entre los muertos.

»Así que el primer evangelio cristiano consistió en contar la historia de Jesús: él era el Mesías; murió injustamente a manos de los pecadores; Dios anuló su muerte y lo resucitó; ascendió; y va a volver a gobernar. En Pentecostés, Pedro contó la historia de Jesús.[60] Cuando se reunió con Cornelio, Pedro relató la historia de Jesús, y el Espíritu Santo descendió sobre todos los que estaban allí, hablaron en lenguas y se bautizaron.[61] Esta historia de Jesús, dice Pablo, es el evangelio que salva.

»En primer lugar, entonces, no creo que debamos centrarnos en cómo podemos ser felices cuando morimos. Deberíamos centrarnos en la historia de Jesús. Es una historia redentora. A través de ella, encontramos al héroe de la historia real más grande que se ha contado. Conocemos al que nos ama tanto que soportó la cruz para pagar por nuestros pecados. ¿Quién estará en el cielo? —preguntó McKnight, en conclusión—. La respuesta es Jesús y su pueblo.

Eso significa que Jesús es la única vía hacia el reino de Dios, una afirmación que irrita a muchas personas. «¿Nos atrevemos a ser condescendientes con Él?», pregunta el filósofo Peter Kreeft, de Boston College. «¿Nos atrevemos a darle una palmadita en la cabeza y decirle con nuestra arrogancia: "Eso, eso, sabemos que tienes que exagerar un poco para infundir el temor a Dios en los iletrados campesinos de tu época desafortunada e ignorante? Pero nosotros sabemos mejor. Somos el Pueblo... Sabemos que *debe* haber otras formas. Todo el mundo lo dice. ¿Cómo nos vamos a atrever a poner todos los huevos en una canasta, tu canasta, como demandas? Esa no es una inversión razonable"».[62]

A lo que Kreeft responde: «No. No lo es. No se llega al cielo haciendo inversiones razonables... Uno no se enamora haciendo inversiones razonables. Uno se enamora dándolo todo. Eso es lo Él exige. El amor no se conforma con nada más... Él reclama todo de nuestra vida porque afirmó que no solo mostraba el camino, sino que *es* el único Camino. Recuerde adónde conducen todos los caminos humanos: al valle de sombra de muerte. ¿Cómo podemos esperar soportar ese camino solos? Solamente uno ha pasado por ese camino y ha vivido, Aquel que pronunció la asombrosa y extraordinaria afirmación: "Yo soy la Vida"».[63]

El cielo y su alternativa

Salí de esa iglesia de piedra después de mi entrevista con McKnight y me senté solo en mi auto un largo rato. Habíamos cubierto mucho terreno en poco tiempo. Estaba casi mareado con la imagen del cielo como una gloriosa recreación de nuestro mundo, transformado en todo lo que podríamos desear que este fuera y más. Y en su centro, en su trono, exaltado y elevado, nuestro líder, nuestro Salvador, nuestro Señor, nuestro Rey, nuestro Amigo más cercano, nuestro Todo en todo, Jesucristo. Más que nunca, quería mantener mis ojos en él. Su historia por sí sola señala el camino a la vida eterna.

Lamentablemente, otras vías conducen a un callejón sin salida. Por inquietante que sea, sabía que no podía evitar el tema del infierno. Agarré mi teléfono móvil y busqué en el directorio el número de teléfono de uno de los pocos filósofos que sabía que podían aportar una equilibrada perspectiva bíblica a un tema tan molesto.

CAPÍTULO 7

La lógica del infierno

¿Son sensatas las enseñanzas tradicionales?

No puedo concebir ningún argumento más poderoso e irrefutable a favor del ateísmo que los eternos tormentos del infierno.

—NIKOLAI A. BERDYAEV, FILÓSOFO

UCRANIANO, *DREAM AND REALITY*

Aquellos que deseen librarse del castigo eterno deben abstenerse de argumentar contra Dios.

—AGUSTÍN, *LA CIUDAD DE DIOS*

La noche anterior al Viernes Santo del año 1300 D. C., el poeta italiano Dante Alighieri, de treinta y cinco años, descendió a los infiernos guiado por el fantasma del antiguo poeta romano Virgilio. Al menos, esa es la historia que se describe en el poema épico de Dante de 14.233 versos *La divina comedia*, su viaje alegórico a través del *Inferno* (infierno), el *Purgatorio* y el *Paradiso* (cielo), considerada una de las obras literarias más importantes de la historia.

Dante describe su entrada por las puertas del infierno, más allá de su inscripción tallada en piedra:

YO SOY EL CAMINO A LA CIUDAD DE LA AFLICCIÓN.

YO SOY EL CAMINO A UN PUEBLO ABANDONADO.

YO SOY EL CAMINO AL DOLOR ETERNO...
ABANDONE TODA ESPERANZA, AQUEL QUE
ENTRE AQUÍ.[1]

Dante y Virgilio se encuentran con los nueve círculos concéntricos de tormento del infierno en las profundidades de la tierra, donde diversas formas de castigo reflejan la justicia poética. Por ejemplo, los adivinos que usaron medios prohibidos para mirar hacia el futuro ahora están condenados a caminar eternamente con la cabeza hacia atrás, lo que hace imposible ver lo que está por delante. Para el rey que construyó la Torre de Babel de la que surgieron varios idiomas, todo idioma carece de sentido y sus propias palabras son «simplemente galimatías» para los demás.[2]

El primer círculo del infierno es el limbo, reservado para los virtuosos no cristianos. El segundo círculo es para los pecadores que sucumbieron a la lujuria. El tercero es para los glotones; el cuarto, para los codiciosos; el quinto, para los iracundos; el sexto, para los herejes; el séptimo, para los violentos; el octavo, para los tramposos; y el noveno círculo es para los culpables de traición.

En el centro del infierno está un Satanás angustiado, cuyo pecado supremo es la traición contra Dios. Se le representa con tres caras, cada boca royendo eternamente a un notorio traidor de la historia, incluido Judas Iscariote, a quien se describe como «el alma que más sufre».[3]

A medida que Dante y Virgilio avanzan por los círculos ardientes y putrefactos, los tormentos se vuelven cada vez más horribles. Los impenitentes son azotados por tormentas de lluvia fétida, atrapados en tumbas ardiendo en llamas, sumergidos en ríos de sangre hirviendo, consumidos por pájaros con garras, quemados por llamas que caen del cielo, azotados sin piedad por demonios, empapados en excrementos, atacados por serpientes y lagartos, y descuartizados por espadas.

Y he aquí lo sorprendente: aunque la mayoría de la gente asocia el relato de Dante con la imagen de un fuego inextinguible, en realidad él describe el círculo final del infierno como un lago helado donde los pecadores culpables de traición son sepultados en hielo, lo que simboliza su rechazo al calor del amor de Dios.[4]

Ser testigo de todo el sufrimiento evoca dolor en Dante. «Sentí que mis sentidos se tambaleaban y desvanecían de angustia», dijo. «Me arrastró un desmayo como el de la muerte y caí, como podría caer un cadáver, al suelo muerto del infierno».[5]

La descripción que Dante hace del infierno ha influido en innumerables autores y artistas a lo largo de los siglos, influenciando cómo muchas personas ven lo que les sucede a los que están excluidos del cielo. Sin embargo, ¿cuánto refleja su metafórico relato cómo es realmente el infierno? ¿Cómo describen las Escrituras el destino de las personas que se niegan a aceptar la oferta gratuita de la salvación de Dios?

Dos cosas son seguras: la Biblia enseña que hay un lugar llamado infierno, y más allá de eso, los detalles están expuestos a controversia. En otras palabras, dijo el autor Preston Sprinkle, «la Biblia es posiblemente menos clara sobre la naturaleza del infierno que sobre la existencia del infierno».[6]

En efecto, Jesús habló más que nadie en la Biblia sobre el infierno y el juicio, refiriéndose a este como *Gehena* (transliterado, *Guéenna)*, o el Valle de Hinom, ubicado al sur y al oeste de Jerusalén.[7] Una vez se pensó que había sido un vertedero de basura humeante durante la época de Jesús, ahora los eruditos reconocen que Gehena fue «en realidad mucho peor: un lugar donde ocurren las cosas más horribles, como el sacrificio voluntario de niños», dijo el pastor y profesor Mark Jones.

«El mal en su peor momento está asociado con Gehena», agregó Jones. «El infierno es un lugar de pura maldad, un lugar tanto aterrador como desprovisto de toda esperanza. Y es un lugar eterno».[8]

¿El «tema intratable» de la iglesia?

«Parece que el infierno, como se concibe tradicionalmente, tiene pocos amigos», dijo Steve Gregg en su libro *All You Want to Know about Hell*.[9] Y en efecto, eso es cierto. El infierno no es un tema que surja típicamente en una conversación educada ni incluso en muchos sermones en estos tiempos. Tal vez eso explique por qué solo una simple mayoría (cincuenta y ocho por ciento) de los estadounidenses cree en el infierno (frente al setenta y uno por ciento en años recientes),[10] y solo el dos por ciento cree que terminarán allí,[11] a pesar de que Jesús advirtió que «es ancha la puerta y espacioso el camino que conduce a la destrucción, y muchos entran por ella».[12]

Según la enseñanza tradicional del cristianismo sobre el infierno, los impenitentes soportan la eternidad en un tormento consciente y separados de Dios, una perspectiva verdaderamente espantosa. El historiador de la iglesia educado en Harvard, John Gerstner, dijo que hay «una razón esencial» por la que los evangélicos se aferran tenazmente a esta doctrina y es que «la Palabra de Dios la enseña».[13]

Sin embargo, ¿es *realmente* así? ¿O el tema tiene más matices de lo que suponen muchos cristianos? «La palabra *infierno* evoca una imagen obtenida más de la imaginería medieval que de los primeros escritos cristianos», dijo el erudito N. T. Wright, antiguo obispo de Durham en la Iglesia de Inglaterra.[14]

En opinión del maestro de la Biblia Grady Brown: «La doctrina del "castigo perpetuo" ha sido durante siglos el "tema intratable" que la iglesia, con vergüenza justificable, ha mantenido oculto en el último dormitorio».[15] El teólogo canadiense Clark Pinnock indicó: «La tortura eterna es intolerable desde un punto de vista moral, porque convierte a Dios en un monstruo sediento de sangre que mantiene un Auschwitz eterno para las víctimas a las que ni siquiera les permite morir».[16] El ateo británico Bertrand Russell opinó: «Yo no creo que ninguna persona que en realidad sea profundamente humana pueda creer en el castigo eterno».[17]

En los últimos años, un número creciente de profesores y predicadores están optando por alternativas a la comprensión tradicional del infierno. Algunos sostienen que los que no se arrepienten son simplemente erradicados por Dios después de un período limitado de sufrimiento. Otros creen que «el amor gana», lo que significa que todos se salvarán al final, incluidos, presumiblemente, Hitler,

Pol Pot y el presidente Mao. Entonces, si el infierno existe, al fin y al cabo terminará vacío.

Consideraré estas teorías en el próximo capítulo. Mientras tanto, quería escuchar con una mente receptiva a un partidario de la idea convencional de que el infierno implica sufrimiento consciente eterno, y qué mejor lugar para encontrar a un defensor de ello que Florida en las profundidades del verano, donde el calor sofocante a menudo se compara con el propio Hades, no sin poca razón, creo yo.

Entrevista #6: doctor Paul Copan

El filósofo Paul Copan, de voz suave y sincera, afable e indefectiblemente cortés, se presenta como un caballero consumado y un padre bondadoso de seis hijos. Aunque todo eso es exacto, también es un erudito riguroso con una mente incisiva que no teme adentrarse audazmente en aguas controversiales. Por ejemplo, su libro de 2011 provocadoramente titulado *Is God a Moral Monster?*, [¿Es Dios un monstruo moral?], seguido de *¿Did God Really Command Genocide?*, [¿Dios realmente ordenó el genocidio?], se han convertido en recursos de referencia para su agudo análisis de los alarmantes textos del Antiguo Testamento.[18]

Copan, que desciende de Europa oriental (su madre nació en Letonia, su padre en Ucrania), obtuvo su doctorado en la Universidad de Marquette. Él ha sido autor o editor de casi cuarenta libros, incluidas obras de nivel popular como *«True for you, But not for Me»*; *When God goes to Starbucks*; y *«How Do You Know You're Not Wrong?»*, al igual que otros libros académicos como *The Routledge Companion to Philosophy of Religion*, *The Naturalness of Belief* y *The Kalām Cosmological Argument* (una antología de dos volúmenes).

Él es profesor y presidente de la Cátedra de Filosofía y Ética de la familia Pledger en Palm Beach Atlantic University, en West Palm Beach, y ha sido académico invitado en la Universidad de Oxford; además, se desempeñó como presidente de la Sociedad Filosófica Evangélica durante seis años. Su ministerio oratorio lo ha llevado por todo el planeta, desde Rusia a Singapur y de Finlandia a India.

Copan escribe sobre el infierno en uno de sus libros más recientes, la segunda edición de *Loving Wisdom: A Guide to Philosophy and Christian Faith*, que es lo que inicialmente captó mi atención.[19]

—Usted inició el capítulo diciendo que la doctrina del infierno ha preocupado tanto a los creyentes como a los incrédulos —comencé—. Puramente a nivel emocional, ¿considera personalmente inquietante la visión tradicional del infierno?

Copan se ajustó los espejuelos mientras reconocía la pregunta con un leve asentimiento.

—Sí, en cierto nivel es así —respondió—. C. S. Lewis dijo que le encantaría descartar la doctrina del infierno, pero si el cristianismo es la historia de la realidad, entonces no podemos elegir qué parte de la realidad creer y cuál rechazar.

Yo estaba familiarizado con las palabras de Lewis.

—No hay doctrina que yo quisiera eliminar del cristianismo con más gusto que esta si estuviera en mi poder. Pero tiene todo el apoyo de la Escritura, y especialmente de las propias palabras de nuestro Señor; ese siempre ha sido un tema de la cristiandad; y lo apoya la razón.[20]

»La Biblia —continuó diciendo Copan— dice que el juez de toda la tierra hará lo correcto.[21] Por tanto, si resulta que lo que entendemos del infierno es verdaderamente injusto, entonces tendríamos que rechazarlo. La bondad y la justicia de Dios son más fundamentales que nuestras limitadas interpretaciones del infierno, las cuales a veces están influenciadas por siglos de tradición, que se remontan al *Infierno* de Dante.

—Razón de más —dije— para clasificar cuidadosamente lo que es bíblico y lo que no lo es.

—Así es.

«Podemos hacer lo que deseamos»

—¿Cree usted que la visión tradicional del infierno le repele a mucha gente de Dios? —le pregunté.

—Hasta cierto punto, sí, pero eso necesita consideración —dijo—. Para algunas personas, independientemente de la perspectiva filosófica que tengamos sobre el infierno, prevalecerá su rechazo visceral, basado tal vez en caricaturas o malentendidos.

—¿Puede usted profundizar sobre eso?

—El sociólogo Robert Bellah y el educador Alan Bloom señalaron que la libertad se ha convertido en el nuevo absoluto y el relativismo en la posición predeterminada en nuestra cultura.[22] Por lo tanto, si esa es la cosmovisión de la persona promedio, no es sorprendente que la doctrina del infierno los ofenda. El infierno viola el "absoluto" del relativismo, y para muchos en nuestra cultura su existencia socavaría la propia libertad del individuo. Más recientemente —agregó Copan—, nos encontramos con otro desafío al hablar sobre el infierno, el cual Greg Lukianoff y Jonathan Haidt discuten en su libro *The Coddling of the American Mind*.[23]

—Ese es un título intrigante —dije riéndome.

—Intrigante, sí, y preciso —respondió Copan—. Ellos señalan que un número creciente de universidades está resguardando a los estudiantes de palabras e ideas que no les agraden, creando esferas de seguridad y prohibiéndoles a los profesores que pronuncien declaraciones microagresivas, como, por ejemplo: «Estados Unidos es una tierra de oportunidades». Los autores argumentan que las universidades están contribuyendo a la infantilización de nuestra cultura al prohibir cualquier discurso que cause ofensa o malestar.

—Y —dije— el infierno es ciertamente un tema que puede hacer que la gente se sienta extremadamente incómoda.

—Exactamente correcto.

—¿Cómo rechazaría usted todo esto?

—Primero, señalaría que muchos consideran que Jesús es la autoridad moral y espiritual más destacada de la historia, y sin embargo enseñó extensamente sobre el infierno. Si Dios es la autoridad cósmica, deberíamos esperar que sus caminos y sus normas estén infinitamente más aguzados que nuestras propias percepciones morales limitadas. Nuestra perspectiva puede estar sesgada por nuestro propio interés o porque nuestros lentes culturales nublan nuestras nociones de justicia o equidad.

»En segundo lugar, es posible que otras culturas no encuentren moralmente problemática la noción de infierno. Entonces, ¿por qué estamos imponiendo nuestro juicio occidental individualista sobre esas culturas no occidentales?

»En tercer lugar, que Dios y el infierno existan sirve como recordatorio de que, en última instancia, la justicia cósmica se impondrá. Los seres humanos no se saldrán con la suya, serán responsables de sus acciones, lo cual es algo bueno. Recuerdo haber leído la historia del pastor rumano Richard Wurmbrand, que fue encarcelado y torturado por su fe bajo el brutal régimen del dictador Nicolae Ceauşescu.

Copan hojeó algunas notas para encontrar las palabras de Wurmbrand.

—Él escribió: "La crueldad del ateísmo es difícil de creer. Cuando un hombre no tiene fe en la recompensa del bien o en el castigo del mal, no hay razón para ser humano. No hay restricción a las profundidades del mal que yace en el hombre. Los torturadores comunistas decían a menudo: 'No hay Dios, no hay más allá, no hay castigo por el mal. Podemos hacer lo que queramos'".[24]

—Oh —dije—. Eso es fuerte.

—Y es lógico si no hay consecuencias definitivas para el mal. Finalmente, en cuarto lugar, recuerde que si alguna perspectiva del infierno realmente empequeñece la bondad y la justicia de Dios, entonces debe ser rechazada. Eso significa que es posible que necesitemos sostener ciertas concepciones del infierno de manera tentativa.

—Para algunas personas, el infierno podría ser una llamada de atención —observé.

—Correcto. Jesús dijo que se arrepintieran o perecerían.[25] La doctrina del infierno nos recuerda que hay una responsabilidad ante Dios, y que las consecuencias de separarnos de él son, en efecto, espantosas y miserables.

Llamas, oscuridad y crujir de dientes

—La descripción del infierno típicamente incluye llamas eternas —le dije a Copan—. Algunos teólogos ven esto como algo literal;

de hecho, John Walvoord, presidente durante mucho tiempo del Seminario Teológico de Dallas, dijo que "la mención frecuente del fuego en relación con el castigo eterno apoya la conclusión de que esto es lo que quieren decir las Escrituras".[26] Sin embargo, otros afirman que las llamas son metafóricas. ¿Cuál es su opinión?

—No creo que el infierno sea un lugar de intensa producción térmica —fue su respuesta—. Esas imágenes del infierno son metafóricas. John Stott y otros han señalado que si dos imágenes fundamentales del infierno, las llamas y la oscuridad, se tomaran literalmente, se anularían entre sí. Las llamas iluminarían el lugar. Además, la imagen de la llama está asociada con el lago de fuego en Apocalipsis 19 y 20, que es donde el diablo y sus ángeles serán arrojados. El fuego literal afecta a los cuerpos físicos con terminaciones nerviosas, no a seres espirituales como ellos; así que el fuego físico no tendría lógica.

Alcé la mano como para frenarlo.

—¿No es esa idea de que las llamas son metafóricas solo un intento moderno de suavizar la imagen del infierno para aquellos que lo rechazan?

Copan negó con la cabeza.

—En lo absoluto —insistió—. Incluso los reformadores Martín Lutero y Juan Calvino adoptaron este punto de vista metafórico.[27]

—Una metáfora siempre apunta hacia una realidad que está tratando de ilustrar —indiqué—. ¿Cuál es el punto de la imagen de las llamas y la oscuridad?

—Ambas imágenes representan la existencia lejos de la presencia del Señor.[28] Esta es la verdadera esencia del infierno: ser separados de nuestra fuente de vida y gozo, y separados de las bendiciones de Dios para siempre. La oscuridad evoca esa sensación de separación y alejamiento. La referencia a las llamas representa un juicio santo y severo. Incluso en un estado de separación, Dios sostiene en existencia a aquellos que han optado por separarse de él. Estar lejos de la presencia del Señor, el "gran divorcio", como dijo C. S. Lewis, es la peor pérdida posible para cualquier ser humano. Eso es un verdadero tormento.

—¿Es el infierno una cámara de tortura para la eternidad? —pregunté.

—Hay una diferencia entre la *tortura*, que se impone externamente, y el *tormento*, que se genera internamente. El tormento, en efecto, es autoinfligido. Es debido a que las personas se han resistido a la gracia de Dios que terminan saliéndose con la suya para siempre. Dios no quiere que nadie perezca; el infierno es el resultado de que los humanos se separen libremente de él y su amor.

—¿Cuál es la naturaleza del tormento?

—Apocalipsis 14:11 habla del "humo de ese tormento" y de que "no habrá descanso ni de día ni de noche" por siempre. Ser atormentado significa no estar en reposo. Solo dos versículos después, vemos que ese tormento es lo opuesto al descanso de sus tareas que experimentan los santos fieles.

—Siete veces en Mateo y Lucas vemos referencias al "rechinar de dientes" —dije—. ¿De qué se trata esa imagen?

—El erudito en Nuevo Testamento, Craig Blomberg, dijo que esto refleja ira contra Dios. Por ejemplo, los que estaban a punto de apedrear a Esteban rechinaban sus dientes de ira.[29] Una vez más, esta imagen está destinada a advertirnos que el infierno representa la miseria espiritual. Esta miseria es una consecuencia natural de una vida separada de Dios, así como el castigo de aquellos que no quieren estar en la presencia divina. En efecto, la presencia de Dios en realidad sería *mayor* desdicha para ellos.

—¿Quiere decir que no *desearían* estar en el cielo?

—Correcto. Tendrían que arrepentirse para estar en la santa presencia de Dios. Es por eso que el filósofo Dallas Willard dijo que "los fuegos del cielo arden más que los del infierno".[30] Ellos estarían mucho más contentos con su propia miseria ensimismada lejos de Dios que con enfrentar la incomodidad de la gloriosa presencia de Dios.

Entonces hice la pregunta que surge en la mente de mucha gente.

—¿Por qué un Dios bueno enviaría a la gente al infierno?

—Pienso que esa pregunta está mal formulada —dijo Copan.

—¿Cómo es eso?

—La palabra operativa es *enviar*. Cada decisión que tomamos en esta vida nos acerca a nuestro destino final, ya sea hacia Dios o lejos de él. Nosotros establecemos nuestras propias brújulas espirituales y morales. Por tanto, aquellos que rechazan el gobierno de Dios *se envían a sí mismos* al infierno. Los seres humanos se acarrean la desgracia al separarse de Dios. La gente se condena al infierno y Dios los deja ir a regañadientes. Como dice el músico Michael Card, Dios "simplemente pronuncia la sentencia que ellos mismos se han dictado".[31]

Dallas Willard concuerda con eso. «Algunas personas no solo quieren esconderse de Dios, sino que también estar lo más lejos posible de él... El mejor lugar para ellos es donde Dios no esté, y eso es lo que representa el infierno», escribió. «Si sus corazones están realmente decididos a verse a sí mismos como Dios y tienen la intención de dirigir su propio mundo, eso los mantendrá alejados de Dios. Es como el maestro que finalmente envía al alumno problemático fuera del aula, por así decirlo, y le dice: "Está bien, si quieres irte, puedes hacerlo"».[32]

Copan agregó una ilustración esclarecedora de un episodio de 1960 de la serie televisiva *La dimensión desconocida*, titulado «Un lugar agradable al cual visitar». Según lo describió Copan: «Después de que el pequeño criminal Rocky Valentine es asesinado a tiros, se encuentra rodeado por lo que persiguió en su vida terrenal: mujeres, fama, riqueza. Sin embargo, finalmente se cansa de ellos, porque en última instancia no son satisfactorios. Así que le dice a su "ángel de la guarda" que quiere dejar el cielo para ir "al otro lugar". El "ángel" le pregunta por qué rayos debería pensar que está en el cielo. "¡*Este* es el otro lugar!". Al final del episodio, el narrador, Rod Serling, se refiere a Valentine como un hombre que ahora "tiene todo lo que siempre quiso, y tendrá que vivir con ello por la eternidad"».[33]

Saltamontes, ranas y bebés

Para muchos críticos, la naturaleza eterna del infierno es una consecuencia desproporcionada de una vida limitada de malas acciones. «Los seres finitos pueden cometer solo una cantidad finita de pecado, y por lo tanto una cantidad finita de sufrimiento es suficiente para expiarlo», sostiene John Stackhouse, profesor de estudios religiosos.[34]

El antiguo pastor Rob Bell pregunta en su libro *Love Wins*: «¿Se han creado miles de millones de personas solo para pasar la eternidad en castigos y tormentos conscientes, sufriendo infinitamente por los pecados finitos que cometieron en los pocos años que pasaron en la tierra?».[35]

Le planteé la pregunta a Copan:

—¿No sería el tormento infinito una injusticia que sería incompatible con el carácter de Dios?

—El tiempo que se tarda en cometer un pecado no tiene que ver con la gravedad del pecado —respondió Copan—. Si tuviera que agarrar un arma y matarlo ahora mismo, ¿cuánto tiempo tardaría eso? ¿Unos pocos segundos? Sin embargo, el impacto sería catastrófico y repercutiría en el tiempo, a lo largo de las generaciones de su familia. Es posible que me lleve muchos años estafarle sus ahorros, desviando dinero poco a poco de su cuenta bancaria a la mía. Pero un asesinato cometido en un instante sería un delito más grave y merecería un mayor castigo.

»Verá —continuó—, el infierno eterno está garantizado para aquellos que deliberadamente han rechazado al Dios infinito, el Bien infinito, y han despreciado el conocimiento de Dios y el don ilimitado de la salvación que él ofrece. A Dios le preocupa más la dirección del corazón que la cantidad de pecados cometidos. Las personas no están consignadas a permanecer alejadas de Dios porque hayan cometido una serie de pecados finitos, sino porque han despreciado al Bien mayor. Además, considere que las personas cometen esos pecados contra un Dios infinito, eso también es relevante.

Eso me recordó una parábola que contó el teólogo conservador Denny Burk. Imagínese, dijo, que se encuentra en un banco con un extraño que le está arrancando las patas a un saltamontes. Pensaría que eso es extraño, pero es posible que no inicie una confrontación al respecto. ¿Y si le estuviera arrancando las patas a una rana? Eso sería un poco más perturbador. ¿Y si se lo hiciera a un cachorro? Eso traspasaría un límite y probablemente llamaría a las autoridades. ¿Y si estuviera sosteniendo a un bebé humano y tratando de arrancarle las piernas? Movería cielo y tierra para salvar a ese bebé, interviniendo incluso a riesgo de su vida y exigiendo el enjuiciamiento porque la justicia lo requeriría.

«En cada uno de los escenarios anteriores el "pecado" es el mismo: arrancar las piernas. La única diferencia en cada uno de esos escenarios es contra quién se pecó», escribió Burk. «La gravedad del pecado, y por lo tanto del castigo debido al pecado, no se mide simplemente por el pecado en sí mismo, sino por el valor y el mérito de aquel contra quien se pecó».

Si Dios fuera como un saltamontes, señaló, entonces «pecar contra él no sería tan grave» y «el sufrimiento consciente eterno bajo la ira de Dios... parece una acción exagerada por parte de Dios». Sin embargo, Burk enfatizó, «pecar contra un ser infinitamente glorioso es una ofensa infinitamente atroz que es digna de un castigo infinitamente atroz».[36] Con demasiada frecuencia tenemos una visión minimizada de nuestro pecado, y por lo tanto del juicio debido a él, porque tenemos una visión minimizada de Dios.

Le mencioné la parábola a Copan.

—Esa es una ilustración adecuada —dijo—. Rechazar al Bien mayor trae como consecuencia la separación de ese Bien mayor para siempre. De modo que el castigo se conforma al crimen.

Siglos atrás, Tomás de Aquino lo expresó así en su *Suma teológica*: «Ahora bien, un pecado contra Dios es infinito; mientras mayor es la persona contra quien se comete, más grave es el pecado (es más criminal golpear a un jefe de Estado que a un ciudadano particular) y Dios es de una grandeza infinita. Por lo tanto, se merece un castigo infinito por un pecado cometido contra él».[37]

Copan añadió:

—También mencionaré otro factor.

—¿Cuál?

—Que la rebelión contra Dios no se circunscribe a un tiempo limitado en la tierra, sino que continúa sin cesar en el infierno, y por lo tanto justifica un juicio continuo —dijo.

»El destacado teólogo D. A. Carson ha escrito que la Biblia no sugiere que habrá arrepentimiento en el infierno —añadió Copan.

Él hojeó algunas notas antes de encontrar la cita de Carson: «Quizás, entonces, deberíamos pensar en el infierno como un lugar donde las personas continúan rebelándose, continúan insistiendo en su propio camino, continúan las estructuras sociales de prejuicio y odio, continúan desafiando al Dios vivo. Y mientras continúan desafiando a Dios, él continúa castigándolos. Y el ciclo sigue, sigue y sigue».[38]

—Como comentamos anteriormente —señaló Copan—, el crujir de dientes en el infierno refleja la ira constante contra Dios. Y si las personas continúan rechazando y odiando a Dios, entonces ciertamente se justifica el juicio continuo.

El infierno no es igual para todos

Dos décadas antes, cuando luchaba personalmente por reconciliar la doctrina del infierno con la justicia de Dios, busqué al filósofo J. P. Moreland y lo interrogué sobre el tema.[39]

Uno de sus puntos que ayudó a mi comprensión fue que no todos en el infierno sufrirán de la misma manera. Adolf Hitler no tendrá la misma experiencia que mi vecino narcisista que se burló de Dios toda su vida, pero no asesinó a nadie. Como evidencia, Moreland citó Mateo 11:20-24, donde Jesús dijo que ciertas ciudades sufrirían más que otras, porque se negaron a arrepentirse a pesar de los milagros que habían realizado allí.

Del mismo modo, Craig Blomberg, el erudito del Nuevo Testamento, dijo que el pasaje de Lucas 12:42-48 se encuentra «entre los más claros de toda la Biblia en apoyo de los grados de castigo en el infierno».[40] Esta parábola incluye a Jesús diciendo: «El siervo que conoce la voluntad de su señor, y no se prepara para cumplirla, recibirá muchos golpes. En cambio, el que no la conoce y hace algo que merezca castigo recibirá pocos golpes».

Agustín creía en los grados de castigo, por lo que dijo en el siglo quinto: «Sin embargo, no debemos negar que incluso el fuego eterno será proporcionado a los desiertos de los malvados».[41]

—¿Está usted de acuerdo en que la justicia en la eternidad no será igual para todos? —le pregunté a Copan

—Sí, absolutamente, así como hay grados de pecado, también hay grados de castigo. Por ejemplo, Números 15 se refiere a pecados intencionales y pecados no intencionales. Jesús habla de la blasfemia contra el Espíritu Santo, la cual no será perdonada en la vida presente ni en la venidera, a diferencia de cualquier otro pecado o blasfemia, que puede ser perdonado.[42]

»O considere a los líderes judíos de su época cometiendo el "pecado mayor", mientras que el pecado de las autoridades romanas fue uno menor.[43]

—Para mí tiene sentido que la justicia de Dios sea proporcional —dije.

—Yo también lo creo. Que la naturaleza graduada del pecado se extienda a la otra vida, de que cada persona sea juzgada de acuerdo con sus hechos, aborda significativamente el desafío de la irracionalidad del infierno —respondió—. Como dije antes, la Biblia pregunta: "El Juez de toda la tierra, ¿no hará justicia?".[44] Y la respuesta es, sí, por supuesto que la hará. En el infierno, el grado de desdicha se correlacionará con el grado de responsabilidad.

De Sméagol a Gollum

Aun así, dijo Copan, a medida que las personas en el infierno continúen odiando y rechazando a Dios, con el tiempo la imagen divina en muchos de ellos puede muy bien quedar eclipsada, de modo que se conviertan en meras briznas y sombras de lo que alguna vez fueron.

—Observe cómo Apocalipsis revela la hostilidad humana irracional a pesar de los severos juicios de Dios —dijo—. El texto se refiere a las personas que "sufrieron terribles quemaduras", el reino de la bestia "sumido en la oscuridad" y "enormes granizos" que caían del cielo. La gente "se mordía la lengua de dolor". Y sin embargo, a pesar de todo eso, continuaron maldiciendo y blasfemando contra Dios.[45] Lo que está sucediendo aquí podría llamarse "corrosivismo".

—¿Qué quiere decir con eso?

—Quiero decir que el estado final de los no redimidos es la disminución de su humanidad, algo parecido al deterioro del *hobbit* Sméagol en *El señor de los anillos* de J. R. R. Tolkien. Con el tiempo, Sméagol se convirtió en un "hobbit inferior" disminuido, corroído, corrompido y parecido a una brizna, la criatura Gollum. En *El gran divorcio*, C. S. Lewis habló de una mujer quejosa que al fin, en una existencia *post mortem*, se parecía más a una queja que a una mujer. Finalmente se convirtió en algo parecido a una máquina.[46]

»Algunos teólogos afirman que las personas no redimidas que rechazan a Dios hasta el final a la larga se extinguirán de la existencia. En cierto modo, ese tipo de humanidad disminuida guarda cierta semejanza con ese punto de vista. Lo que alguna vez fueron se desvaneció.

Copan revisó algunos documentos hasta que encontró una cita de N. T. Wright:

> Me parece que... es posible... que los seres humanos opten por vivir cada vez menos en sintonía con la intención divina, para reflejar cada vez menos la imagen de Dios, [de modo que] no hay nada que les impida dejar finalmente que lleven esa imagen y así ser, por decirlo de algún modo, seres que alguna vez fueron humanos, pero que ahora no lo son. Aquellos que se niegan persistentemente a seguir a Jesús, la verdadera Imagen de Dios, por decisión propia se volverán cada vez menos como él, es decir, cada vez menos verdaderamente humanos. A veces decimos, incluso en referencia a personas vivas, que se han vuelto inhumanas...
>
> No veo nada en el Nuevo Testamento que me haga rechazar la posibilidad de que algunas, quizás muchas, de las criaturas humanas de Dios elijan, y elegirán, deshumanizarse por completo.[47]

Copan dejó a un lado el documento. Su mirada era a la vez sobria y triste.

—Y así —dijo— terminamos no con seres humanos en el infierno, sino con "restos" humanos, como dijo C. S. Lewis.[48] Escombros humanos. Criaturas subhumanas en las que la luz de la imagen de Dios se ha extinguido efectivamente. Eso es muy, muy trágico.

«Un terrible tormento»

Todo lo relacionado con el infierno es espantoso, reflexioné mientras Copan y yo tomábamos un descanso en nuestra conversación. El peligro de decir que las llamas y los gusanos del infierno son metáforas es que algunas personas suspirarán de alivio y concluirán que es posible que no resulte un lugar tan malo como habían imaginado. En realidad, es mucho peor de lo que cualquiera pueda imaginar. Por eso Jesús usó un lenguaje metafórico. Ninguna descripción literal puede transmitir adecuadamente los horrores del infierno.

El reformador Juan Calvino afirmó: «Estas formas de hablar expresan, de una manera adecuada a nuestra débil capacidad, un terrible tormento, que ningún hombre puede comprender ahora y ningún lenguaje puede expresar».[49]

En la parábola de Jesús acerca de Lázaro y el hombre rico, el Señor usa la imagen del fuego para ofrecer un vistazo desgarrador de una existencia separada de Dios después de la muerte.[50] Lázaro, que fue un mendigo toda su vida, es abrazado con seguridad por Abraham, pero el hombre rico y poco generoso está en «tormentos», suplicando: «Manda a Lázaro que moje la punta del dedo en agua y me refresque la lengua, porque estoy sufriendo mucho en este fuego». Un abismo lo impide. El rico le ruega a Lázaro que les advierta a sus cinco hermanos para que «no vengan ellos también a este lugar de tormento». Abraham responde que deberían escuchar a los profetas.

Por supuesto, esta no es una historia sobre el infierno eterno en sí, sino sobre el estado intermedio entre la muerte y el juicio final, o un lugar comúnmente conocido como Hades. Lo sabemos porque los hermanos del hombre rico todavía estaban vivos. Y el enfoque de la parábola no es realmente enseñar sobre la otra vida.

Sin embargo, parece poco probable que Jesús engañe a sus oyentes sobre el destino final de los que no se arrepienten. Tendría sentido que las imágenes que usó retrataran un anticipo del sufrimiento que les espera a los que están en el infierno. Aun cuando el fuego en la parábola debe ser metafórico, dado que este es el estado incorpóreo en el que no habría terminaciones nerviosas para sentir dolor físico, la desgracia se describe de manera demasiado convincente.[51]

Randy Alcorn dijo: «En su historia del hombre rico y Lázaro, Jesús enseñó que en el infierno los malvados sufren de manera terrible, están plenamente conscientes, conservan sus deseos y recuerdos y razonamientos, anhelan alivio, no pueden ser consolados, no pueden dejar su tormento, y están privados de esperanza».[52]

Hace casi trescientos años, el elocuente Jonathan Edwards le advirtió a su congregación sobre el terror interminable del infierno en su famoso sermón «Pecadores en las manos de un Dios airado». Edwards declaró: «Sería terrible sufrir esta fiereza e ira del Dios todopoderoso un momento; pero usted debe sufrirlas por toda la eternidad. No habrá fin para esta tosca y horrible miseria. Cuando mire hacia adelante, verá un prolongado porvenir, un lapso ilimitado ante usted».[53]

En los últimos años, el teólogo Alan Gomes intentó pintar el cuadro de una vida después de la muerte horrible divorciada de la presencia de Dios. «Existen... todas las razones para esperar que los malvados en el infierno sufran grandes dolores corporales. Ese sufrimiento ocurrirá de adentro hacia afuera, por así decirlo. No surgirá de un Dios que hierve a los pecadores en un caldero o les va dando vueltas lentamente en un asador», escribió.

«Más bien», continuó, «sufrirán las consecuencias naturales de rechazar a Dios y su bondad para ellos, por lo cual sentirán el dolor del abandono total, el remordimiento sin consuelo y los incesantes tormentos de sus propias conciencias, ardiendo para siempre, pero sin consumirse nunca. Esta copa la beberán en abundancia, experimentando un dolor absoluto tanto en el cuerpo como en el espíritu».[54]

Y aun así...

¿Qué tal si hubiera una escotilla de escape, una alternativa bíblica válida a la visión tradicional del infierno? ¿Qué pasaría si Dios acortara el tormento de los impenitentes eliminándolos y poniendo fin a su sufrimiento? Seguramente ese tipo de inexistencia sería preferible a una eternidad angustiosa. ¿O qué pasaría si toda la humanidad se beneficiara personalmente de la redención provista por Dios? De suceder eso, todos los que se dirigían al infierno se desviarían hacia el cielo.

Estiré las piernas mientras esperaba para reanudar mi entrevista con Copan. Me había brindado un argumento convincente en cuanto a la visión tradicional del infierno. Me pregunté cómo manejaría esos desafíos cada vez más populares del aniquilacionismo y el universalismo.

CAPÍTULO 8

Escape del infierno

¿Hay alternativas al tormento eterno?

Cuando se trata del infierno, no podemos permitirnos equivocaciones. Esta no es una de esas doctrinas en las que puede lanzar sus dos centavos, encogerse de hombros y seguir adelante. Hay mucho en juego. Hay demasiadas personas en juego. Y la Biblia tiene mucho que decir.

—FRANCIS CHAN Y PRESTON SPRINKLE, *¿ELIMINAMOS EL INFIERNO?*, CURSIVA EN EL ORIGINAL

Él era lo más parecido a un papa evangélico en los tiempos modernos. La revista *Time* lo calificó como una de las personas más influyentes del mundo. El teólogo educado en Cambridge fue líder de misiones internacionales, pastor de una iglesia prominente de Londres, capellán de la reina de Inglaterra y autor de más de cincuenta libros.

Luego, en 1988, John Robert Walmsley Stott escribió seis páginas que llevaron a algunos eruditos, incluido el teólogo John Gerstner, a cuestionar su propia salvación.

¿El pecado de Stott? Desafió la concepción protestante tradicional acerca del infierno como un lugar de eterno tormento consciente para los que no se arrepienten. En vez de ello, Stott abrazó «tentativamente» la visión alternativa del *aniquilacionismo* o *inmortalidad condicional*, que enseña que los no redimidos son eliminados de la existencia para siempre, tal vez después de un período limitado de castigo por sus pecados en el infierno.[1]

Stott concluyó: «Me pregunto si el "tormento eterno consciente" es compatible con la revelación bíblica de la justicia divina».[2]

«Los tradicionalistas, que constituyen la mayor parte del evangelicalismo, se sorprendieron», señaló el profesor de seminario Robert Peterson, autor de *Hell on Trial: The Case for Eternal Punishment*. «Los evangélicos han estado debatiendo el tema desde entonces, ambas partes publican libros y artículos que defienden sus puntos de vista y refutan a la oposición».[3]

El compañero anglicano de Stott, John Wenham, que forma parte de un grupo de expertos evangélicos en Oxford, fue uno de los eruditos que abrazaron el aniquilacionismo. «Durante más de cincuenta años he creído que la Biblia enseña la destrucción final de los perdidos, pero he dudado en declararme de forma impresa», dijo en su libro de 1991, *Facing Hell*. «Ahora siento que ha llegado el momento en que debo declarar lo que pienso con sinceridad».

Con eso, no se anduvo con rodeos. «El tormento interminable me habla de sadismo, no de justicia. Esta es una doctrina que no sé cómo predicar sin negar la hermosura y la gloria de Dios», indicó. «Es una doctrina que hace que la Inquisición parezca razonable. Todo parece una fuga de la realidad y el sentido común».[4]

Él no había terminado. «Creo que el tormento sin fin es una doctrina espantosa y no bíblica que ha sido una carga terrible en la mente de la iglesia durante muchos siglos y una mancha terrible en su presentación del evangelio», declaró Wenham. «Es más, sería feliz si antes de morir pudiera ayudar a eliminarla».[5]

Los aniquilacionistas (o condicionalistas) enfatizan que los humanos no son intrínsecamente inmortales, lo que en realidad es un punto de vista afirmado por la ortodoxia cristiana. Dicen que Dios, que es el único inherentemente inmortal, concede la vida eterna a quienes abrazan a Jesús como su perdonador y líder.[6] Al carecer de inmortalidad, los inconversos simplemente dejan de existir cuando mueren, o son resucitados para el juicio final y luego enviados al infierno por un período limitado de castigo, después del cual sus vidas se extinguen para siempre. De cualquier manera, no hay tormento eterno en fuegos inextinguibles.

Este punto de vista contradice lo que Robert Peterson llamó el «pedigrí impresionante» del punto de vista tradicional. Tertuliano, Lactancio, Basilio de Cesarea, Jerónimo, Cirilo de Jerusalén, Crisóstomo, Agustín, Aquino, Lutero, Calvino, Edwards, Whitefield y Wesley «todos respaldaron el castigo eterno».[7]

Peterson dijo que, aunque se encuentran formas embrionarias de aniquilacionismo en Justino Mártir y Teófilo de Antioquía, Arnobio (murió aproximadamente en 330 D. C.) fue el primero en defender la idea explícitamente. El Segundo Concilio de Constantinopla (553) y el Quinto Concilio de Letrán (1512-1517) condenaron el aniquilacionismo.

La tendencia hacia el aniquilacionismo

En la era moderna ha habido un resurgimiento del interés por el aniquilacionismo.[8] «Mi predicción es que, incluso dentro de los círculos evangélicos conservadores, la visión aniquilacionista del infierno será la dominante en diez o quince años», dijo Preston Sprinkle, coautor de *Erasing Hell*. «Me baso para eso en la cantidad de pastores conocidos que sostienen en secreto tal punto de vista. Creo que estamos en un momento y lugar en el que existe una sospecha creciente en cuanto a adoptar la tradición en aras de esta».

Él señaló que algunos pastores son reacios a declararse públicamente aniquilacionistas porque «tenemos una cultura evangélica muy impulsada por el miedo en la que si no uno sigue la línea, es un poco rechazado».[9]

Como aniquilacionista, el pastor del sur de California, Gregory Stump, dijo: «A menudo me he enfrentado a la alienación y la marginación de mis compañeros que han estado en desacuerdo conmigo con vehemencia, junto con el potencial de perder mi trabajo por la idea que tengo del infierno».[10]

A pesar de la confianza de muchos cristianos en que la Biblia enseña el tormento eterno consciente, Stump dijo que «encontró que la evidencia bíblica, teológica y filosófica de esta perspectiva es débil e insustancial».

Por el contrario, afirmó que el caso de la inmortalidad condicional es convincente. «Este punto de vista parecía derivarse del lenguaje claro y coherente de las Escrituras, tenía una coherencia interna que le daba sentido a la narrativa general de la historia redentora, y resolvía dificultades filosóficas e intuitivas que han plagado a generaciones de cristianos y no cristianos por igual durante siglos».[11]

Resumen de los argumentos de Stott

Los aniquilacionistas a menudo son acusados de ser motivados por el sentimentalismo, una acusación que niegan con vehemencia. «Emocionalmente», dijo John Stott, «encuentro el concepto [del tormento eterno consciente] intolerable y no entiendo cómo las personas pueden vivir con esto sin cauterizar sus sentimientos o agrietarse bajo la tensión». Sin embargo, señaló, «nuestras emociones son una guía fluctuante y poco confiable hacia la verdad», y el único recurso confiable es la Biblia misma.[12]

Los argumentos de Stott incluyeron los siguientes:[13]

- **El lenguaje**. «El vocabulario de "destrucción" se usa a menudo en relación con la condición definitiva de perdición», dijo. «Parecería extraño, por lo tanto, que las personas de las que se dice que sufren destrucción ciertamente no fueran destruidas».
- **Las imágenes**. La metáfora del fuego se usa para describir el infierno. «La función principal del fuego no es causar dolor, sino asegurar la destrucción, como lo atestiguan todos los incineradores del mundo», dijo Stott. Si bien la Biblia le llama al fuego «eterno» e «inextinguible», sería «muy extraño si lo que se arroja a él resulta indestructible».

  Además, aunque Jesús contrasta la «vida eterna» y el «castigo eterno» en la parábola de las ovejas y las cabras en Mateo 25:31-46, «en ese pasaje no definió la naturaleza de ninguno de los dos», señaló Stott. En cuanto a la parábola de

Jesús acerca de Lázaro y el hombre rico, Stott dijo que «no es incompatible... con la aniquilación final».

Reconoció que Apocalipsis dice que los que están en el lago de fuego «serán atormentados día y noche por los siglos de los siglos». Sin embargo, indicó que eso se refiere al diablo, la bestia y el falso profeta, así como a «la ramera Babilonia». Stott dijo que «no son personas individuales, sino símbolos del mundo en su variada hostilidad hacia Dios» y que no pueden experimentar dolor. «La forma más natural de comprender la realidad tras las imágenes es que, en última instancia, toda enemistad y resistencia a Dios será destruida», señaló.

- **La justicia.** Stott dijo que la justicia bíblica requiere que Dios juzgue a las personas de acuerdo con lo que han hecho, lo que implica una pena acorde con el mal cometido. Él preguntó: «¿No habría, entonces, una grave desproporción entre los pecados cometidos conscientemente en el tiempo y el tormento experimentado conscientemente a lo largo de la eternidad?».

Stott también dijo que «la existencia eterna de los impenitentes en el infierno sería difícil de reconciliar con las promesas de la victoria final de Dios sobre el mal». Preguntó cómo puede Dios reconciliar todas las cosas consigo mismo a través de Cristo[14] y «ser "todo en todos"[15] mientras un número indeterminado de personas continúan rebelándose contra él».

Stott escribió: «Sería más fácil mantener unidas la terrible realidad del infierno y el reino universal de Dios si el infierno significa destrucción y los impenitentes ya no existen».

¿Son sus argumentos convincentes? ¿Afirma la Biblia que los que no se arrepientan sufrirán la pena de muerte máxima? Para probar estos temas, continué mi conversación con el filósofo Paul Copan, que se adhiere al punto de vista tradicional de que el infierno implica un tormento eterno consciente.

Continuación de la entrevista con Paul Copan

Con el fin de intentar sondear a Copan sobre la inmortalidad condicional, le leí las palabras finales del capítulo de Stott en *Rethinking Hell*: «También creo que la aniquilación final de los malvados debería al menos ser aceptada como una alternativa legítima y fundamentada bíblicamente a su tormento eterno consciente».[16]

—¿Es herético el aniquilacionismo o cae bajo la protección de la ortodoxia? —le pregunté.

Copan dejó su vaso de agua.

—Creo que es un tema secundario —fue su respuesta—. No es una desviación doctrinal importante, aun cuando no estoy de acuerdo con ella. Hay algunos precedentes entre unos pocos padres de la iglesia primitiva que sostenían ese punto de vista, y hay eruditos evangélicos firmes que lo abrazan. Cuando el condicionalismo es la posición de alguien tan bíblicamente sólido y respetado como John Stott, debemos tener mucho cuidado al usar la etiqueta "herético".

—¿Qué tan fuerte es el argumento de ellos?

—Ellos reúnen un apoyo bíblico significativo —dijo—. Citan un lenguaje bíblico como *destrucción*, *perecer* y *muerte*, así como imágenes de árboles cortados o cizaña y ramas quemadas.[17] El Nuevo Testamento habla de que el juicio de Dios es un fuego furioso que consumirá a los enemigos de Dios.[18] Judas se refiere a la destrucción de Sodoma y Gomorra[19] como un «ejemplo, sufriendo el castigo del fuego eterno».[20] Si esas ciudades fueron incineradas, ¿no debería eso presagiar el destino de los que no se arrepienten? En 2 Pedro 2:6 se sugiere esto: estas ciudades fueron reducidas a cenizas y convertidas en un ejemplo de lo que les sucederá a los impíos.

—Parece que usted simpatiza con la causa de ellos —dije arqueando una ceja.

—Varios textos bíblicos parecen apoyar su posición. *Sin embargo* —dijo, levantando su dedo índice y prolongando esas palabras—, tenemos que considerar toda la gama de enseñanzas bíblicas. Personalmente, su tratamiento de ciertos pasajes no va lo suficiente lejos como para convencerme. Por eso sigo apoyando la visión tradicional. El caso del condicionalismo, en mi opinión, se queda corto.

—¿Usted adopta la posición de que la aniquilación es imposible porque el alma de cada persona es inmortal?

—La doctrina de la inmortalidad del alma es en realidad un concepto griego que abrazaron personas como Platón. Para él, el cuerpo es la prisión del alma y la muerte es un alivio bienvenido para el alma. Como ha señalado el historiador de teología Jaroslav Pelikan, la teología cristiana llegó a asimilar esta idea.[21]

»El alma, es decir, el yo, es la base de la continuidad personal, y el alma persiste incluso después de la muerte corporal —añadió Copan—. Después de la muerte, el alma puede existir sin el cuerpo en el estado intermedio y antes de la resurrección final. Pero esta condición no es ideal; es lo que Pablo llama estado de desnudez.[22] La inmortalidad en las Escrituras está relacionada con la resurrección, más específicamente con todas las personas redimidas que reciben sus cuerpos indestructibles de resurrección.[23]

»Algunos condicionalistas —continuó diciendo— afirman que la inmortalidad del alma sustentó la idea de que todos los humanos, ya sean salvos o no redimidos, perdurarán para siempre. Yo diría que todos los seres humanos serán resucitados con cuerpos: los redimidos tendrán cuerpos de resurrección inmortales como el de Cristo, y los no redimidos recibirán cuerpos que les permitirán existir físicamente en su estado sin descanso, una "resurrección para juicio".[24] Sus cuerpos son sostenidos y existen por Dios, pero no disfrutan de la calidad de vida que tienen los creyentes en la tierra nueva. Su existencia continua no califica como "inmortal".

¿Jesús aniquilacionista?

¿Fue Jesús aniquilacionista? Bart Ehrman, agnóstico y profesor de Nuevo Testamento, cree que sí. «Una lectura atenta de las palabras de Jesús muestra que, en efecto, no tenía idea del tormento para los pecadores después de la muerte», escribe el controvertido erudito. «El castigo de ellos es que serán aniquilados, nunca se les permitirá que existan de nuevo».[25] Como ejemplo, Jesús habla de dos puertas por las que puede pasar una persona: la puerta ancha conduce a la «destrucción». Ehrman dijo: «Jesús no dice que conduce a la tortura eterna».

—¿Cuál es su evaluación? —le pregunté a Copan.

—En efecto, Jesús no dice "tortura eterna", pero sí habla del llanto y el crujir de dientes. La imagen de que Jesús no tenía idea del tormento de los pecadores después de la muerte es incierta por varias razones.

—¿Por ejemplo?

—Por un lado, había una variedad de puntos de vista judíos sobre el más allá, incluido el tormento eterno consciente. El historiador judío del primer siglo, Josefo, se refiere a los fariseos diciendo que los malvados son "castigados con tormento eterno" y experimentan "prisiones eternas".[26] En segundo lugar, está la historia que Jesús cuenta sobre el hombre rico y Lázaro en Lucas 16, que presupone claramente el tormento para los impíos.

—Ehrman afirma —interrumpí— que el autor del evangelio puso esta conocida historia rabínica en boca de Jesús.

—Eso está en disputa —replicó Copan sonriendo—. Sin embargo, Jesús usa las imágenes del llanto y el crujir de dientes para describir el estado de separación de Dios, lo que no me parece una extinción inmediata.[27] Es más, Jesús estaba claramente familiarizado con textos como Daniel 12:2, que hablan de aquellos que serían resucitados para vergüenza eterna.

Ese versículo dice: «Y del polvo de la tierra se levantarán las multitudes de los que duermen, algunos de ellos para vivir por siempre, pero otros para quedar en la vergüenza y en la confusión perpetuas». Como observó un autor: «No hay forma de escapar del evidente contraste lingüístico entre el bienestar interminable de los justos y la vergüenza y el desprecio perpetuo de los impíos. Limitar el sufrimiento de los malvados sin limitar la bienaventuranza de los justos es lingüísticamente imposible».[28]

—Entonces no cree que Jesús fue un aniquilacionista —dije, más como una declaración que como una pregunta.

—No, no lo creo. Considere su enseñanza acerca de las ovejas y las cabras en Mateo 25, donde Jesús dice en el versículo 46 que los no redimidos "irán al castigo eterno". Jesús no solo afirma en el versículo 41 que el *fuego* de los no redimidos será eterno, sino que además enfatiza que el *castigo mismo* será eterno. Ese es un desafío formidable para los aniquilacionistas.

—Los aniquilacionistas afirman que la palabra griega para el adjetivo eterno, *aionios*, a veces puede significar "perteneciente a la época" —señalé.[29]

—A veces, sí —dijo Copan—. Pero escuche el versículo 46 en contexto: "Aquellos irán al castigo eterno, y los justos a la vida eterna". No se puede escapar del paralelismo, ya que es obvio. Si la vida en el cielo será eterna, entonces debe concluir que la existencia en el infierno también será eterna.

Es más, Agustín hizo la misma observación hace mil seiscientos años. Él dijo en *La ciudad de Dios*: «Así como la vida eterna de los santos será infinita, así también el castigo eterno de los que están condenados a él no tendrá fin».[30]

Copan también señaló que Jesús dice en el versículo 41 que los malditos serán arrojados «al fuego eterno preparado para el diablo y sus ángeles».

—¿Qué pasa con el diablo y sus secuaces? —preguntó—. Apocalipsis 20:10 dice que serán arrojados al lago de fuego y «atormentados día y noche por los siglos de los siglos», un destino al parecer que será compartido por los que no se arrepientan.

»El verbo griego para tormento, *basanismo*, indica sufrimiento consciente —añadió—. Vemos esto en todo el Nuevo Testamento. Apocalipsis 14:11 dice que "el humo de ese tormento [el de los incrédulos] sube por los siglos de los siglos". Como dijo G. K. Beale, el erudito del Nuevo Testamento, la palabra tormento no se usa en ninguna parte de Apocalipsis ni de la literatura bíblica en el sentido de aniquilación de la existencia personal. Apocalipsis, sin excepción, la usa para referirse al sufrimiento consciente de las personas.[31]

Aparté la vista de las notas que estaba garabateando intensamente y dije:

—Estos son serios desafíos a la teoría de la aniquilación.

—Lo son y hay más.

Obstáculos bíblicos al aniquilacionismo

Le pregunté a Copan sobre los versículos que hablan de la destrucción de los no redimidos.

—Como señaló Bart Ehrman, Jesús dijo que la puerta ancha conduce a la "destrucción".[32] En apariencia, eso suena mucho a aniquilación.

—Espere un momento —respondió Copan—. Destrucción no siempre significa dejar de existir.

Eso parecía contradictorio.

—¿En serio? —pregunté—. ¿Puede dar un ejemplo?

—Sí, 2 Pedro 3:6 dice que el mundo en los días de Noé fue destruido. Pero sabemos que en realidad continuó subsistiendo. La misma palabra griega para *destruir, apollymi*, puede traducirse como "perdido", así como en la historia de la moneda perdida, pero existente, de Lucas 15:9. Además, una "segunda muerte" no sugiere necesariamente ser extinguidos. Después de todo, una vez estuvimos muertos en nuestros delitos y pecados, aunque físicamente vivos.[33]

—¿Qué otros pasajes argumentan contra el aniquilacionismo?

—Está 2 Tesalonicenses 1:9, que dice que los que no se arrepientan "sufrirán el castigo de la destrucción eterna, lejos de la presencia del Señor". ¿Por qué mencionar ser excluidos de la presencia de Dios si "destrucción eterna" significa que han perecido por completo? En contraste, 1 Tesalonicenses 4:17 afirma que los creyentes "estaremos con el Señor para siempre". Insisto, vemos un paralelo que indica una existencia continua tanto para los redimidos como para los no redimidos.

Copan pasó a considerar otros pasajes del Nuevo Testamento que tienen más sentido si el infierno involucra la conciencia eterna:

- «Considere a Judas. Jesús dijo en Marcos 14:21 que hubiera sido mejor para él no haber nacido. Eso no suena como si Jesús estuviera hablando de él pasando de la inexistencia a la existencia para regresar de nuevo a la inexistencia. El peso del pronunciamiento de Jesús es mucho más condenatorio que eso. Jesús tiene en mente algo más que solo la reputación infame permanente de Judas».

- «Jesús dijo que sería mejor quedar mutilado, sin un ojo ni una mano, que perder un cuerpo intacto pecador al ser arrojado al infierno.[34] Pero si la gente simplemente deja de existir en algún momento después de la muerte, entonces esta preocupación no tiene sentido. Curiosamente, un erudito dijo que "si el infierno es solo la falta de existencia consciente, habría muchas situaciones en las que la gente encontraría eso más deseable que sufrir como una persona mutilada en esta vida"».[35]

- «Jesús dice que la blasfemia contra el Espíritu Santo no será perdonada, "ni en este mundo ni en el venidero".[36] Esto sugiere que aquellos que cometen ese pecado continuarán existiendo en la eternidad».

- «En Juan 3:36, Jesús dice que quien rechaza al Hijo no verá la vida, porque la ira de Dios permanece sobre ellos. ¿Cómo mora la ira de Dios sobre alguien que no existe?».

- «El uso que hace Pablo del término "destrucción eterna"[37] es una referencia específica al libro judío intertestamentario 4 Macabeos, que es el único lugar donde se usa esta frase en la literatura relevante. Y este libro tiene varios lugares que hablan de la conciencia consciente en el juicio, no del aniquilacionismo».[38]

- «Los aniquilacionistas afirman que el lenguaje del fuego sugiere la conclusión de la existencia. Sin embargo, es curioso que Jesús se refiera a que el gusano no muere y el fuego no se apaga.[39] ¿Por qué diría eso si solo está hablando de una cesación de la existencia? Los gusanos no continúan viviendo una vez que se consume algo. Sí, el fuego es un lenguaje figurado, pero si una persona deja de existir, ¿por qué enfatizar que el fuego no se apaga?

  »Y si los no regenerados también serán resucitados corporalmente, aunque no en gloria, ¿por qué enfatizar la imagen de los gusanos "inmortales" que continúan alimentándose de su cuerpo? La alimentación interminable de los gusanos de un cuerpo físico en el infierno, una imagen de tormento, es mucho más severa que la muerte o la extinción misma. ¿Cuál es el problema de que un gusano se alimente de su cuerpo si usted ya no existe? El mismo tipo de lenguaje se encuentra en el libro intertestamentario de Judit; allí se refiere al juicio de Dios al enviar a las naciones que amenazan a su pueblo "al fuego y los gusanos, y llorarán de dolor eternamente".[40] Parece que este estado final de tormento es peor que la mera muerte misma. Todo esto sugiere que aquí está ocurriendo algo más que aniquilacionismo».

El triunfo de Dios sobre el mal

En el capítulo anterior, Copan ya había ofrecido respuestas a las preguntas que planteó John Stott sobre la justicia de Dios y la proporcionalidad del infierno. No obstante, también quería preguntarle qué pensaba acerca de otra declaración de Stott: «La existencia eterna de los impenitentes en el infierno sería difícil de reconciliar con las promesas de la victoria final de Dios sobre el mal».[41]

Copan se tomó un momento para reflexionar en la pregunta.

—Aquí está lo que pienso —dijo—. El hecho de que la justicia morará en el cielo nuevo y la tierra nueva, según 2 Pedro 3:13, es una indicación suficiente de que el bien ha triunfado sobre el mal. Es decir, Dios ha ganado la victoria final. No creo que la salvación universal o incluso la erradicación de todos los malhechores sea un requisito para la victoria divina.

Cerré mi cuaderno. Podríamos seguir debatiendo sobre este tema todo el día; en efecto, se han escrito libros completos para explorar estos asuntos. Sin embargo, pensé que habíamos cubierto los puntos destacados.

—Como dije, los aniquilacionistas pueden presentar un buen caso para defender su posición —dijo Copan resumiendo—. No obstante, en lo que a mí respecta eso es insuficiente para superar la comprensión histórica del infierno dentro de la tradición cristiana.

Esto se remonta a los primeros padres de la iglesia. Por ejemplo, el discípulo del apóstol Juan, Policarpo, dijo justo antes de ser quemado vivo por su fe: "Me amenazan con fuego que arde durante una hora y luego se apaga, pero no saben nada del fuego del juicio venidero y del castigo eterno, reservado para los impíos. ¿Por qué están esperando? Traigan lo que quieran".[42]

Robert Peterson, un tradicionalista que se asoció con el aniquilacionista Edward Fudge para escribir *Two Views of Hell: A Biblical and Theological Debate*, declaró que teme que el típico diálogo de intercambio entre los dos bandos pueda llevar a algunos a creer que los argumentos necesariamente deben llegar a un punto muerto.[43]

«Ese simplemente no es el caso», dijo. «A pesar de las buenas intenciones, la exégesis condicionalista de los textos clave es insuficiente».[44]

Todo lo cual deja al universalismo, la idea de que al final todos son redimidos, como la alternativa lógica a un infierno eterno. Quería interrogar a Copan para ver si este punto de vista teológico tiene algún sentido bíblico.

Universalismo: ¿se salvarán todos?

La idea del tormento eterno consciente en el infierno es «moralmente corrupta, contraria a la justicia, perversa, inexcusablemente cruel, profundamente irracional y esencialmente maligna». Es más, si el infierno eterno fuera cierto, entonces «el cristianismo debería descartarse como una fe obvia, moralmente obtusa y lógicamente incoherente».[45]

Eso es lo que dice el influyente teólogo académico David Bentley Hart de la Universidad de Notre Dame en su libro de 2019, a menudo mordaz, *That All Shall Be Saved*, una diatriba extensa de 224 páginas con 118 comentarios despectivos sobre los teólogos que no están de acuerdo con él, sus puntos de vista, su Dios y su comprensión del infierno.[46] En efecto, el teólogo Douglas Farrow dice que Hart «casi agota la reserva mundial de insultos».[47]

El antiguo pastor Rob Bell lo expresa de una manera más amable y gentil en su exitoso libro *Love Wins*, en el que escribe sobre el universalismo con aprobación. «En la esencia de esta perspectiva yace la creencia de que, con el tiempo suficiente, todos se volverán a Dios y se encontrarán en el gozo y la paz de la presencia de Dios», escribe. «El amor de Dios derretirá todo corazón endurecido, e incluso los "pecadores más depravados" al fin abandonarán su resistencia y se volverán a Dios».[48]

El universalismo cristiano dice que al final Dios perdonará y adoptará a todas las personas a través de Cristo, quizás después de un período limitado de castigo restaurativo en el infierno para algunos. Por lo tanto, Hart dice: «Yo, por mi parte, no objeto en lo más mínimo que Hitler sea purificado de sus pecados y salvo».[49]

Los universalistas enfatizan la narrativa general de Dios de la creación, la caída, y luego Cristo reconciliando todo, y a todos, consigo mismo. Ellos citan versículos como Tito 2:11 («En verdad, Dios ha manifestado a toda la humanidad su gracia, la cual trae salvación»); Juan 12:32 («Pero yo, cuando sea levantado de la tierra, atraeré a todos a mí mismo»); 1 Corintios 15:22 («Pues así como en Adán todos mueren, también en Cristo todos volverán a vivir»); y 2 Pedro 3:9 («El Señor... no quiere que nadie perezca, sino que todos se arrepientan»).

«El universalismo cristiano es una voz minoritaria dentro de la iglesia, pero no es una teología liberal novedosa», dijo el universalista Robin Parry. «Es, más bien, una posición teológica cristiana antigua que en la iglesia primitiva estuvo al lado de la aniquilación y el tormento eterno como una opinión cristiana viable».[50]

El primer defensor más conocido del universalismo fue Orígenes (ca. 185-254), cuyas opiniones fueron declaradas heréticas por el quinto concilio ecuménico de la iglesia en 553.[51] «Durante más de 1.600 años, casi ningún teólogo importante argumentó que todos serán salvos», dijeron Francis Chan y Preston Sprinkle en *Erasing Hell*. «Todo eso comenzó a cambiar en el siglo diecinueve, cuando varios pensadores resucitaron las creencias de Orígenes y las volvieron a poner sobre la mesa».[52]

En las últimas décadas ha habido un aumento en el interés, impulsado entre los académicos por los escritos del teólogo suizo

Karl Barth y entre el público en general por el ministerio de alto perfil de Rob Bell, el cual ha alcanzado las alturas de Oprah.

El poder para decirle no a Dios

La reacción de Copan al universalismo fue firme.

—Creo que el universalismo es una doctrina aberrante y peligrosa —afirmó de manera rotunda—. Ciertamente, no se da ni idea de ello en el Antiguo Testamento, donde Salmos 1:6 dice: "Porque el Señor cuida el camino de los justos, mas la senda de los malos lleva a la perdición".

—¿Puede una persona ser cristiana y universalista? —pregunté.

—Los universalistas pueden ser cristianos auténticos. El pastor y autor escocés del siglo diecinueve, George MacDonald, fue un universalista que influyó profundamente en C. S. Lewis. Este lo elogió por estar "continuamente cerca... al Espíritu de Cristo mismo".[53] Aun así, el universalismo es ajeno al ámbito de la tradición cristiana dominante, aunque hay focos de él en la historia de la iglesia.

—Ciertamente, hay un conflicto emocional —comenté.

—Sí, ¿quién no quiere que todos se salven? ¡Incluso Dios lo desea! —declaró, abriendo mucho los ojos—. Como dicen 1 Timoteo 2:4 y 2 Pedro 3:9, él quiere que todos lleguen al conocimiento de la verdad. Pero Cristo es el Salvador *potencial* de todos, no el Salvador *real* de todos.[54] En otras palabras, la salvación tiene una *intención universal*, o sea, esa es la voluntad deseada de Dios, pero no se logra *en realidad*, o sea, esa es la voluntad permisiva de Dios. Si bien la salvación se ofrece potencialmente a todos, no todos la aceptan libremente.[55]

»Las Escrituras —continuó— indican repetidamente que siempre habrá criaturas que le *digan no* a Dios de manera absoluta y definitiva. Los agentes morales finitos, ya sean angélicos o humanos, tienen la capacidad de elegir en contra del orden moral de Dios. Solo Dios es necesariamente bueno; él no puede hacer lo que es malo. No ocurre lo mismo con las criaturas morales y contingentes como nosotros, que podemos elegir bienes finitos menores antes que el Bien Supremo. Ellas pueden convertir algo bueno en un sustituto de Dios y caer presa de la idolatría.

Lo interrumpí para decir:

—En Colosenses 1:16 se dice que Cristo fue el agente por medio del cual fueron creadas "todas las cosas". Cuatro versículos más adelante, se le llama el agente por medio del cual "todas las cosas" deben reconciliarse. ¿No suena eso sospechosamente a universalismo?

—Usted debe seguir leyendo para que tenga una idea completa —respondió Copan—. Pablo continúa diciendo "los ha reconciliado... *con tal de que* se mantengan firmes en la fe, bien cimentados y estables, sin abandonar la esperanza que ofrece el evangelio".[56] Así que hay una condición ahí. Vemos algo similar en Romanos 5: así como "todos" en Adán caen, del mismo modo "todos" en Cristo, el segundo Adán, se reconcilian con Dios. Sin embargo, estos no son grupos idénticos. Estar "en Adán", la vieja humanidad caída, es enfrentar la condenación; ser parte de la nueva humanidad "en Cristo" a través de la fe es experimentar la redención.

—En otras palabras —asentí— usted está en un campamento o en el otro.

—Correcto. Y usted no puede desconectar estos textos de lo que Pablo dice en otros lugares: que algunos terminarán "lejos de la presencia del Señor"[57] o que aquellos que predican un evangelio falso están "bajo maldición".[58]

—¿Qué ocurre con el uso que hace la Biblia de la palabra *todos* para describir a los que finalmente son redimidos, como en 1 Timoteo 2:6, que dice que Jesús "dio su vida como rescate por todos"?

—Insisto, tenemos que examinar esa palabra de cerca. Por ejemplo, cuando el Evangelio de Marcos dice que "toda la gente de Jerusalén" acudía en masa para que Juan los bautizara, no quiere decir que todos los individuos estuvieran haciendo eso. Simplemente significaba muchas personas.[59] En este caso, Jesús pagó por todos los pecados del mundo y puso la gracia a disposición de todos los pecadores, pero tenemos que aceptar ese pago a favor nuestro si vamos a beneficiarnos de ello. No todo el mundo hará eso.

—¿Qué pasa con la misión de Jesús, que era "buscar y salvar lo que se había perdido"?[60] Si algunos se quedaron atrás, ¿fracasó él?

—No, él no lo consideró un fracaso solo porque habría quienes se negarían a tomar el camino angosto. Jesús reconoció que los once discípulos que el Padre le había dado fueron preservados, aunque "el hijo de perdición", Judas, no pertenecía verdaderamente a Jesús.[61] En la cruz, Jesús completó su misión: "Todo se ha cumplido".[62] Isaías 53 dice que Dios vería la muerte angustiada de su Siervo sufriente como una obra expiatoria que "justificará a muchos",[63] aunque no todos aceptarían al Mesías. Jesús se identificó con nosotros en la vida y en la muerte para salvar a aquellos que elegirían el camino angosto.

»Piense en la parábola del hijo pródigo —agregó—. Jesús deja a sus oyentes con ese desafío implícito: ¿iremos adentro para celebrar con el pecador arrepentido o nos quedaremos afuera como el hermano mayor santurrón? Dios no cancela la celebración solo porque haya algunos que no quieran entrar. ¿Por qué debería Dios ceder ante los detractores por encima de los participantes dispuestos? Depende de los humanos decir sí o no a la gracia iniciadora de Dios. La misma enseñanza de Jesús asume que algunos lo aceptarán mientras que otros no, un punto que la parábola de los cuatro terrenos destaca en Mateo 13.

La libertad de decir no

Revisé algunas notas antes de encontrar la cita que estaba buscando. «El autor del comentario William Barclay dijo: "Si un hombre permanece apartado del amor de Dios al final de los tiempos, significa que ese hombre ha derrotado el amor de Dios, lo cual es imposible:».[64]

Apenas completé la oración antes de que Copan interviniera.

—Sin embargo —dijo—, no podemos ignorar las muchas Escrituras que indican que algunos se saldrán con la suya y se divorciarán de Dios, a pesar de los mejores esfuerzos divinos. Él no le impone su amor a la gente. Judas 21 nos recuerda: "Manténganse en el amor de Dios". Eso sugiere que podemos alejarnos de la influencia amorosa de Dios. Si la "soberanía invencible" de Dios implica que todos serán salvos, ¿cómo se logra eso ya que depende de los seres humanos aceptar o rechazar la gracia inicial de Dios? Incluso podrían resistirse al amor divino.

»Solemos leer en las Escrituras que Dios hace todo lo posible por alcanzar a las personas, solo para que lo rechacen. Dios realmente parece exasperado por la rebelión de su pueblo. Por ejemplo, en la parábola de la viña en Isaías 5, cuando Israel produce "uvas agrias", Dios pregunta: "¿Qué más se podría hacer por mi viña", es decir, Israel, "que yo no lo haya hecho?".

»En Mateo 23, Jesús llora por Jerusalén, anhelando reunir a la ciudad como la gallina reúne a sus polluelos, pero Jerusalén se negó. En Hechos 7:51, antes de ser apedreado, Esteban acusa a sus testarudos perseguidores de resistir siempre al Espíritu Santo. Para los rebeldes obstinados, mientras más Dios derrama su gracia, más quieren huir. Quieren encontrar la felicidad según sus propios términos.

Con eso, Copan buscó una cita de C. S. Lewis: «Pagaría cualquier precio por poder decir con sinceridad: "Todos se salvarán". Pero mi razón responde: "¿Sin la voluntad o con ella?". Si digo "Sin la voluntad", percibo de inmediato una contradicción: ¿cómo puede ser involuntario el supremo acto voluntario de una autoentrega? Si digo: "Con la voluntad", mi razón responde: "¿Cómo, si no se rendirán?".[65]

—Parece —dijo Copan— que una serie de universalistas que creen en un fuerte libre albedrío libertario y que no simpatizan con el calvinismo todavía asumen una especie de "gracia irresistible".

—Aun así —dije— Filipenses 2:10-11 afirma que "se doble toda rodilla... y toda lengua confiese que Jesucristo es el Señor". ¿No sugiere eso que todos finalmente llegarán a la fe?

—¿Pero se inclinarán *voluntariamente*? —respondió Copan—. Pablo está citando ahí Isaías 45:23 y es consciente de que no todo acto de inclinarse ante Dios proviene de corazones humildes y arrepentidos. Los enemigos derrotados de Dios se postrarán ante él en un reconocimiento vergonzoso y renuente de que es el Señor.[66] Solo unos pocos capítulos después, Isaías 49:23 indica que algunos se inclinarán ante Dios y lamerán el polvo a sus pies. Sus enemigos exhiben una obediencia fingida. Salmos 81:15 (NBLA) dice: "Los que aborrecen al Señor le fingirían obediencia, y el tiempo de su *castigo* sería para siempre".

¿Salvación después de la muerte?

En términos lógicos, el universalismo solo «funcionaría» si Dios permitiera que las personas se arrepintieran *después* de morir. Le comenté a Copan que algunos pensadores cristianos, como Martín Lutero, han dejado abierta esa posibilidad.

Lutero escribió: «Sería una cuestión muy diferente si Dios pudiera impartirles fe a algunos en la hora de la muerte o después de la muerte para que esas personas puedan ser salvas por medio de la fe. ¿Quién dudaría de la capacidad de Dios para hacer eso? Sin embargo, nadie puede probar que él lo haga».[67]

—Sí, en esa cita Martín Lutero, que no era universalista, al menos deja abierta la idea de una oportunidad *post mortem*[68] con el fin de que ciertas personas desinformadas escuchen y comprendan el evangelio con claridad para que puedan ser salvas mediante la fe en Cristo. Lo curioso es que en otro lugar Lutero llamó al estadista romano Cicerón "el mejor filósofo" y "un hombre valioso", y agregó: "Espero que Dios les perdone sus pecados a hombres como Cicerón".[69] En ese espíritu, algunos teólogos argumentan que ciertas personas pueden tener la oportunidad después de la muerte de escuchar el evangelio presentado con claridad y de decidir acerca de Jesús de una manera plenamente informada.

—¿Quiénes serían esas "ciertas personas"? —interrumpí.

—Las que no tuvieron antes una revelación especial de Cristo, las que no han sido evangelizadas, las que mueren en la infancia, las que tienen discapacidades mentales y las pseudoevangelizadas.

—¿Qué significa *pseudoevangelizadas*? —pregunté, pues ese era un término nuevo para mí.

—No lo acuñé yo, pero el término se refiere a aquellos cuya comprensión de la fe cristiana ha sido distorsionada por tergiversaciones o caricaturas.

—¿Cuáles son algunos ejemplos?

—Por ejemplo, los judíos que han sido perseguidos por algunos supuestos "cristianos" y han sido llamados "asesinos de Cristo" bien podrían haber asociado el evangelio con el antisemitismo. El filósofo Jerry Walls está de acuerdo con que Dios puede darles a los no evangelizados o a aquellos que solo escucharon un evangelio confuso la oportunidad de responder a una explicación adecuada después de la muerte.[70]

Presioné a Copan para tener mayor claridad.

—¿Cuán ampliamente extiende Dios esa oferta?

—Primero, de acuerdo con esta posición, aquellos que de manera consciente han rechazado el claro mensaje del evangelio en esta vida no recibirán ninguna oportunidad *post mortem*. Esta es solo para aquellos que no han escuchado el evangelio, no lo escucharon claramente articulado, o por alguna razón se les impidió entenderlo. En segundo lugar, incluso para los que reciben esa oportunidad *post mortem*, no está disponible de forma indefinida. Esas personas toman su decisión y luego viven para siempre con las consecuencias.

Copan me recordó que el respetado teólogo reformado J. Oliver Buswell Jr., antiguo presidente de Wheaton College, señaló que aquellos que mueren en la infancia son capaces de aceptar a Cristo gracias a la obra del Espíritu al ampliar su inteligencia.[71] Copan dijo que los teólogos que se aferran a la oportunidad *post mortem* podrían insistir más en este comentario.

—Podrían decir que no es una gran exageración teológica que la inteligencia de esos bebés se pueda ampliar justo después de la muerte. Tal sugerencia sobre la oportunidad *post mortem* no amenazaría la ortodoxia de ninguna manera seria.

Exploración de la «opción de Lutero»

Cuando rechacé esa idea de la salvación después de la muerte, diciendo «luce bastante especulativa», Copan reconoció que eso era verdad hasta cierto punto.

—El apoyo bíblico para la salvación *post mortem* se infiere más que ser directo, y ciertamente no se debe confiar en meras especulaciones.

—Absolutamente, estoy de acuerdo —dije.

—Sin embargo —continuó—, aunque no hay un texto específicamente claro que permita las conversiones *post mortem*, no hay ningún versículo en particular, por lo que pueda decir, que las excluya de manera decisiva. También debemos considerar otras verdades teológicas: Dios ama al mundo entero,[72] ha hecho provisiones salvadoras para "todo el mundo",[73] desea que todos sean salvos[74] y le ordena a cada persona que se arrepienta.[75]

Me vino a la mente un versículo contradictorio. Le pregunté a Copan sobre Hebreos 9:27, donde se afirma que «está establecido que los seres humanos mueran una sola vez, y después venga el juicio».

Él respondió con otra pregunta:

—No obstante, ¿ese juicio sigue *instantáneamente* después de la muerte física? No se nos dice. El siguiente versículo sugiere que se trata simplemente de una secuencia general. Después de todo, tras haber sido "sacrificado una vez", Jesús "aparecerá por segunda vez... para traer salvación". ¡Hay dos mil años entre esos dos acontecimientos! Quizá la propia esperanza de Lutero nos recuerda que debemos dejar abiertas ciertas opciones divinas que pueden no sernos reveladas expresamente.

Le pregunté a Copan sobre las implicaciones de este punto de vista.

—¿Cómo afecta esto a la Gran Comisión? Después de todo, ¿por qué predicar el evangelio si aquellos que responderían afirmativamente lo harán en la otra vida?

—Lutero insistiría en que deberíamos compartir el evangelio simplemente porque Cristo lo ordenó y punto. Esto es en el espíritu de cómo Jesús le respondió a Pedro cuando le preguntó sobre el destino del "discípulo a quien Jesús amaba". Jesús respondió diciendo: "¿Qué te importa? ¡Predica el evangelio!".[76] Además, sabemos que Dios a veces usa métodos no convencionales para llegar a las personas; por ejemplo, a través de la aparición de Jesús en sueños a los musulmanes, que luego han encontrado la salvación.[77] Eso no nos impide esforzarnos por hacer discípulos de todas las naciones.

—¿Hay otras razones para dejar abierta la "opción de Lutero" sobre la salvación *post mortem*? —pregunté.

—A los críticos que dicen que Dios no es lo suficientemente obvio, por ejemplo, que está demasiado oculto o que el mensaje del evangelio está demasiado distorsionado, los teólogos como Lutero les responderían que Dios puede dar oportunidad plena para que las personas se encuentren con él y comprendan el evangelio a fondo, incluso si esto significa que es después de sus muertes.

»Después de todo, según afirmó Lutero, ¿por qué asumir que la clara comunicación del amor de Dios está restringida a esta vida? Ese no es el caso de las personas con discapacidades mentales o los bebés que mueren. Si Dios le ordena a cada persona, sin excepción, que se arrepienta,[78]¿no le daría entonces a cada persona la gracia suficiente para cumplir ese mandamiento a pesar de sus incapacidades, ignorancia o puntos de vista inconscientes e inexactos del evangelio?

Opio para los teólogos

La idea de la salvación después de la muerte era intrigante y ciertamente merecía una mayor investigación. Aun así, gran parte de todo eso todavía me parecía especulativo. Sin embargo, el universalismo depende absolutamente de que las conversiones *post mortem* sean posibles; si es imposible a gran escala recibir la salvación después de la muerte, entonces el universalismo fracasa.

Por otro lado, incluso si las salvaciones *post mortem* fueran ciertas, eso no significaría necesariamente que el universalismo sea cierto. Tal vez, como argumentaría el teólogo de la «oportunidad *post mortem*», solo ciertas personas que no tuvieron una oportunidad justa de responder al evangelio en este mundo podrían tener oportunidades *post mortem* para la salvación, no todos los seres humanos que hayan vivido en la historia mundial.

Copan ya había expresado una fuerte crítica al universalismo, pero le pedí que concluyera con cualquier otra razón por la que este punto de vista falla desde la perspectiva bíblica.

Él respondió diciendo:

—Tanto el Antiguo como el Nuevo Testamento revelan lo opuesto al universalismo. Vemos el contraste entre los justos y los injustos en Salmos, Proverbios y Daniel 12:2, que habla de aquellos que se levantarán "para vivir por siempre" y otros "para quedar en la vergüenza y en la confusión perpetuas". En el Nuevo Testamento está el juicio de las ovejas y las cabras,[79] o el simple contraste en Juan 3:16 entre los que tienen "vida eterna" y los que "se pierden".

»En Apocalipsis 13:8 encontramos un número limitado y no extensible de nombres escritos en el "libro de la vida" del Cordero, sin lo cual uno no puede estar en la presencia de Dios.[80] En Romanos 9:3, Pablo deseaba poder ser maldecido para que sus hermanos y hermanas israelitas pudieran ser salvos. Mateo 12:31–32 habla del pecado imperdonable que no será perdonado en el mundo venidero. Cuando se le preguntó si solo unos pocos serían salvos, Jesús respondió en Lucas 13:24: "Esfuércense por entrar por la puerta estrecha... porque les digo que muchos tratarán de entrar y no podrán". Ninguno de estos ejemplos se ajusta a la narrativa universalista.

Para un artículo de una revista en 2019, Copan entrevistó a Michael McClymond, profesor de cristianismo moderno en la Universidad de St. Louis, sobre su magistral análisis histórico y teológico del universalismo en dos volúmenes llamado *The Devil's Redemption*,[81] un tomo de 1.325 páginas con 3.500 notas al pie, escrito en parte en respuesta a la popularización de Rob Bell y la doctrina desacreditada.

«El universalismo no solo es un error teológico», dijo McClymond. «También es un síntoma de problemas más profundos. En una cultura caracterizada por el deísmo terapéutico moralista, el universalismo se adapta a la época en que vivimos... El universalismo es el opio de los teólogos. Así es como nos gustaría que fuera el mundo. Algunos imaginan que una iglesia más amorosa y menos crítica estaría mejor posicionada para ganar nuevos adeptos. Sin embargo, el amor perfecto apareció en la historia y fue crucificado».[82]

Entonces, ¿dónde nos deja todo esto? Con la visión tradicional del infierno, misma que debería corregirnos y motivarnos a decirle a la mayor cantidad de personas que podamos que ciertamente hay un juicio, pero también hay una ruta de escape divinamente ordenada; es decir, el regalo de la vida eterna que Dios libremente ofrece a todos los que lo reciban con arrepentimiento y fe.

Francis Chan cuenta que la muerte de su abuela fue el momento más triste de su vida. «Cuando ese monitor de electrocardiograma se apagó, me asusté», dijo. «¡Perdí el control por completo! Según lo que sabía de la Biblia, ella se encaminaba a una vida de sufrimiento sin fin. Pensé que me volvería loco. Nunca he llorado tan fuerte y no quiero volver a sentirme así. Desde ese día, he tratado de no pensar en eso. Han pasado más de veinte años... Me encantaría borrar el infierno de las páginas de las Escrituras».[83]

No obstante, por supuesto que el infierno no se puede borrar ni se puede ignorar. No es posible taparlo con finos pañuelos de mala exégesis ni filosofar hasta que no exista, por lo que debemos estudiarlo con temor y temblor, con lágrimas y valentía, y luego proponernos una vez más llevar a la mayor cantidad de personas que podamos al cielo con nosotros.

Chan dijo que cuando un amigo le hace esa temida pregunta: «¿Crees que me voy al infierno?», le gustaría poder reírse y decirle: «¡No! ¡No existe tal lugar!».[84]

Sin embargo, él no tiene esa opción, ni nosotros tampoco. Al menos, no si vamos a seguir fielmente las Escrituras, por más difíciles y desgarradoras que sean a veces. Sí, hay muchas cosas que no entendemos y Dios puede obrar en los corazones de las personas de formas poco convencionales. Pero las especulaciones teológicas no pueden borrar la realidad del infierno.

Afortunadamente, aunque el infierno es una dura verdad, no es la *única* verdad en las Escrituras. Estoy agradecido de que Jesucristo sea *la* verdad[85] y de que a través de él puedan abrirse las puertas del cielo.

CAPÍTULO 9

La sensación de la reencarnación[1]

¿Y si la vida es cíclica?

*Aunque no podemos, por supuesto, decidir la veracidad
de una creencia por la cantidad de sus seguidores, la
influencia de la reencarnación en nuestra sociedad
«occidentalizada» es ciertamente sorprendente.*

—GARY HABERMAS, FILÓSOFO, *IMMORTALITY:*
THE OTHER SIDE OF DEATH

Cuando era joven, el asombroso caso de Bridey Murphy sumió a Estados Unidos en lo que la revista *Life* llamó un «hipnotismo», alimentando una fascinación nacional con la idea de la reencarnación.[2]

Olvídese del cielo y el infierno; su caso y otros similares se citan como prueba de que después de la muerte, las personas renacen repetidamente en una nueva vida. En efecto, se estima que 1.400 millones de personas en todo el planeta adoptan esta perspectiva radicalmente diferente de la otra vida.[3] Sin embargo, ¿es la reencarnación verdadera?

La locura de Bridey Murphy floreció en la década de 1950, después de que un ama de casa nacida en Chicago de veintinueve años llamada Virginia Tighe fuera puesta repetidas veces en trance por el hipnotizador Morey Bernstein, un promotor de la reencarnación.

Mientras estaba bajo hipnosis, Virginia sorprendió a los oyentes al afirmar que era Bridey Murphy, nacida en 1798 de sus padres Duncan y Kathleen Murphy, en la ciudad irlandesa de Cork.

Hablando en un ligero acento irlandés, describió su educación y posterior matrimonio a los veinte años con Sean Brian Joseph MacCarthy. Él se convirtió en abogado en 1847 y también enseñó en la Universidad de Queens en Belfast. No tuvieron hijos. A los sesenta años, Bridey sufrió fracturas de huesos en una mala caída. Ella «se marchitó» y murió a la edad de sesenta y seis años.[4]

«Bernstein, así como los demás que asistieron a las sesiones [hipnóticas], hallaron varias de las características de las respuestas de Bridey abrumadoramente convincentes», dijo Paul Edwards en su libro *Reincarnation*. «Su acento irlandés parecía completamente genuino. Utilizaba constantemente palabras extrañas en irlandés y parecía poseer una gran cantidad de información sobre la Irlanda del siglo diecinueve».[5]

En un momento, ella incluso bailó un *gig* irlandés. «El episodio fue doblemente impresionante, porque se sabía que Virginia era una mala bailarina», señaló Edwards. «Tampoco le gustaba leer libros, y según el relato de Bernstein, no hay evidencia de que alguna vez se hubiera dedicado al estudio de la historia y las costumbres irlandesas. Cuando las cintas se volvieron a reproducir para Virginia y su esposo, se convencieron de que sus recuerdos eran auténticos. Ninguno había creído en la reencarnación antes de las sesiones hipnóticas, pero no podían concebir ninguna otra explicación acerca del material de las cintas».[6]

Su caso fue reportado en los medios y se convirtió en sensación nacional. El libro de Bernstein de 1956, *The Search for Bridey Murphy*, alcanzó el número uno en la lista de *best sellers* del *New York Times*, fue posteriormente traducido a treinta idiomas y condensado en más de cuarenta periódicos. El *New York Times* lo llamó «clásico parapsicológico».[7] Las fiestas de disfraces de Bridey Murphy, en las que se invitaba a la gente a «venir como *eras*», estallaron en todo el país. El libro *Psychic Voyages* de *Time-Life* llamó a Bridey Murphy la «superestrella de todos los tiempos» entre los casos de vidas anteriores recuperadas mediante hipnosis.[8]

«La moda de Bridey Murphy alcanzó un clímax trágico», dijo Edwards, «cuando un vendedor de periódicos de diecinueve años en Shawnee, Oklahoma, se disparó con un rifle y dejó una nota que decía: "Tengo curiosidad por la historia de Bridey Murphy, así que voy a investigar la teoría en persona"».[9]

Desde el fenómeno de Bridey Murphy, el entusiasmo por la reencarnación solo ha crecido en la cultura popular, gracias en parte a artistas notables que profesan tener vidas pasadas.

«Sé que debo haber sido una variedad de personas en muchas épocas diferentes», dijo la actriz Shirley MacLaine.[10] Ella afirmó, por ejemplo, que había sido un bufón de la corte que fue decapitado por Luis XV «por contar chistes impertinentes».[11] El actor Sylvester Stallone dijo que compartió un destino similar en una existencia anterior, habiendo sido decapitado durante la Revolución Francesa. Ah... y agregó que muy bien pudo haber sido un mono en Guatemala.[12]

La cantante del género *country* Loretta Lynn cree que ha reencarnado al menos media docena de veces, incluso como una princesa Cherokee y una sirvienta de un rey de Inglaterra.[13] Pero la actriz ganadora del Globo de Oro, Anne Francis, lo superó todo. Ella declaró: «¡Yo fui la madre de María Magdalena!».[14]

Salvación, condenación o reencarnación

La creencia en la reencarnación ha tenido un impacto profundo en todo el mundo. Dijo William Alger, conocido por su trabajo en religiones comparadas: «Ninguna otra doctrina ha ejercido una influencia tan extensa, controladora y permanente en la humanidad como la de la metempsicosis [o reencarnación]: la noción de que cuando el alma abandona el cuerpo nace de nuevo en otro cuerpo, y su rango, carácter, circunstancias y experiencia en cada existencia sucesiva dependen de sus cualidades, hechos y logros en sus vidas anteriores».[15]

Las raíces de la reencarnación son profundas en la historia. En el siglo sexto A. C., el filósofo griego Pitágoras creía en alguna forma de transmigración del alma humana.[16] Escribiendo en el siglo cuarto A. C., Platón describió el «renacimiento continuo»[17] del alma y dijo que «haciendo el uso correcto de las cosas recordadas de la vida anterior, perfeccionándose constantemente en los misterios perfectos, el hombre se vuelve verdaderamente perfecto».[18]

En el Bhagavad Gita («La canción de Dios»), las escrituras hindúes que se remontan entre 2.200 y 2.400 años, el dios Krishna le asegura a su discípulo Arjuna que es innecesario sentir pena por la muerte de alguien. Krishna dijo: «La muerte es inevitable para los vivos; el nacimiento es inevitable para los muertos... El Yo de todos los seres, que vive dentro del cuerpo, es eterno y no puede ser dañado. Por lo tanto, no se aflija».[19]

El *Diccionario Merriam-Webster* (en inglés) ofrece una definición breve de reencarnación: «renacimiento en nuevos cuerpos o formas de vida, especialmente el renacimiento de un alma en un nuevo cuerpo humano».[20] La mayoría de las modalidades de la reencarnación también incluyen animales. En latín, la palabra *reencarnación* significa literalmente «volver en la carne».[21]

Un escritor lo resumió de esta manera: «Casi mil millones de hindúes durante miles de años han tenido una visión cíclica de la vida. Usted nace. Vive. Muere. Y debido a que nadie es perfecto, su alma nacerá de nuevo y seguirá naciendo de nuevo hasta que las impresiones kármicas negativas en su alma llena de malos pensamientos, palabras o acciones hayan sido borradas».[22] En muchas versiones, el destino final no es el paraíso; más bien, es ser absorbido por lo Absoluto o el Vacío.

Sin embargo, esas breves definiciones solo insinúan la complejidad del tema. Un libro presenta no menos de diez modelos distintos de reencarnación.[23] El hinduismo, el budismo, el jainismo y el sijismo ofrecen cada uno sus propias variaciones sobre el tema de la reencarnación, sin mencionar las permutaciones de la doctrina en las creencias occidentales contemporáneas e incluso en las tradiciones tribales africanas.

Aun así, se pueden identificar algunos hilos comunes tanto en la perspectiva oriental como en la occidental. Por ejemplo, el teólogo Norman Geisler dijo que todas ellas comparten la creencia de que la raza humana al fin se perfeccionará; que el progreso hacia la perfección se realiza a través de múltiples renacimientos; que las vidas pasadas de uno influyen en el tipo de vida que tendrá en encarnaciones futuras (llamado la ley del karma); que el yo sobrevive a través de sucesivas vidas después de la muerte; que los cuerpos en los que ocurren las reencarnaciones son perecederos; y que hay múltiples mundos en los que pueden ocurrir las reencarnaciones.[24]

Algunos defensores de la reencarnación sostienen que sus creencias están respaldadas por evidencias. Por ejemplo, señalan casos como el de Bridey Murphy, en los que las personas bajo hipnosis recuerdan misteriosamente vidas anteriores. Esas regresiones hipnóticas son en realidad «bastante comunes» y pueden ser «muy impresionantes», dijo Edwards.[25]

También hay casos en los que las personas, por lo general jóvenes, recuerdan espontáneamente detalles de una existencia anterior. El investigador más vigoroso en esta área ha sido Ian Stevenson, profesor de psiquiatría y director de la división de parapsicología de la Universidad de Virginia, que ha recopilado más de mil ejemplos.[26]

Otros reencarnacionistas señalan a los niños prodigio, afirmando que los pequeños que muestran un talento extraordinario a una edad tierna podrían ser el resultado de haber aprendido esas habilidades en una vida anterior. ¿De qué otra manera, preguntan, podemos explicar que Mozart compusiera música a los cuatro años?

De manera similar, es común que las personas experimenten un *déjà vu*, la extraña sensación de que han escuchado algo o han estado en algún lugar antes. Tres cuartas partes de los participantes en una encuesta informaron que habían tenido un episodio de esa naturaleza.[27] ¿Podría ser eso realmente un eco de nuestra preexistencia?

Además, hay ejemplos de *xenoglosia* (literalmente, «lengua extranjera»), que es cuando las personas pueden leer o hablar en un idioma extranjero que no aprendieron en su vida actual. El teólogo luterano Hans Schwarz dice que cuando las personas conversan en el otro idioma, esto constituye la evidencia más impresionante de una vida anterior.[28]

«Jesús enseñó la reencarnación»

Sin embargo, si el cristianismo es verdadero, como argumentó el académico Chad Meister en un capítulo anterior, ¿no descarta eso automáticamente la reencarnación como una posibilidad viable? Después de todo, Hebreos 9.27 dice que «está establecido que los seres humanos mueran una sola vez, y después venga el juicio». No hay repeticiones. No hay que trabajar en pro de la perfección a través de una sucesión de vidas.

Bueno, espere un momento. Hay escritores que sostienen que la reencarnación es en realidad congruente con las enseñanzas de la Biblia, e incluso que fue originalmente parte de la doctrina cristiana. Lo curioso es que una encuesta reveló que un asombroso veinticuatro por ciento de los cristianos en Estados Unidos ya cree en la reencarnación.[29]

«Jesús enseñó la reencarnación», declara Herbert Bruce Puryear, psicólogo y ministro de una iglesia interdenominacional en Arizona. «Las enseñanzas de Jesús y el concepto de la reencarnación están tan profundamente entrelazados que forman parte del mismo tapiz».[30]

Quincy Howe Jr., quien obtuvo su doctorado en la Universidad de Princeton, dijo que el Nuevo Testamento (apuntando a Juan 9:1-3) ofrece «apoyo incontrovertible para una doctrina de la preexistencia humana» y que «se puede argumentar plausiblemente que Jesús y Juan el Bautista aceptaron la reencarnación».[31]

Geddes MacGregor, distinguido profesor emérito de filosofía en la University of Southern California, dijo que «hay un apoyo notable para [la doctrina de la reencarnación] en las Escrituras, en los Padres y en la literatura cristiana posterior» y que las ideas sobre la reencarnación «aparecen de forma inesperada y persistente en la historia del pensamiento cristiano». ¿Por qué no es esto más conocido? Él especula que esas creencias han sido ahogadas por «ignorancia, prejuicio, confusión intelectual o miedo».[32] MacGregor señala que aunque la palabra *reencarnación* no se encuentra en la Biblia, tampoco aparece la palabra *Trinidad*, y sin embargo la enseñanza bíblica en general apoya la naturaleza trina de Dios. «No hay ninguna razón para que la doctrina de la reencarnación no *pueda* ser un caso similar», expresó.[33]

¿Qué pasa con estas afirmaciones? ¿Hay evidencia que apoye realmente a esas creencias sobre la reencarnación? ¿Podrían los renacimientos múltiples ser una mejor descripción de la otra vida que el cielo y el infierno? ¿Les da la Biblia credibilidad a las vidas repetidas? En otras palabras, ¿puede una persona ser un cristiano auténtico y aun así creer en la reencarnación?

Mientras reflexionaba en estas preguntas, me vino a la mente el nombre de un erudito. Me conecté a Internet y reservé un vuelo a Denver para visitar otra vez la apretada y abarrotada oficina de libros del célebre filósofo Douglas Groothuis.

Entrevista #7: doctor Douglas Groothuis

La última vez que me reuní con Groothuis hace varios años, su esposa estaba muriendo de un trastorno cerebral poco común. Acudí a entrevistarlo para mi libro *El caso de los milagros*, específicamente para un capítulo acerca de por qué algunos milagros no ocurren a pesar de nuestras súplicas a Dios.[34] Fue una de las conversaciones más profundas que jamás haya tenido. Groothuis escribió más tarde el libro *Walking through Twilight*, que es una obra maestra sobre el tema del lamento.[35] Su esposa, Becky, murió poco después de la publicación de su obra.

Fueron días sombríos para Groothuis. Incluso comenté durante la entrevista que parecía exhausto. «Lo *estoy*», respondió. «Es una lucha diaria».[36]

Esa época dejó una huella imborrable en Groothuis, pero afortunadamente la vida ha progresado para él. Se enamoró de una mujer que conocía desde la secundaria y se casaron. Perdió treinta kilogramos. Se afeitó su rala barba. Aunque tiende naturalmente hacia una personalidad melancólica, ahora es más optimista. Sonríe con frecuencia. «Estoy aprendiendo a ser feliz de nuevo», dijo.

Busqué a Groothuis, primero, porque es un filósofo de gran prestigio. Él obtuvo su doctorado en la Universidad de Oregón y es profesor de filosofía desde hace mucho tiempo en el Seminario de Denver. Entre sus once libros se encuentra *Apologética cristiana* de 752 páginas, una descripción general completa de los argumentos a favor de la fe.[37]

Su libro *Philosophy in Seven Sentences* desarrolla creativamente las observaciones fundamentales de pensadores occidentales tan notables como Sócrates, Aristóteles y Kierkegaard.[38] Su galardonado libro *Truth Decay* defiende persuasivamente al cristianismo contra la posmodernidad.[39] Sus artículos académicos aparecen en numerosas revistas profesionales.

Sin embargo, en segundo lugar, busqué a Groothuis porque fue uno de los primeros filósofos cristianos de la era actual en criticar las religiones orientales y su influencia en el floreciente movimiento de la Nueva Era. Su libro *Unmasking the New Age* se publicó en 1986; fue seguido dos años más tarde por *Confronting the New Age*; y luego *Revealing the New Age Jesus* vino dos años después de eso.[40] Su experiencia en doctrinas orientales esenciales como la reencarnación y la ley del karma es lo que finalmente me atrajo a su oficina en el seminario.

Nuestra conversación se desarrolló un soleado atardecer de un viernes, justo antes de que Groothuis llevara a su esposa, Kathleen, a visitar su estado natal de Alaska durante el verano. Acerqué una silla a una pequeña mesa redonda y coloqué una grabadora entre nosotros.

«Estaba totalmente convencido de la reencarnación»

Comencé preguntándole a Groothuis qué lo impulsó, como erudito cristiano, a investigar la filosofía oriental y el movimiento de la Nueva Era hace más de treinta años y, francamente, su respuesta me asombró.

—Porque yo mismo creía en la reencarnación —fue su respuesta.

—¿De veras? —dije—. Cuénteme sobre eso.

—Cuando era adolescente me interesé por la espiritualidad oriental, puesto que algunos de los músicos que me gustaban estaban muy influenciados por el misticismo oriental —explicó—. Luego, en la universidad, aprendí sobre el hinduismo y el budismo. Leí libros sobre lo oculto y lo paranormal. Quedé bastante fascinado con esas ideas. Así que durante aproximadamente un año estuve totalmente convencido de la reencarnación.

—¿Y qué pasó luego?

—Después de convertirme en cristiano, me di cuenta de que las enseñanzas de Jesús eran incompatibles con las religiones orientales, así que pasé años desandando y revisando esas ideas que alguna vez me habían interesado tanto. Luego de examinarlas más a fondo, me di cuenta de que no estaban respaldadas por la evidencia.

—¿Puede ver por qué ideas como la reencarnación tienden a capturar a tantos estadounidenses?

—Oh, seguro —dijo—. Ellos consideran que la reencarnación les da una sensación romántica y aventurera. Medite en ello: usted tuvo una vida antes; podría vivir de nuevo. ¿Quién sabe qué escapadas podría hacer? En el pasado, Shirley MacLaine habló sobre sus vidas anteriores y todas las cosas que experimentó. Dijo que había sido profesora en la Atlántida antes de que se hundiera. Dio detalles vívidos, como cuando fue decapitada por Luis XV, su cabeza cortada aterrizó boca arriba y una gran lágrima salió de uno de sus ojos.[41] ¡Eso es lo que pasa en la gran pantalla!

»Pero, por supuesto, esa es una visión de la reencarnación completamente no hindú ni budista. La enseñanza clásica es que usted quiere *dejar* de reencarnar y alcanzar la iluminación. No desea volver. Su objetivo es salir de la llamada rueda del sufrimiento.

—Lo cual haces... ¿de qué manera?

—A través de la ley del karma, que es una especie de causa y efecto moral. Hay karma bueno y karma malo, pero al final usted querrá salir de la rueda del karma por completo al iluminarse.

—En otras palabras —dije—, la idea del karma es que uno cosecha lo que siembra. Parece justo.

—Bueno, los estadounidenses tienden a verlo como una forma infinita de superarse de una vida a otra. Importan del cristianismo la idea de que vale la pena vivir la vida y verla como una aventura. Sin embargo, la visión clásica hindú o budista ve la vida como enfermedad, decadencia, decepción e injusticia.

—Algunas personas piensan que el nirvana, la meta de la reencarnación, es el equivalente al cielo —observé.

—En realidad, no hay cielo involucrado. El nirvana se ha descrito como lo que queda cuando uno apaga una vela, por lo que es la extinción del yo. No hay nadie. No hay ningún individuo. No hay relación con nada. Debemos ser apagados, no tener deseos.

»En contraste, el cielo es un mundo de relaciones restauradas, y como señaló Jonathan Edwards, es un lugar de amor puro: objetos encantadores, gente amorosa, relaciones agradables. Estaremos con Dios, que es amor, en comunión franca y en una creación restaurada. El amor requiere que las personas se preocupen las unas por las otras. No tienes nada comparable a eso en el budismo ni en el hinduismo. Nirvana es... bueno, es realmente el olvido.

Insoportable, irracional y falso por lógica

Metí la mano en mi maletín para sacar algunas notas.

—El físico británico Raynor Johnson hizo una declaración audaz —dije, pasando las páginas hasta que encontré la cita—. Él declaró rotundamente: "La idea de la reencarnación no presenta dificultades lógicas".[42]

Puse mis papeles sobre la mesa.

—Esa es una afirmación bastante inequívoca —observé—. ¿Tiene razón?

La respuesta de Groothuis fue rápida.

—En lo absoluto —dijo—. Sinceramente, las creencias clásicas de la reencarnación enfrentan una serie de obstáculos filosóficos. Fatales, en mi opinión.

Le hice un gesto para que continuara.

—Por favor, deme algunos ejemplos.

—Primero —dijo sentándose con la espalda recta en su silla—, para que la reencarnación y el karma sean verdaderos, debe haber yoes individuales y personales que perduren y continúen como ellos mismos de una vida a otra.

—Sin lugar a dudas.

—Bueno, eso es un problema para el budismo y el hinduismo advaita vedanta.[43] Ellos no creen en la existencia de un yo personal e individual. Eso significa que no pueden sustentar lógicamente la existencia de un yo que perdura de una vida a otra. Sin almas, no hay posibilidad de reencarnación. Por eso, esas religiones son lógicamente incongruentes y por lo tanto necesariamente falsas.

Hizo una pausa por unos momentos para dejar que su argumento fuera captado y luego continuó.

—También hay problemas con la enseñanza estándar de que hemos reencarnado un número infinito de veces en el pasado —dijo—. Verá, es imposible atravesar un pasado real infinito. Es como dice el filósofo William Lane Craig en los debates sobre el origen del universo: pasar de un pasado infinito al ahora sería como saltar de un pozo sin fondo; nunca llegarías al *ahora*. Y sin embargo, estamos aquí. Así que la idea de un número infinito de vidas pasadas también es lógicamente incoherente.

Groothuis centró su atención en el karma, comenzando porque el hinduismo y el budismo lo describen como algo parecido a una ley científica. De hecho, el hindú G. R. Malkani, director durante mucho tiempo del Instituto Indio de Filosofía y editor de *Philosophical Quarterly*,[44] dijo que el karma «produce automáticamente los resultados apropiados como cualquier otra ley en el dominio natural». Y añadió: «Nadie puede engañar a la ley. Eso es tan inapelable como cualquier ley natural».[45]

—En realidad, el karma no es como la ley de la gravedad, que es una ley impersonal de la naturaleza —explicó Groothuis—. La gravedad es parte de cómo Dios afinó el universo. No toma decisiones. La gravedad funciona aunque no haya nadie allí para operarla. Pero con el karma, estamos hablando de una ley *moral*, una categoría totalmente diferente.

»Las leyes morales se basan en juicios morales, y si usted está hablando de recompensas y castigos, necesita tener un evaluador y un administrador. Si el karma es cierto, entonces es un sistema increíblemente complicado que debe implementarse. ¿Cómo lo explica aparte de una mente o entidad detrás de él?

»Ahora, algunos han tratado de evitar eso. La teósofa británica Annie Besant popularizó la idea de "los señores del karma", que supuestamente son seres que reparten el karma. Sin embargo, la mayoría de los reencarnacionistas no aceptan eso.

De hecho, acabo de leer *Life after Death*, del místico y favorito de los medios de comunicación Deepak Chopra. Él dijo que no es necesario invocar la idea de los señores del karma. ¿Por qué? «Los cálculos específicos [para el karma] los hace el universo mismo», dijo.[46]

—Vamos a estar claros —agregó Groothuis con una sonrisa—, si usted tiene que evocar una idea aislada como los señores del karma para rescatar una teoría, eso muestra la debilidad inherente de la teoría. Chopra simplemente está ignorando un problema evidente.

»También está el problema de que no recordamos nuestras vidas pasadas —continuó—. ¿Qué tan justo es que me castiguen por algo que ni siquiera puedo recordar? ¿Cómo puedo mejorar de una vida a otra si no puedo recordar lo que hice anteriormente? Hay algo disfuncional en eso. Además, el karma dice que no hay sufrimiento injusto. En última instancia, todos obtienen lo que se merecen. Eso me parece contradictorio.

—¿Por qué?

—Piense en los niños inocentes que sufren. Hay una niña en mi iglesia que ha sido ciega y discapacitada desde que nació. ¿De verdad quiere mirar a la pequeña Greta, a quien todos aman, y decir que hizo algo malvado en una existencia anterior y por lo tanto, merece sufrir completamente en esta vida?

»Sería reprobable que un ministro reencarnacionista le dijera a una madre afligida que la muerte de su hijo severamente deformado fue merecida por algún mal realizado en una vida anterior. Como dijo Paul Edwards, si él fuera esa madre y tuviera a mano un bate de béisbol, golpearía al ministro en la cabeza y le diría: "Se merece que le duela, no por un pecado en una vida anterior, sino porque usted es un monstruo en este momento".[47]

Todo esto trajo otra objeción a la mente de Groothuis.

—Y por cierto, tal vez ni siquiera deberíamos intentar ayudar a las personas que están sufriendo. ¿Por qué aliviarles el dolor? ¿Por qué intentar eliminar la pobreza? Después de todo, esas personas obtienen lo que se merecen. De hecho, estaría mal ayudarlos, porque necesitan pagar su karma malo. Al intervenir para ayudarlos, en realidad los estamos perjudicando al impedir el proceso.

La conclusión de Groothuis fue rápida.

—En mi opinión —dijo—, la noción del karma es lógicamente insoportable, y por lo tanto irracional y falsa.

El fantasma de Bridey Murphy

Si la reencarnación es lógicamente incoherente, ¿qué pasa con la evidencia que sus proponentes citan a su favor? ¿Cómo respondería Groothuis a los casos en los que la gente recuerda detalles de vidas pasadas?

Revolví mi maletín, buscando mi primera edición de 1956 de *La búsqueda de Bridey Murphy*, un libro encuadernado en pasta dura con la cubierta amarillenta que todavía tenía el precio original de 3,75 dólares. Le pagué a un comerciante de libros raros doce veces esa cantidad por ese ejemplar histórico de la tirada inicial.

Incluso en la actualidad, la saga de Bridey Murphy influencia a las personas hacia la reencarnación. En 2018, un crítico en línea escribió: «Leí este libro cuando tenía quince años. El mismo marcó el rumbo de mi camino espiritual. Recientemente lo leí de nuevo... [y] todavía me inspiró y nuevamente influyó mucho en mi vida». Otro lector agregó: «Todavía parece oportuno».[48]

Cerré mi maletín. Resulta que había olvidado llevar el viejo libro. Bueno, no importa. Sabía que Groothuis no necesitaría un objeto para recordar una historia tan infame. De hecho, cuando comencé a abordar el tema de una mujer estadounidense que supuestamente tenía una vida anterior en Irlanda, Groothuis intervino.

—Bridey Murphy —dijo.

—Correcto —respondí—. ¿No es una buena evidencia de la reencarnación?

Sin inmutarse, Groothuis desestimó el caso por completo.

—Es solo evidencia a primera vista, por lo que es necesario profundizar más —señaló—. Ese caso fue investigado a fondo y toda la evidencia podría explicarse sin la reencarnación.

¿Bridey Murphy *desacreditada*? De hecho, sí, esa es la conclusión de los expertos que han investigado el asunto con detenimiento. Como muchos ejemplos de regresión hipnótica, este caso simplemente se vino abajo una vez que fue examinado de cerca.

«El caso es una absoluta tontería», concluyó Paul Edwards.[49] Él dijo que cuando los verificadores de los hechos examinaron los registros irlandeses para tratar de corroborar la historia de Bridey Murphy, obtuvieron «resultados casi uniformemente negativos en todos los puntos de importancia».[50]

Bajo hipnosis, Virginia Tighe declaró que nació como Bridey Murphy el 20 de diciembre de 1798 en Cork, Irlanda, y murió un domingo de 1864 en Belfast, pero los registros locales no respaldaron esas afirmaciones. Los directorios de la ciudad de esa época no incluyen a la familia de Murphy. No hay constancia de ningún testamento de Murphy, aunque supuestamente su marido era abogado. Los periódicos de Belfast no publicaron ningún obituario sobre ella.

Recordó una ceremonia de boda en la iglesia de Santa Teresa, pero en ese momento no existía esa iglesia en Belfast. Indicó que vivía con su esposo en Dooley Road, pero nunca existió tal calle. Aseveró que asistió a la escuela diurna de la señora Strayne, pero no hay registro de tal lugar. Afirmó que su esposo enseñó en la Universidad de Queens, aunque nunca se ha mencionado a ningún miembro de la facultad con ese nombre.

Ella dijo que compró una camisola en «Cadenns House», pero aunque no hay registro de tal tienda en Belfast, había una con ese nombre en el vecindario de Chicago donde Tighe pasó su infancia. A pesar de que supuestamente estaba hablando como Bridey Murphy bajo hipnosis, el lenguaje de Tighe estaba salpicado de palabras exclusivamente estadounidenses que alguien de la Irlanda del siglo diecinueve nunca habría usado.[51]

Lo curioso es que se reveló que los padres con los que vivió durante la primera parte de su vida eran en parte irlandeses. Además de eso, la vecina del otro lado de la calle era una inmigrante irlandesa llamada Bridie Murphy Corkell.[52]

Después de analizar los datos, la revista *Life* dijo que no había nada en la historia de Bridey que no pudiera explicarse, «ya sea basándose en una coincidencia ocasional o en el recuerdo subconsciente de conversaciones escuchadas por alguien familiarizado con Irlanda alrededor de 1910».[53] Un destacado hipnotizador médico incluso dijo que la danza irlandesa que bailaba no sería difícil de reproducir para cualquiera que la hubiera visto en un teatro o una sala de cine.[54]

Además, el investigador Melvin Harris señaló que cuando era joven, Tighe probablemente conoció a «un verdadero ejército de personas» que se encontraban entre los millones que recorrieron una reproducción extensa de un pueblo irlandés, incluida una versión de tamaño completo de la Torre del Castillo de Blarney y una réplica de la Piedra de Blarney, allí mismo en la ciudad natal de Tighe en la Exposición Mundial de Chicago.[55]

«Por lo tanto, fácilmente podría haber adquirido toda su información sobre la Irlanda del siglo diecinueve sin leer un libro sobre el tema», dijo Edwards.[56] «Las cintas de Bridey Murphy eran absolutamente inútiles como evidencia de la reencarnación».[57]

Al final, la propia Tighe parece haber cambiado de opinión. Casi veinte años después del alboroto de Bridey Murphy, *Newsweek* publicó un artículo de seguimiento el 22 de noviembre de 1970, el cual decía que la regresión hipnótica de Tighe «ni siquiera la ha convertido en una firme creyente» en las vidas pasadas.[58]

Por lo tanto, ¿qué nos puede decir el infame caso de Bridey Murphy sobre la verdad de la reencarnación? Resulta que nada. Por supuesto, este fiasco no invalida por sí solo todos los demás relatos sobre las vidas pasadas. Sin embargo, es una advertencia sobre por qué debemos tener cuidado con la regresión hipnótica.

El peligro de la palabrería de la hipnosis

A fin de continuar con el tema, le pedí a Groothuis que explicara por qué desconfía de la hipnosis para obtener información precisa sobre vidas anteriores.

—La gente piensa que el subconsciente es como una película de cosas que han sucedido, o una especie de supermemoria que siempre transmite con precisión el pasado —explicó—. En realidad, el subconsciente no ensambla todo a la perfección. Está mezclado con fragmentos de cosas que hemos visto y experimentado. Así que tal vez una persona vio una película sobre el antiguo Egipto, y cuando un hipnotizador indaga sobre una vida anterior, la persona invoca una imagen de Cleopatra y piensa: *yo fui Cleopatra*.

Los científicos saben desde hace mucho tiempo que los sujetos a hipnosis son muy sugestionables y con frecuencia buscan decirle al hipnotizador lo que creen que quieren escuchar. Las señales sutiles de los hipnotizadores pueden influir enormemente en una respuesta.

El defensor de la reencarnación Ian Stevenson, psiquiatra también, dijo: «Cuando el hipnotizador dice: "Volverás antes de tu nacimiento a otro tiempo y otro lugar", el sujeto trata de complacerlo... Esas instrucciones le dicen al sujeto que debe recordar algo, y si no puede hacerlo con precisión, a menudo proporciona una declaración incorrecta para complacer al hipnotizador. La mayoría de los sujetos que hacen eso no se dan cuenta de que están mezclando verdad y falsedad en lo que le dicen al hipnotizador».[59]

Los psicólogos Kenneth Bowers y Jane Dywan, escribiendo en la revista *Science*, lo expresaron de esta manera: «Durante la hipnosis, estás *creando* recuerdos».[60]

En un estudio, los psicólogos canadienses se aseguraron de que un grupo de sujetos no pudiera recordar nada sobre una noche en particular. Luego hicieron una pregunta relevante bajo hipnosis: ¿escuchó un ruido que le despertó? La mitad del grupo respondió diciendo que habían escuchado algo. De hecho, «algunos estaban tan seguros que todavía afirmaban haber escuchado los sonidos incluso después de que les dijeron que el hipnotizador lo había sugerido».[61]

—Soy muy escéptico con respecto a las supuestas vidas pasadas descubiertas a través de la hipnosis —me dijo Groothuis—, especialmente debido a un fenómeno llamado *criptomnesia* (o *cryptoamnesia*).

—¿Lo cual es qué?

—Es cuando una persona capta información, pero luego olvida la fuente. Más tarde recuerda la información, pero cree que es de una vida anterior, ya que no recuerda de dónde provino. Por ejemplo, bajo hipnosis puede escribir en un idioma extranjero que de otra manera no conocería. La implicación es que ese era su lenguaje en una existencia anterior. Sin embargo, en realidad tal vez estuvo expuesta a algo de escritura en ese idioma en su pasado, pero simplemente lo olvidó.

Ciertamente, eso es lo que sucedió con un paciente del psiquiatra canadiense Harold Rosen. Bajo hipnosis, el sujeto comenzó a escribir en osco, un idioma extinto que se hablaba en el sur de Italia desde aproximadamente el 500 A. C. hasta el 100 D. C. Habría sido fácil suponer que aprendió ese idioma en una vida anterior, tal vez como un centurión romano en los días de Jesús.

Sin embargo, una hipnosis más a fondo obtuvo el hecho de que una vez estaba sentado en una biblioteca cuando alguien a su lado abrió un libro con la «Maldición de Vibia» en osco. Ha acertado, esa era la maldición que el paciente había reproducido.[62]

Muchos creen que el caso Bridey Murphy fue resultado de la criptomnesia, aunque algunos lo cuestionan.[63]

—A pesar de todo —dijo Groothuis—, este fenómeno puede explicar muchos casos en los que se presume innecesariamente que ha ocurrido la reencarnación.

Otras alternativas a considerar

El patrón, según dijo Groothuis, es bastante claro: las afirmaciones de evidencia de la reencarnación generalmente tienen otras explicaciones, y mucho más creíbles.

—En cuanto a los niños que recuerdan vidas pasadas, bueno, los niños tienen una imaginación creativa —señaló—. Muchos de esos casos provienen de India u otras sociedades que abrazan la reencarnación, por lo que los padres pueden estar animando a sus hijos a contar historias de vidas anteriores. Incluso Ian Stevenson es bastante modesto sobre lo que cree que muestra la evidencia.

Es más, Stevenson introduce su libro *Children Who Remember Previous Lives* diciendo que los estudios de casos que presenta no deberían convencer a ningún escéptico de que la reencarnación es verdadera. «Estaré contento», dijo, «si logro que la idea de la reencarnación sea *plausible* para personas que no lo han pensado».[64]

Él admite que incluso sus casos más fuertes tienen algunas debilidades, lo que llevó al crítico de la reencarnación Edwards a replicar: «Esto es una subestimación enorme. *Todos* tienen grandes agujeros, y ni siquiera comienzan a sumar un contrapeso significativo a la presunción inicial en contra de la reencarnación».[65]

—¿Qué pasa con los niños prodigio? —le pregunté a Groothuis.

—Las personas vienen al mundo con diversas habilidades. Algunos son genios que están muy por delante del resto de nosotros. ¿Por qué invocar esta elaborada doctrina de la reencarnación para explicar algo que parece tener explicaciones más naturales que pueden dar cuenta del fenómeno? Por lo general, optamos por la explicación más simple. Realmente se necesitarían pruebas poderosas y atestiguadas de manera múltiple para poner la reencarnación sobre la mesa como una realidad legítima.

—Y esa evidencia sólida no existe —dije.

—Precisamente. Que una persona tenga algún conocimiento sobre algo del pasado no significa que realmente haya vivido en ese entonces. Hay muchas formas en que se podría haber obtenido el conocimiento. Invocar la reencarnación sería un gran salto.

—¿Cómo responde usted a los casos de *déjà vu*? —le pregunté—. Los partidarios de la reencarnación dicen que estas experiencias apuntan hacia una existencia anterior.

—El *déjà vu* se puede explicar —respondió—. Una persona entra a un pueblo que nunca ha visitado y siente que ha estado allí antes. ¿Es porque vivió allí en una vida anterior? Bueno, eso es ser excesivamente imaginativo. ¿Y si hubiera tenido un sueño antes sobre un lugar similar? ¿O vio una escena semejante en una película o un programa televisivo que de otra manera hubiera olvidado?[66]

—Sin embargo, ¿qué pasa con los casos difíciles? —le pregunté a Groothuis—. Aquellos en los que alguien recuerda una vida anterior, y en efecto se confirman varios detalles mediante la verificación de datos y no hay una forma obvia de explicarlo. O casos de xenoglosia, en los que la gente habla en idiomas que aparentemente no ha estudiado. Estos no son tan fáciles de descartar.

—Hay explicaciones para cosas como la xenoglosa —respondió—. Quizás la persona estuvo expuesta a otro idioma a través de la televisión o escuchó conversaciones de parientes extranjeros cuando era un niño e inconscientemente lo entendió.

Stevenson hipnotizó una vez a una mujer que afirmaba haber vivido anteriormente en Ámsterdam durante el siglo diecinueve. Incluso empezó a hablar en holandés, un idioma que nunca había estudiado. En apariencia, este parecería ser un caso clásico de xenoglosia. Sin embargo, la xenoglosia fue refutada más tarde cuando Stevenson descubrió que ella hablaba alemán, un idioma que aparentemente había aprendido como turista.[67]

—Aun así —insistí—, hay casos que son más difíciles de explicar. Lo admitiría, ¿cierto?

—Por supuesto. Y a veces es posible que debamos considerar otras posibilidades.

—¿Cómo por ejemplo?

—Influencia demoníaca o posesión de algún tipo —dijo—. Ciertamente, la Biblia afirma que este tipo de cosas pueden suceder.[68] Y dado que la reencarnación aleja a las personas del evangelio cristiano, habría una motivación para que las fuerzas oscuras aviven esas llamas.

El filósofo Gary Habermas relata el caso de una novelista que dijo que había reencarnado más de una docena de veces. Solo más tarde se reveló que le habían proporcionado detalles históricos a través de su vínculo personal con un espíritu. Habermas dijo: «Esto sugiere... que las supuestas evidencias de la reencarnación podrían provenir de seres espirituales no humanos engañosos».[69]

—También ha habido casos de fraude total —prosiguió Groothuis—. Eso no explica muchos casos, pero siempre tenemos que estar mirando si alguien se está beneficiando con la propagación de las afirmaciones acerca de la reencarnación.

Groothuis organizó sus pensamientos antes de continuar.

—Consideremos algo más: tenemos evidencia poderosa y persuasiva de que el cristianismo es verdadero. Si Jesús realmente es el Hijo de Dios que murió por nuestros pecados, entonces su relato acerca de la otra vida es el más creíble de todos. Y la Biblia habla en términos de resurrección, no de reencarnación. Se necesitaría mucha más evidencia concreta sobre la reencarnación para revertir todo eso. Francamente, la evidencia no está ahí.

Me froté las manos.

—Ah, no obstante, ¿y si acaso el cristianismo realmente enseñara la reencarnación? —bromeé—. Seguramente eso cambiaría todo.

Una sonrisa.

—Sí —dijo Groothuis—. *Si acaso.*

Pasajes que desconciertan

Incredulidad, frustración, indignación: esos eran los sentimientos que percibía de Groothuis cuando le recitaba algunas de las afirmaciones de que Jesús enseñó acerca de la reencarnación. Finalmente, dejé mi libreta de notas que estaba leyendo y bromeé:

—Percibo que no cree eso.

—Es totalmente infundado —respondió suspirando—. Esas interpretaciones esotéricas, en las que la filosofía oriental se lee en las palabras de Jesús, son completamente engañosas. El objetivo de entender la Biblia es discernir la intención de los autores. Cuando hacemos eso, nos damos cuenta enseguida de que ninguno de ellos está enseñando sobre la reencarnación.

Rápidamente, Groothuis procedió a corregir errores clave cometidos por los defensores de la reencarnación. Por ejemplo, en Mateo 11:14, Jesús dice de Juan el Bautista: «Y, si quieren aceptar mi palabra, Juan es el Elías que había de venir». Esta es la cita que llevó a Shirley MacLaine a declarar que Jesús creía en la reencarnación.[70]

—En apariencia, eso puede parecer razonable, pero tenemos que ponerlo en contexto —dijo Groothuis—. Primero, el Antiguo Testamento dice que Elías no murió nunca, sino que fue llevado corporalmente al cielo.[71] Entonces, si Elías nunca murió, no podría haber reencarnado.

»Segundo, Jesús llevó a algunos discípulos a una montaña donde se transfiguró, su rostro brillaba como el sol, y luego aparecieron Moisés y Elías y hablaron con él.[72] Para entonces, Juan el Bautista ya estaba muerto. Si Juan hubiera sido el Elías reencarnado, entonces Elías no podría haber aparecido en el Monte de la Transfiguración.

Alcé la mano para interrumpirlo.

—Pero la versión Reina Valera dice que eso es una visión, lo que sugiere que Elías no estaba literalmente allí.[73]

—La palabra griega que se usa ahí, *horama*, se define mejor como algo que se ve con los ojos, no como una alucinación.[74] Las traducciones modernas reflejan eso[75] —dijo Groothuis—. Luego hay una tercera razón por la que Juan el Bautista no es el Elías reencarnado. Anteriormente, le preguntaron a quemarropa: "¿Acaso eres Elías?". Su respuesta es muy clara: "No lo soy".[76]

—Entonces, ¿qué quiso decir Jesús? —pregunté.

—Se refería a la función u oficio de Juan como profeta, no a su identidad como persona. Verá, un ángel había profetizado anteriormente que Juan vendría "con el espíritu y el poder de Elías".[77] Eso significaba que tendría el mismo oficio y función que Elías, y en ese sentido él *era* Elías. Ciertamente, tuvo un ministerio parecido al de Elías —su rostro se alteró—, ¿pero reencarnación? Definitivamente no.

Luego pasé al pasaje que Quincy Howe dijo que es el más persuasivo para los reencarnacionistas.[78] En Juan 9:1-3, Jesús y algunos discípulos se encontraron con un hombre ciego de nacimiento. Los discípulos preguntaron: «Rabí, para que este hombre haya nacido ciego, ¿quién pecó, él o sus padres?». Los defensores de la reencarnación dicen que la única forma en que pudo haber pecado habría sido en una vida anterior, ya que nació ciego.

Así que le dije a Groothuis:

—Howe declaró que ese incidente era un "apoyo incontrovertible para la doctrina de la preexistencia humana".[79]

—Bueno, permítame contradecir lo que él cree que es incontrovertible —dijo Groothuis—. Primero, los discípulos eran judíos; no creían en la reencarnación. Pero supongamos por un momento que lo hicieron. Note que Jesús nunca afirma lo que ellos dijeron. Él responde: "Ni él pecó, ni sus padres... sino que esto sucedió para que la obra de Dios se hiciera evidente en su vida".[80] Luego lo sanó. En otras palabras, Jesús estaba diciendo: "Chicos, están haciendo la pregunta incorrecta". Ciertamente, él no respaldaba lo que ellos dijeron.

»Además, en aquel tiempo los teólogos judíos creían que alguien podía pecar en el vientre de su madre. Eso sería pecado prenatal, es decir, antes del nacimiento, no antes de la concepción o en una vida anterior.[81]

—¿De veras? —pregunté—. Nunca había escuchado acerca de eso.

—Sí. Podemos estar en desacuerdo con ese tipo de pensamiento hoy, pero mi punto es que esa era la mentalidad judía en ese entonces. De modo que los discípulos se basaban en ese entendimiento, no en alguna noción de preexistencia. Insisto, lo que inicialmente parece un apoyo a la reencarnación se desmorona bajo el peso del análisis razonado.

La conspiración de Constantinopla

Al revisar la literatura sobre la reencarnación, descubrí que a menudo se propugnan teorías de conspiración. Una de ellas que es popular es la alegación de que la reencarnación fue eliminada de la Biblia en el Segundo Concilio de Constantinopla, en el año 553 D. C.

Por ejemplo, Kenneth Ring en *Heading toward Omega* afirma: «Aunque las variantes de esta doctrina eran aceptables y promulgadas por los primeros padres de la iglesia, la reencarnación fue declarada herética y eliminada del dogma cristiano en el siglo sexto».[82]

—¿Qué pasa con esa afirmación? —pregunté—. ¿Apoyaban realmente los padres de la iglesia primitiva la reencarnación?

—Absolutamente no —respondió—. Hay mucha desinformación por ahí.

—¿Cuál, específicamente?

—En Constantinopla no se borró nada de la Biblia —respondió—. Si hubieran borrado las enseñanzas sobre la reencarnación, ¿no cree usted que habrían eliminado las que los reencarnacionistas a menudo usan, como la del ciego de nacimiento y la de Juan el Bautista siendo Elías? Sin embargo, todavía están en la Biblia.

Dejó la pregunta en suspenso por un momento. Luego agregó:

—Lo que realmente sucedió en el concilio fue que se adoptaron quince anatemas o condenas contra un destacado erudito de la iglesia llamado Orígenes.[83]

—¿Porque enseñó la reencarnación?

—No, porque enseñó la preexistencia de las almas. Él creía que los espíritus humanos eran anteriores a su existencia en los cuerpos humanos, lo que no es bíblico. Nunca apoyó la reencarnación; es más, la rechazó explícitamente. En cierto momento dijo que la reencarnación "es ajena a la iglesia de Dios y no fue transmitida por los apóstoles, ni en ninguna parte establecida en las Escrituras".[84]

»Vamos a aclarar esto —continuó Groothuis—. Ninguno de los documentos del Nuevo Testamento o del Antiguo Testamento enseña sobre la reencarnación. Esa doctrina carece de raíces en el judaísmo o el cristianismo. Más bien, lo que se enseña de manera uniforme es la resurrección. Líderes de la iglesia primitiva como Ireneo, Justino Mártir, Jerónimo, Tertuliano, Gregorio de Nisa y Agustín, todos expresaron su oposición a la idea de la reencarnación.[85]

Por un momento, permaneció callado. Entonces algo más vino a su mente.

—Recuerde otra cosa: la ley del karma es la antítesis absoluta de la enseñanza de Jesús sobre la gracia —dijo—. El karma es una teología basada en las obras llevada al extremo. Una vida ni siquiera es suficiente para pagar todos nuestros pecados. Tenemos que seguir involucionando para deshacernos de nuestro karma malo de alguna manera.

»Sin embargo, la Biblia enseña que no podemos ganarnos nuestra salvación; más bien, esta es un don puro de la gracia de Dios. De modo que el karma y la gracia son como el aceite y el vinagre: no se pueden mezclar. La Biblia no puede contener ninguna enseñanza, como la reencarnación, que contradiga fundamentalmente el mensaje central de que Jesús murió en nuestro lugar con el fin de pagar por nuestros pecados y ofrecernos el perdón total como un regalo gratuito.[86]

»Por eso, hablando lógicamente, nadie puede ser un verdadero cristiano y creer en la reencarnación al mismo tiempo. Eso es incongruente. Es difícil imaginar a alguien que realmente confíe en Cristo como su Salvador y todavía vea la necesidad de la reencarnación. Si ha sido perdonado, ¿cuál es su necesidad de otra vida para resolverlo todo? Es como decir: "Creo en Jesús como mi Señor y Salvador, y voy a trabajar tan duro como pueda para tratar de llegar al cielo". No, eso no funciona de esa manera.

Sus ojos se encontraron con los míos.

—¿Caso cerrado? —preguntó.

—*Bueno, todavía no.*

El futuro de Becky

Dudé en cuanto a formular mi última pregunta. Quizás era demasiado personal. Tal vez era demasiado pronto. Respiré hondo y luego decidí seguir adelante y planteársela a Groothuis.

—La última vez que estuve en su oficina, su esposa Becky sufría de una enfermedad terrible, y por supuesto murió muy pronto después de eso —dije—. Por tanto, si usted tuviera que hacer una elección, si pudiera elegir entre la reencarnación o la resurrección como algo verdadero, ¿cuál de las dos opciones elegiría? ¿Le daría más consuelo saber que ella seguirá viviendo a través de vidas sucesivas o que ha ido directamente a estar con el Señor?

Al principio, Groothuis se mostró sombrío.

—Bueno, no hay competencia alguna —dijo, dejando asomar una pequeña sonrisa al pensar en ello—. Optaría por la promesa de las Escrituras: que Becky fue completamente perdonada de todos sus pecados por medio de la obra de Cristo en la cruz, que está con el Señor y algún día resucitará, que vivirá en un cuerpo libre de enfermedades en el cielo nuevo y la tierra nueva, por los siglos de los siglos.

»¿Cómo podría encontrar algún consuelo si ella reencarnara para vivir en un mundo caído y enfrentarse a la muerte una y otra y otra vez? Tal vez contraería otra enfermedad como la que tenía y tendría que padecer todo eso una vez más. Y luego, al final, ¿a qué se enfrentaría? Ella se extinguiría, se apagaría, dejaría de existir. No, no encontraría ningún consuelo en eso.

»Becky y yo encontramos esperanza a través de un amor abnegado en el corazón de esa realidad. Dios es amor. Dios ama tanto al mundo que envió a su Hijo a vencer la discapacidad, la enfermedad y la muerte, y ofrece la vida eterna como un regalo de su asombrosa gracia. Esa es la esencia del evangelio. Esa fue la fuente de nuestro aliento.

»¿Sabe?, cuando Becky estaba en su lecho de muerte, le leía algunos pasajes de la Biblia con el objeto de calmar su espíritu. A veces abría la Biblia en Apocalipsis 21.

Le dio un vistazo a la Biblia revestida de cuero negro que estaba sobre el escritorio redondo de madera frente al que nos encontrábamos sentados. La agarró y pasó a las palabras iniciales de ese capítulo, leyendo en voz alta:

Después vi un cielo nuevo y una tierra nueva, porque el primer cielo y la primera tierra habían dejado de existir, lo mismo que el mar. Vi además la ciudad santa, la nueva Jerusalén, que bajaba del cielo, procedente de Dios, preparada como una novia hermosamente vestida para su prometido. Oí una potente voz que provenía del trono y decía: «¡Aquí, entre los seres humanos, está la morada de Dios! Él acampará en medio de ellos, y ellos serán su pueblo; Dios mismo estará con ellos y será su Dios. Él les enjugará toda lágrima de los ojos. Ya no habrá muerte, ni llanto, ni lamento ni dolor, porque las primeras cosas han dejado de existir».[87]

Mis ojos se empañaron. Groothuis cerró el libro.

—Becky y yo encontramos consuelo en esas palabras, no solo por lo que prometen, sino también porque sus promesas son verdaderas —dijo—. Esto no es una ilusión, una fantasía, una leyenda o mitología. Es el futuro glorioso que les aguarda a todos los que ponen su confianza en Cristo.

Hizo una pausa.

—¿Reencarnación? No, como dije, no hay competencia. Resurrección, Lee, ese es el hermoso y amoroso futuro que nos espera.

CAPÍTULO 10

Al borde de la eternidad

Cómo enfrentar la muerte con la mirada puesta en el cielo

Al morir ponemos la firma en el retrato de nuestra vida.
La pintura se seca. El retrato está hecho. Listo o no.

—RANDY ALCORN, *THE LAW OF REWARDS*

Alguien llamó a la puerta principal de Matilde. Ella era la esposa de un exitoso contratista de obras en Argentina y estaba embarazada de su primer hijo en aquel momento. Abrió la puerta y la saludó un hombre británico que sostenía un libro bellamente encuadernado.

—*Buenos días, señora* —le dijo—. ¿Le gustaría un ejemplar de la Palabra de Dios?

Aunque asistía fielmente a misa y se confesaba periódicamente con su sacerdote, Matilde nunca había podido encontrar la paz que su alma ansiaba. Así que aceptó con gratitud las Escrituras en castellano y su reverencia por ese Libro Sagrado fue tan grande que insistió en leerlo de rodillas.

Mientras devoraba su mensaje, especialmente las palabras de Jesús, abrió su corazón de par en par a la oferta de perdón, limpieza y gracia que él le hacía. Al poco tiempo, se sintió inundada por la paz y la alegría que había buscado con tanto fervor.

Llena de gratitud, Matilde oró fervientemente por el hijo que crecía en su vientre. «Señor», suplicó, «¡quiero que sea un predicador del evangelio!».[1]

Dios respondió más allá de sus sueños más descabellados. Ahora, ochenta y cinco años después, yo estaba sentado con el hijo de Matilde, Luis Palau Jr., nacido poco después de que ella recibiera la Biblia. Durante más de seis décadas, su ministerio y él han difundido el evangelio de Jesucristo a mil millones de personas en todo el mundo.[2] Sí, leyó bien: mil millones de personas. El *New York Times* lo llamó «una de las principales figuras cristianas evangélicas del mundo».[3]

Y aquí estaba él, en el ocaso de su vida, muriendo de cáncer y a punto de reunirse con su amada madre y su padre en el cielo.

—No puedo esperar —dijo en voz baja, con los ojos húmedos.

Palau sufría de cáncer de pulmón incurable en la cuarta etapa. Los médicos le habían dado como máximo un año de vida, aunque después de una quimioterapia intensiva logró superarlo. No fue hasta unos meses después de nuestra conversación que finalmente se fue a casa en el cielo. Es comprensible que su terrible diagnóstico despertara profundos pensamientos sobre la vida después de la muerte.

¿Qué pasa por la mente de alguien cuando se está preparando para dar el paso hacia la eternidad? ¿Qué ideas podría brindarnos este héroe mío de toda la vida? ¿Cómo podría su experiencia ayudarnos a usted y a mí cuando lleguemos al final de nuestro tiempo en esta tierra? ¿En qué se ve diferente el cielo cuando está a la vuelta de la esquina?

Esas preguntas me impulsaron a volar a Oregón para pasar el día con Palau y su esposa, Patricia, en su modesta casa en Portland. Sus hijos Kevin y Andrés, ambos líderes en su ministerio, pasaron por allí. Hablamos en el comedor, disfrutamos de unos sándwiches en la cocina, contamos algunas historias, recordamos, reímos, oramos... y yo derramé algunas lágrimas, al igual que Luis.

«Me siento como si estuviera a las puertas del cielo», dijo en un momento dado. «Llamo a la puerta, pero aún no es hora de entrar. Aunque pronto. Tal vez muy pronto».

Entrevista #8: Luis Palau

Los números y los hechos sobre Luis Palau son bien conocidos. Palau era solo un niño cuando su padre murió, sumiendo a su familia en la pobreza. Ascendió hasta convertirse en «el Billy Graham de América Latina», un evangelista infatigable cuyo ministerio llevó al menos a un millón de personas al reino de Dios a lo largo de los años.

Influyó en presidentes y papas; habló en setenta y cinco naciones; sus elaborados festivales predicaban a Jesús en las principales ciudades; su programa de radio se escuchó en español e inglés en 4.200 estaciones en casi cincuenta países; y escribió una serie de libros, incluido *Diálogo amistoso entre un ateo chino y un cristiano argentino*, del que fue coautor con un antiguo funcionario comunista chino. Su reciente memoria espiritual, *La autobiografía de Luis Palau*, se centra en personas clave que influyeron en su vida, y el largometraje de 2019, *Palau: la película*, retrata la inspiradora historia de sus primeros años de vida y su ministerio.

Palau conoció a su esposa, aspirante a misionera, mientras asistían a la Escuela de la Biblia de Multnomah (hoy Universidad de Multnomah), en Portland, Oregón. Ahora se acercaban a su sexagésimo aniversario de bodas, aunque calcularon que habían estado separados un total de quince años mientras él había estado ausente en compromisos evangelísticos.

Todo eso es de conocimiento público dentro del evangelicalismo, en el que Palau es una figura respetada. Lo que es menos conocido fueron sus esfuerzos para hablarle a las personas una por una acerca de Jesús, ya fuera a un ayudante de camarero hispano en un café mexicano, o a un joven empleado de una tienda de comestibles, o especialmente a su numerosa y creciente familia.

Vi esto de cerca a principios de la década de 1990, cuando mi asociado ministerial Mark Mittelberg y yo cenamos con Palau en un restaurante rústico en los suburbios de Chicago. En algún lugar entre la trucha arcoíris y la manzana crujiente, como si de repente se sintiera atrapado por un impulso urgente, Luis extendió la mano y apretó nuestros antebrazos.

«Amigos, tengo un favor que pedirles», dijo con su acento argentino. «¿Orarían por mi hijo Andrés? Está apartado del Señor y estamos muy preocupados por él».

No estábamos seguros de si Palau pretendía que dejáramos los tenedores y oráramos en ese mismo momento, pero cuando Luis Palau le pedía a uno que orara, ¡uno lo hacía de inmediato! Por la gracia de Dios, Andrés, el tercero de sus cuatro hijos, terminó llegando a la fe varios años después.[4]

Es más, cuando Andrés nació en 1966, su abuela le hizo una predicción espontánea a su yerno Luis: «¡Este va a ser evangelista!». Efectivamente, hoy Andrés es el sucesor de la predicación de Luis en la Asociación Luis Palau.

Siempre había admirado la pasión de Luis por Jesucristo, su fidelidad a la Biblia, su intrépida proclamación del evangelio y su atractivo énfasis en el amor de Dios. No obstante, tengo que decir que la preocupación paternal sin complejos que mostró ese día en un restaurante abarrotado fue lo que realmente me hizo apreciarlo.

En este día de la entrevista, el cabello negro de Palau se había entregado por completo a las canas; su rostro se veía demacrado. Su energía legendaria estaba decayendo, y subir un tramo corto de escaleras lo dejó sin aliento. Después de nuestro encuentro, me envió un mensaje de texto: «Disculpa si me encontraba muy cansado. Desde los primeros tratamientos, el cansancio es uno de los efectos secundarios inquebrantables. Gracias por tu paciencia».

Aun así, si quería ver estallar el entusiasmo de Palau, todo lo que tenía que hacer era contarle la historia de alguien cuya vida había sido transformada de forma radical por Jesús. Invariablemente, le gritaba emocionado a Pat, en la habitación contigua: «Cariño, ¿has oído esto? ¡Ven a escuchar lo que ha hecho el Señor!».

«Que es muchísimo mejor»

Palau y yo iniciamos el día sentados uno frente al otro en la mesa de su comedor. Estaba vestido de manera informal con un suéter azul oscuro, una camisa a cuadros y pantalones color caqui. Cuando confesé que me sentía incómodo, incluso sombrío, por haber acudido a hablar con él sobre la muerte, Palau hizo caso omiso de mis preocupaciones.

—Le cuento a la gente que me estoy muriendo y me contestan: "Oiga, qué clima el que tenemos" —me dijo—. A las personas no le gusta hablar de la muerte, pero eso es lo que quiero hacer. Así que no se sienta mal por mencionarlo.

Mostró una sonrisa tranquilizadora y añadió:

—Creo que eso me ayuda.

—¿Cómo obtuvo el diagnóstico?

—Regresé de un viaje con un resfriado que no se me quitaba. Mi médico me dijo que estaría bien, pero luego, al final, comentó: "Bueno, solo para estar seguros, hagamos una radiografía". Miró la radiografía y dijo: "Caramba, no me gusta esto. Se ve mal". Pensé que debía ser un error, pero me envió a un oncólogo.

—¿Qué dijo el especialista?

—Bueno, fue directo. Declaró: "Lo siento, pero está en etapa 4. Es incurable. La cirugía no funcionará. Le daré un tratamiento para que su vida sea lo más agradable posible, pero en nueve o doce meses se habrá ido. Si no se somete al tratamiento, morirá en cuatro meses".

—¡Debió quedar sorprendido!

—Así fue. Nunca había estado en el hospital ni un solo día. Casi nunca tomé una aspirina y luego, de repente, ¡boom! Uno está de salida. Eso te paraliza.

—¿Cuáles fueron sus primeros pensamientos?

—Fueron casi infantiles, de verdad. Pensé: *No podré levantar el teléfono y hablar con Pat o los chicos.* Eso me entristeció. Luego pensé: *¿Tengo todos mis documentos y cosas financieras en orden para Pat?*

—Cosas prácticas.

—Exacto —dijo—. Y desde entonces me estoy poniendo un poco llorón. No es que esté especialmente triste o llorando todo el tiempo, pero las cosas conmovedoras me hacen llorar. Los nietos. Recuerdos nostálgicos. Cosas que echaré de menos. Las lágrimas brotan. Puede ser vergonzoso.

—¿Oró por la curación?

—En realidad, no lo hice. Hay que morir de algo, y ya tengo ochenta y tantos años.

—¿Le preguntó a Dios por qué permitía esto?

—Sí, uno se pregunta por qué. Pero piense en esto. Trabajamos durante quince años para transferirles el ministerio a Kevin y Andrés, pero yo todavía mantenía el pie en la puerta. Ahora esto se volvió urgente, tuve que apartarme por completo y dejar que ellos lideraran. Y ese es un paso bueno y necesario.

Poco después de su diagnóstico, unos setenta participantes clave de su ministerio volaron a Portland para una reunión que fue bastante emotiva.

—Esta fue mi oportunidad de decir las cosas que necesitaba decir. Me disculpé con cualquiera a quien pudiera haber lastimado. Quería despejar el camino. Hubo un par de personas con las que tuve conversaciones personales. No quería irme sin decir que lo sentía si había ofendido inadvertidamente a alguien a lo largo de los años.

Palau me dijo que su vida, la cual se había consumido en viajes frenéticos y el ministerio, ahora se había hecho más lenta para que pudiera ser más introspectivo, estar más atento a Pat y más sereno.

—He estado obedeciendo a Dios y sirviéndole durante tanto tiempo que había olvidado cómo deleitarme en él simplemente —dijo—. Ahora, me estoy tomando el tiempo para deleitarme con su gracia. ¡Es tan refrescante! Mis oraciones son más profundas, ricas y llenas de gratitud, maravilla y asombro.

—¿Le teme a la muerte? —le pregunté.

—No —dijo rápidamente, luego hizo una breve pausa—. No —repitió, más enfáticamente esta vez—. Realmente no. Estoy muy convencido por medio de las Escrituras de que después de cerrar los ojos por última vez, voy a estar con Dios. El apóstol Pablo dice que estar ausente del cuerpo es estar presente con el Señor.[5] Seré sincero contigo, estoy un poco decepcionado de que no me haya llevado antes. Me preparé en todo. Mi conciencia está limpia. Tengo todo en orden. Pero... todavía no.

En cambio, continuó con sus sesiones periódicas de quimioterapia, lo que agotó su energía, y soportó pruebas y tratamientos de radiología para detener la propagación del cáncer por su columna.

—¿Sabe algo? —dijo—. Después de que me hicieron las gammagrafías óseas, los técnicos me cubrieron con una manta caliente. Se siente muy bien. Y yo dije: "Señor, así es como quiero irme. Ponme una agradable manta caliente y me iré".

—¿Estaba presente cuando falleció su padre? —le pregunté.

Palau miró hacia un lado mientras ordenaba sus pensamientos.

—Llegué a casa precisamente después de que él se fue a estar con el Señor. Yo solo era un niño, pero me contaron lo que pasó. Poco antes de morir, se sentó en la cama y cantó un himno sobre el cielo: "Coronas brillantes allá arriba, coronas brillantes para ti y para mí". Su cabeza cayó hacia atrás sobre la almohada y señaló hacia arriba.

—¿Dijo algo?

—Él dijo: "Voy a estar con Jesús", y citó las palabras de Pablo en Filipenses: "Que es muchísimo mejor".[6]

—¿Fueron esas sus últimas palabras?

—Sí, en *este* mundo —respondió—. Él me enseñó a morir con un himno en mi corazón y una Escritura en mis labios.

El rostro de Dios

—¿Cómo ha cambiado su visión del cielo desde que lo diagnosticaron? —le pregunté a Palau.

—No cambiado, sino mejorado —dijo—. Ahora leo la Biblia con los ojos muy abiertos. Cada mención del cielo está subrayada en verde, con un pequeño punto. Cosas que antes no parecían tan importantes ahora han adquirido un significado completamente nuevo. Se han vuelto personales. Empecé a *visualizarme* viendo el gran trono de Dios, *caminando* por las calles gloriosas, *reuniéndome* con los que se han ido antes.

—¿Qué es lo que más desea ver en el cielo?

Sus ojos se iluminaron.

—Por supuesto, el rostro de Jesús, mi Salvador —fue su respuesta—. Lo primero que haré será postrarme ante él con el corazón rebosante de gratitud y alabanza. Y quiero encontrarme con el Padre y el Espíritu Santo de manera personal.

—A mediados del siglo dieciocho —observé—, Jonathan
Edwards dijo que ver el rostro de Dios en el cielo será una experiencia que nos hará verdaderamente *superfelices.*[7]

Eso provocó una sonrisa.

—*Superfeliz* —dijo, detallando la palabra mientras la conside-
raba—. Sí, sí. Eso me gusta muchísimo.

—¿Quiere escuchar a Jesús decirle: "¡Hiciste bien, siervo bueno
y fiel!"? —le pregunté.[8]

—¿No deseamos eso todos? No me atrevo a decir cómo me
saludará Jesús. Eso no me corresponde a mí saberlo ahora. Con
solo verlo, será extraordinario. Por supuesto, todos tenemos imágenes mentales de él que hemos adquirido a lo largo de los años. Pero
pronto lo miraré a la cara.

—¿A quién más desea ver?

Tragó en seco.

—Quiero ver a mi papá —dijo, con los ojos radiantes—. No
lo he visto desde que tenía diez años. Me pregunto: *¿habrá podido
ver lo que sucedió desde que dejó este mundo? ¿Estará consciente
del legado que dejó?* La Biblia dice que honres a tu padre y a tu
madre. Quiero preguntarle: "Papá, ¿sientes que te he honrado con
mi vida?". Espero haberlo hecho. Me dejó un gran ejemplo.

»Y quiero pasar tiempo con mi madre y con todos los grandes
héroes de la fe —continuó—. Quiero conocer a Agustín, Wesley,
Whitefield, Moody. Y, por supuesto, deseo volver a ver a Billy
Graham. Él fue un estímulo asombroso para mí. Y Spurgeon.
Recientemente leí un sermón que escribió sobre el cielo en el que
decía: "Piense en esto: jamás volveremos a pecar". Nunca antes había
reflexionado sobre eso. Nunca tendremos que decir: "Oh Dios, perdó-
name". Quiero decir, ese es un pensamiento asombroso, ¿le parece?

—Lo es —dije—. ¿Qué más quiere ver?

—El trono de Dios —respondió—. Solo lea Apocalipsis 4: es
magnífico, impresionante, lo dejará boquiabierto. El que está sentado sobre él tiene una apariencia de jaspe y rubí. Hay un arco
iris que brilla como una esmeralda; hay destellos de relámpagos
y truenos; hay un mar de vidrio, claro como el cristal. Están los

veinticuatro ancianos y las criaturas fantásticas, y todos alaban al Señor: "Santo, santo, santo es el Señor Dios Todopoderoso". ¿Cuánto de eso es literal? ¿Cuánto de eso es una imagen con palabras para que apuntemos hacia algo que ni siquiera podemos comprender en este momento? Bueno, no puedo esperar para averiguarlo.

Con eso, se rio por lo bajo.

—Lee —agregó—, ¡ojalá pudiera enviarle un mensaje de texto desde el cielo y contarle todo al respecto! Sé que el periodista que hay en usted querría todos los detalles.

Dudas versus preguntas

Para mí, la fe en Cristo de Palau siempre me pareció sólida como una roca. Él exudaba una profunda confianza en las Escrituras, una dependencia radical de Dios y una gran certeza sobre las doctrinas centrales de la iglesia. Cuando hablaba de Jesús, se sentía como si estuviera hablando de un amigo cercano. Sin embargo, ¿lo había conmovido el espectro de la muerte? ¿Sintió alguna grieta en el fundamento de sus creencias?

—¿Que si tengo dudas? —preguntó Palau, haciéndose eco de mi cuestionamiento—. No, dudas no, pero tengo preguntas.

—¿Cuál es la diferencia? —le pregunté.

—Las preguntas son sobre el *qué*: qué sucedió y por qué. Una duda puede ser más sobre el *quién*, y a veces eso puede llegar al núcleo del carácter de Dios. En cuanto a mí, nunca he dudado de la realidad ni de la bondad de Dios, pero tengo preguntas.

—¿Cómo por ejemplo?

—¿Por qué mi padre murió tan joven? Él sirvió a Dios con mucha fidelidad y generosidad. ¿Por qué tuvimos que pasar por tanta pobreza después de su muerte? No es que esté siendo crítico. Solo me interesa. Y me interesaría saber por qué Dios permite tanto mal en el mundo. Me encantaría que dijera: "Bueno, Luis, déjame decirte". Sé que tiene razones, sus caminos son perfectos, pero sería genial escucharle explicarlo.

—¿Su diagnóstico ha estremecido su fe de alguna manera? —pregunté.

—Pasé por un momento turbulento durante las primeras semanas —respondió—. Y las personas necesitan saber que esto puede suceder cuando se acerca su fin. Los puritanos escribieron sobre eso. Uno descubre que Satanás acusa, ataca y busca destruir la obra de Dios en nosotros.

—¿Experimentó eso?

—Sí, la lucha fue muy real. Era como si Satanás dijera: "Palau, le predicaste a multitudes; sin embargo, ¿y si eres uno de aquellos a quienes el Señor les dijo: 'Jamás los conocí. ¡Aléjense de mí, hacedores de maldad!'".[9] Sentí como si Satanás estuviera diciéndome: "Eres un hipócrita; tienes una mente sucia; tienes un corazón oscuro. Le mostraste a mucha gente el camino al cielo, pero no vas para allá".

—Eso debe haber sido desconcertante —dije.

—Lo fue. Racionalmente, sabía que había sido perdonado por Cristo, pero emocionalmente, bueno, Satanás sabe lo que hace. Tuvo la audacia de intentar tentar al Hijo de Dios, por lo que las pequeñas comadrejas como nosotros no deberíamos esperar menos.

—¿Cómo superó eso?

—Mediante la oración y el estudio de la Biblia, especialmente los capítulos 7 al 10 de Hebreos, que afirman que Jesús apareció de una vez por todas para acabar con el pecado. Su sacrificio cubre cada uno de nuestros pecados y defectos, y él intercede por nosotros ante el Padre. Nos está defendiendo. Eso significa que podemos decir, como Jesús les dijo a sus discípulos: "Viene el príncipe de este mundo. Él no tiene ningún dominio sobre mí".[10] Porque, en última instancia, no lo tiene —dijo Palau con firmeza—. Si usted pone su confianza en el Señor, su salvación está segura.

De hecho, Palau dijo que sintió que Dios lo instaba a «prestar mucha atención a la cruz» en sus últimos días en este mundo.

—Este tema de "una vez por todas" se enfatiza repetidamente en Hebreos —me dijo Palau—. A través del sacrificio de Cristo en la cruz, *todos* nuestros pecados son expiados, pagados en su totalidad, completa y finalmente para siempre. Por ejemplo, Hebreos 7:27 dice con claridad meridiana: "Él ofreció el sacrificio una sola vez y para siempre cuando se ofreció a sí mismo". Esto puede ayudar a la gente si se siente insegura con referencia al perdón de Dios. Las personas pueden estar seguras de que son perdonadas si reciben la gracia de Dios a través del arrepentimiento y la fe.

Cuando le pregunté a Palau sobre el legado que esperaba dejar a otros, obtuve una respuesta que no preveía. No habló de su impacto mundial como evangelista ni de las grandes multitudes que vitorearon su enseñanza.

—Si alguna vez he impresionado a alguien —dijo—, espero que sea porque se dieron cuenta de que no soy muy especial. Hay otros oradores que son más articulados. Espero que digan: "Si Dios puede usar a una persona común como Luis, ¿por qué no puede usarme a mí?". ¿No es ese el testimonio más grande, que Dios usa a los débiles? ¡Por eso todo el mérito es para él! Todos podemos ser fieles. No hay que ser un genio. Usted puede ser un chico de un pequeño pueblo del sur de Argentina. Y si somos fieles, el cielo es el límite, porque el poder viene de Dios.

Mensajes del cielo

Encima de donde estábamos sentados había un *souvenir* que resumía el mensaje que Palau había difundido durante tantas décadas. Era un gran cartel pintado que solía colgar sobre el púlpito en la capilla de chapa de metal donde su familia adoraba cuando Luis era un niño en la localidad argentina Ingeniero Maschwitz.

Dios es amor.

—En mis primeros años de predicación, solía ser duro —me dijo—. Y eso no siempre fue algo malo. El temor es el comienzo de la sabiduría, y a veces tienes que poner el temor de Dios en las personas, así que mi tema principal fue "vuélvete o arde".

»Pero —continuó—, hay una diferencia entre querer evitar el infierno y querer genuinamente pasar la eternidad con Dios en el cielo. Así que cada vez más, a lo largo de los años, he enfatizado la bondad de Dios, su generosidad, su tolerancia, su amor, su amabilidad. ¡Él nos libera! ¿Qué es mejor que eso? Nuestra relación con Dios puede estar llena de gozo, risa y felicidad. Después de todo, la Biblia dice que es la *bondad* de Dios lo que lleva al arrepentimiento.[11]

—¿Ese es el mensaje por el que quiere que lo recuerden? —le pregunté.

—Espero haber sido equilibrado. No he rehuido las malas noticias de que nuestro pecado nos ha separado de Dios y por eso nos dirigimos al infierno. Pero la buena noticia es que Cristo ofrece perdón y vida eterna en el cielo si nos arrepentimos y lo seguimos. La gente necesita escuchar ese mensaje positivo y edificante.

Me recliné en mi silla y revisé mis notas para ver qué me estaba perdiendo. Miré a Palau y le dije:

—Hace unos minutos bromeó diciendo que le gustaría enviarme un mensaje de texto desde el cielo. Pero en serio, si pudiera enviar un mensaje del cielo a sus hermanos cristianos, ¿qué diría?

—Vamos, usted puede —dijo Palau con vigor—. Arriésguese, cuénteles a los demás las buenas nuevas de Cristo. Recuerde que es el trabajo del Espíritu Santo convencerlos de su pecado. Él es su socio, déjelo hacer su trabajo en ellos. *Usted* les trae las mejores noticias del planeta: que hay redención, que hay una relación con Dios, que hay un cielo, que hay una fiesta eterna que los está esperando.

Palau recordó que cuando él era un nuevo creyente, su madre lo instaba a llevar el evangelio a los pueblos cercanos que no tenían iglesia.

—Ella siguió animándome y empujándome —dijo—. Me instaba: "Ve, ve, ve. ¡Sal y llega a las personas con las buenas noticias!".

—¿Qué hizo usted? —le pregunté.

—Tardé en dar el paso de fe. Le decía: "Mamá, estoy esperando el llamado".

—Supongo que ella no respondía bien a eso.

—No. Ella se enojaba. Me decía: "¿El llamado? ¿El llamado? ¡El llamado salió hace dos mil años, Luis! ¡El Señor está esperando *tu* respuesta! ¡Tú no estás esperando *su* llamado!". Y tenía razón. La Biblia aclara nuestra tarea: salir y alcanzar a las personas con el evangelio, ya sean amigos, familiares, vecinos, colegas o simplemente personas que conocemos a lo largo del camino de la vida. Esa debería ser la tarea predeterminada para todos nosotros. La ausencia de un llamado específico nunca debería ser una excusa para la inacción.

—¿Eso lo puso en movimiento?

—Fue uno de los momentos decisivos de mi vida —respondió—. Me di cuenta de que no necesitaba esperar; al contrario, necesitaba *actuar*. Y así es como animaría a mis compañeros creyentes: dando un paso de fe, actuando, entablando una conversación con alguien apartado de Dios. Depende de ellos si aceptan el evangelio. Usted no puede controlar eso. Pero puedo decirle por experiencia personal que al final de su vida, cuando todo esté dicho y hecho, nunca se arrepentirá de haber sido valiente por Cristo.

Su comentario me hizo pensar en las palabras de la evangelista Becky Manley Pippert: «Vivimos después de que Jesús vino del cielo a la tierra y antes de que Jesús regrese para traer el cielo a la tierra. ¿Cuál es el significado de que Dios nos coloque aquí en esta coyuntura particular de la historia? ¡Es para que podamos unirnos a Dios en su misión de amar, buscar e invitar a las personas a volver a casa con Dios!».[12]

—¿Y a las personas que no son cristianas? —le pregunté a Palau—. ¿Qué mensaje les enviaría desde el cielo?

Palau no se anduvo con rodeos.

—Yo les diría: "*¡No sean estúpidos!*".

Ambos nos echamos a reír.

—¿En serio? —dije—. ¿Solo eso?

—Claro, ¡no sea estúpido! No deje pasar lo que Dios está ofreciéndole por su amor y su gracia. ¿Por qué abrazar el mal cuando el bien lo llama? ¿Por qué darle la espalda al cielo y elegir el infierno? ¿Por qué exponerse a los dañinos efectos secundarios de una vida pecaminosa cuando puede seguir el camino de la justicia y la sanidad de Dios? ¡No se pierda la fiesta que Dios le tiene esperando en el cielo!

De alguna manera, cuando me subí al avión para volar a Oregón con el objeto de reunirme con uno de los evangelistas más renombrados del mundo, no esperaba que nuestra entrevista terminara con él diciendo simplemente: «No sea estúpido». Por otra parte, esa cruda exhortación resume bastante bien este libro.

La evidencia apunta a que el cielo es una realidad. Jesús ha abierto de par en par las puertas para todos los que quieran entrar mediante el arrepentimiento y la fe. La esperanza está aguardando. La gracia está llamando. La fiesta está empezando. La entrada está pagada. La eternidad está en juego.

Busque a Dios. Confíe en él. Sígalo. Escuche las palabras de mi amigo y héroe Luis Palau.

«¡No sea estúpido!».

Conclusión

Recorramos el camino de Dios hacia el cielo

*Si lee la historia, encontrará que los cristianos que más
hicieron por el mundo presente fueron aquellos que
pensaron más en el próximo.*

—C. S. LEWIS, *MERO CRISTIANISMO*

Mi amigo Nabeel padecía cáncer de estómago. Allí me encontraba yo, sentado junto a su cama de hospital en Houston unos días antes de que muriera. Su rostro se veía demacrado; sus piernas eran delgadas y huesudas. Se estaba consumiendo a la edad de treinta y cuatro años.

Nabeel Qureshi era un musulmán consagrado cuya investigación de la evidencia del cristianismo lo llevó a la fe en Jesús. Ya doctor en medicina, obtuvo dos títulos más avanzados y se convirtió en un autor exitoso y conferencista mundial. Su muerte fue un golpe para todos los que lo llamábamos amigo.

Él murió en 2017. Sin embargo, precisamente hoy, mientras me preparaba para mencionarlo en este libro, lo volví a ver; esta vez fue a través de un video que alguien tuiteó en el tercer aniversario de su fallecimiento. En un discurso pronunciado en algún momento no especificado de su ministerio, esto es lo que decía Nabeel:

En nuestro mundo posterior a la Ilustración, especialmente en los entornos universitarios, es creencia popular que lo sobrenatural no existe. Sin embargo, la resurrección implica que eso está mal. Hay algo más en este mundo, algo que puede traer a las personas de entre los muertos. Y si eso es cierto, entonces eso significa que si usted llega a un punto de su vida en el que parece que no hay esperanza, en el que parece que incluso la muerte es inevitable y no hay forma de escapar de ella, bueno, debo decirle que la muerte no es el final. Hay más. Hay esperanza, pase lo que pase.[1]

Sí, el cielo significa esperanza; no una especie de ilusión insípida o una clase de optimismo ciego que cruza los dedos, sino una esperanza confiada. *Confío* en que algún día me reuniré con mi amigo Nabeel, y la evidencia persuasiva de la resurrección y la realidad del cielo me dicen que mi confianza está bien cimentada.

La verdad es que la resurrección es nada menos que el eje de la historia. N. T. Wright dijo: «La resurrección de Jesús es el comienzo del nuevo proyecto de Dios, no para arrebatar a la gente de la tierra al cielo, sino para colonizar la tierra con la vida del cielo».[2]

Esta es la historia de Jesús que Scot McKnight contó de manera tan sucinta en mi entrevista con él: «Él era el Mesías; murió injustamente a manos de los pecadores; Dios revocó su muerte y lo resucitó; ascendió y volverá a gobernar». No es de extrañar que la Biblia le llame a *eso* evangelio. ¡Realmente son «buenas noticias»!

Y tal cosa significa que para los seguidores de Jesús, quienes lo abrazan con gratitud como su perdonador y líder, la muerte es simplemente una puerta a un mundo de grandeza y maravilla, de satisfacción y gozo, de amistades florecientes y experiencias estimulantes, contemplando con gratitud el rostro de nuestro Salvador y Señor... y sí, como dijo Charles Spurgeon, recibiendo sus besos.[3]

¿Alguna vez ha intentado imaginar cómo será *la eternidad*? «En nuestro momento más creativo, en nuestro pensamiento más profundo, en nuestro nivel más alto, todavía no podemos sondear la eternidad», dijo Max Lucado.[4] Se lo mencioné al filósofo Chad Meister cuando lo entrevisté para este libro y él respondió con una historia.

—A Tammy y a mí nos encanta ir al Caribe —dijo—. Imagínese caminando por la playa, recogiendo un puñado de arena y luego recogiendo un grano. Ese solo grano parecería insignificante comparado con toda la arena que tiene en la mano. Ahora compárelo con toda la arena de esa playa. Luego compárelo con toda la arena de cada playa y cada desierto de todo el planeta.

»Imagínese que un grano de arena representa toda su vida en este mundo. Todas las montañas sobre montañas de arena del planeta, todas las vidas que representan esos granos, serían solo el comienzo de la eternidad.

»Pero ahora imagínese que ha tenido la peor vida posible en este mundo, una vida de penurias y dificultades. No quiero disminuir el sufrimiento por el que pasan algunas personas, pero si ese grano de arena representa toda una vida de lucha, palidecería en comparación con la increíble abundancia de arena que hay en todo el mundo.

Procesé por un minuto lo que decía. Entonces dije:

—Eso me recuerda una cita atribuida a Santa Teresa de Ávila: "A la luz del cielo, el peor sufrimiento de la tierra no se verá más grave que una noche en un hotel indecoroso".[5]

—No sé usted —dijo sonriendo esta superestrella académica que una vez estuvo al borde del suicidio como escéptico espiritual—, pero lo encuentro *muy* alentador.

Poder como se necesita

Si la historia de Jesús nos anima, piense en lo que hizo por las personas cuyas vidas estaban entrelazadas con la suya. «Jesús fue radicalmente reconfigurado y redefinido por la resurrección», dijo Eugene Peterson. «Y ahora ellos [los discípulos] estaban siendo de igual modo radicalmente reconfigurados y redefinidos por la resurrección».[6]

Ahora ellos sabían con certeza que Dios estaba cumpliendo su promesa del cielo y que cierto conocimiento revolucionó sus vidas en *este* mundo. Su misión, sus actitudes, sus relaciones y sus prioridades se pusieron al revés y se invirtieron.

¿Y usted y yo? ¿Cómo pueden cambiar nuestras vidas *hoy* a la luz del cielo? Bueno, si la historia de Jesús es lo que nos lleva a nuestro hogar celestial, ¿no deberíamos profundizar en sus enseñanzas y consagrarnos a aplicar su sabiduría a nuestra vida diaria?

Conociendo que algún día heredaremos las riquezas del cielo, ¿no deberíamos dejar de aferrarnos a las posesiones terrenales que desvían nuestra atención de lo realmente importante? Al anticipar un paraíso de placeres eternos, ¿no deberíamos detener nuestra búsqueda sin sentido de indulgencias sustitutivas que solo brindan un disfrute fugaz y dejan un lamento duradero?

En el cielo nuevo y la tierra nueva, todo se arreglará, así que, ¿no deberíamos empezar a arreglar las cosas en nuestras propias relaciones ahora? La historia de Jesús culmina con nuestra clemencia, por lo tanto, ¿no podríamos ofrecerles perdón a quienes nos han ofendido, y no deberíamos buscar el perdón de aquellos a quienes hemos lastimado?

Sé lo difícil que puede ser arreglar las cosas. Hace un tiempo, sabía que debía reconciliarme con alguien a quien había maltratado, pero me sentí demasiado intimidado y avergonzado para hacerlo. Iba a ser difícil para mí admitir la culpa, y me preocupaba que él pudiera arremeter contra mí. Sabía que estaría actuando de acuerdo con la voluntad de Dios si me acercaba a ese amigo, porque la Biblia dice: «Si es posible, en la medida en que dependa de ti, vive en paz con todos».[7] Así que oré, pidiéndole a Dios que me diera el valor para seguir adelante.

¿Me sentí inmediatamente electrizado por el poder de Dios? No, todavía me sentía aprensivo e incapaz. Sin embargo, mientras caminaba hacia el teléfono en obediencia y me obligué a marcar el número del hombre, Dios me dio la fuerza que necesitaba. Y efectivamente, a medida que se desarrollaba la conversación, Dios me animó y me guio a través de una charla muy difícil, pero hoy estoy completamente reconciliado con ese amigo.[8]

¿Puede usted dar los pasos para corregir un error en su vida con la ayuda de Dios? Dado que la historia de Jesús trata sobre la reconciliación con Dios, no esperemos a llegar al cielo para enmendar las transgresiones pasadas y reparar las amistades fracturadas. Aprendí que mientras andamos por la senda de Jesús, infaliblemente él nos dará poder a lo largo del camino.

El hermano Andrés, conocido por pasar de contrabando Biblias a países cerrados, descubrió una vez tras otra que eso era cierto. Cuando sentía que Dios lo guiaba a introducir materiales cristianos a una nación, tomaba medidas concretas en obediencia, aun cuando la puerta de entrada pareciera estar bien cerrada al principio. De alguna manera, cuando el hermano Andrés se acercaba a la frontera con sus libros, Dios siempre lo empoderaba para cumplir su misión.

«La puerta puede parecer cerrada, pero solo se cierra de la misma forma en que se cierra la puerta de un supermercado», dijo. «Esta permanece cerrada cuando uno se queda a la distancia, pero cuando se mueve deliberadamente hacia ella, un ojo mágico encima lo ve venir y la puerta se abre. Dios está esperando que caminemos hacia adelante en obediencia para poder abrir la puerta con el fin de que le sirvamos».[9]

¿Podemos confiar en que Dios hará lo correcto?

Es probable que para usted todavía haya un problema en la historia de Jesús. Se pregunta si Dios es realmente justo. Si Jesús tiene las llaves del cielo, ¿cuál es el destino de aquellos que nunca tienen la oportunidad de escuchar su mensaje de redención y vida eterna? Este problema me preocupó tanto como nuevo creyente que manejé cientos de kilómetros para reunirme con un erudito reconocido con el objeto de obtener respuestas.

Lo que aprendí fue que Dios no nos ha dicho explícitamente cómo va a tratar con ellos. «Lo secreto le pertenece al *Señor* nuestro Dios, pero lo revelado nos pertenece a nosotros y a nuestros hijos para siempre», dice la Biblia.[10] No obstante, conocemos algunas cosas que nos ayudarán a resolver este problema.

Primero, sabemos a partir de las Escrituras que todos tienen un estándar moral que Dios ha escrito en su corazón y que todos somos culpables de violar ese parámetro.[11] Por eso nuestra conciencia nos molesta cuando hacemos algo malo. En segundo lugar, sabemos que todo el mundo tiene suficiente información al observar el mundo creado para saber que Dios existe, pero la gente ha suprimido esa verdad y rechazado a Dios de todos modos.[12]

Sin embargo, tanto el Antiguo como el Nuevo Testamento nos dicen que aquellos que buscan a Dios de todo corazón lo encontrarán.[13] De hecho, la Biblia afirma que el Espíritu Santo nos busca primero, lo que nos permite buscarlo. Para mí, eso sugiere que las personas que responden al entendimiento que tienen y buscan con sinceridad al único Dios verdadero encontrarán, de alguna manera, una oportunidad de recibir la vida eterna que Dios proporciona en su gracia a través de Jesús.

A veces podemos vislumbrar cómo Dios logra eso. Recuerdo haber conocido a un hombre que había sido criado por unos gurúes en un área de India donde no había cristianos. Ya como adolescente, concluyó que había demasiadas contradicciones en el hinduismo y que sus enseñanzas no podían satisfacer su alma. Así que clamó a Dios en busca de respuestas, y en una serie de acontecimientos absolutamente extraordinarios, Dios le trajo a las personas que le contaron la historia de Jesús. Como resultado, se convirtió en un seguidor de Cristo.

En mi libro *El caso de los milagros*, documenté un ejemplo tras otro de cómo se les está apareciendo Jesús en sueños espectaculares a los musulmanes en países que están cerrados al evangelio, indicándoles a las personas el camino a la vida eterna con él.[14] Ha habido un tsunami virtual de esos casos en todo el Medio Oriente y más allá, incluida la travesía de mi difunto amigo Nabeel Qureshi a Cristo.[15] Podemos estar seguros de que cada vez que las personas (de cualquier raza, de cualquier cultura y en cualquier momento) clamen a Dios, él responderá; a menudo de manera sorprendente e inesperada.

Después de todo, vemos en las Escrituras que Dios es escrupulosamente justo. El primer libro de la Biblia pregunta: «¿Acaso el Juez de toda la tierra no haría lo que es correcto?».[16] Un autor observó: «Cuando Dios haya terminado de tratar con todos nosotros, nadie podrá quejarse de que fue tratado injustamente».[17] En otras palabras, cuando la historia sea consumada, cada uno de nosotros nos maravillaremos en persona de cuán absolutamente perfecto es el juicio de Dios.

Por último, sabemos que aparte del pago que Jesús hizo en la cruz, nadie tiene la posibilidad de salir del corredor de la muerte. Exactamente cuánto conocimiento debe tener una persona acerca de Jesús o dónde se trazan las líneas de la fe precisamente, solo Dios lo sabe. Él y solo él puede exponer los motivos del corazón de una persona.[18]

Al final, todo lo que realmente necesitábamos saber sobre el asunto es esto: Dios es bueno, Dios es amoroso y Dios es justo. Cuando estamos seguros de esas verdades fundamentales, podemos confiar plenamente en él en cuanto al resultado.[19]

La fórmula de la fe

En cuanto a usted y a mí, el problema no es ignorancia. Incluso si nunca la había escuchado antes, ha leído la historia de Jesús en este libro. A lo largo de estas muchas páginas, ha examinado la evidencia y ha considerado el razonamiento que respalda la verdad del cristianismo. Espero que también haya sentido un poco la urgencia que se apoderó de mí cuando estuve al borde de la muerte hace varios años. En cierto sentido, usted ha sido miembro del jurado en la defensa del cielo durante el tiempo que ha estado leyendo este libro... y en algún momento, un buen jurado llega a un veredicto.

Quizás el momento para eso sea ahora. Ahora conoce el camino a Casa.

Recuerdo el día en que todo eso me golpeó con toda su fuerza. Era el 8 de noviembre de 1981. Después de dos años de investigar la evidencia como ateo, llegué a la conclusión de que la historia de Jesús es verdadera. Sin certeza en cuanto a cómo responder, encontré la respuesta en Juan 1:12: «Mas a cuantos lo *recibieron*, a los que *creen* en su nombre, les dio el derecho de *ser* hijos de Dios» (cursivas añadidas).

Ese versículo encarna la fórmula de la fe: Creer + Recibir = Convertirse. *Creí* en la historia de Jesús, así que *recibí* su perdón a través de una oración sincera en la que confesé mi comportamiento pecaminoso y me volví para seguir su camino, y con eso me *convertí* en hijo de Dios por la eternidad. Y como resultado, con el tiempo Dios transformó para bien mi carácter, mi moral, mis valores, mi cosmovisión, mis actitudes, mis relaciones y mis prioridades.

¿Y usted qué? Dios no quiere que viva en un estado de ansiedad o incertidumbre en cuanto a su posición con él. El primer versículo que memoricé como nuevo seguidor de Jesús fue 1 Juan 5:13: «Les escribo estas cosas a ustedes que creen en el nombre del Hijo de Dios, para que *sepan* que tienen vida eterna» (cursivas añadidas).

Sí, usted puede *saber* —ahora mismo, con certeza— que se deleitará en la bondad de Dios en el cielo por siempre. Si *cree* la historia de Jesús lo mejor que pueda, *reciba* su regalo del perdón y la vida eterna con una oración sincera de arrepentimiento y fe, y se *convertirá* en su hijo por la eternidad. Morará con Dios, y él morará con usted, en el cielo nuevo y la tierra nueva.

Y cuando ambos estemos en el cielo, sospecho que a menudo me encontrará sentado en mi terraza. ¿Por qué no viene alguna vez a celebrar todas las maneras en que Dios nos ha prodigado bondad y gracia? Juntos, levantaremos nuestras voces alabando a aquel que hizo posible todo esto.

Y, ah, mientras está allí, permítame presentarle a mi querido amigo, Nabeel Qureshi. ¡Lo amará tanto como yo!

Para obtener más evidencias

Capítulo 1: La búsqueda de la inmortalidad

Becker, Ernest. *The Denial of Death*. Nueva York: Free Press, 1973.

Billings, J. Todd. *The End of the Christian Life: How Embracing Our Mortality Frees Us to Truly Live*. Grand Rapids: Brazos, 2020.

Jones, Clay. *Immortal: How the Fear of Death Drives Us and What We Can Do about It*. Eugene, OR: Harvest House, 2020.

Stowell, Joseph. *Eternity: Reclaiming a Passion for What Endures*. Chicago: Moody, 1995.

Capítulo 2: En busca del alma

Baker, Mark C. y Stewart Goetz. *The Soul Hypothesis: Investigations into the Existence of the Soul*. Nueva York: Bloomsbury, 2013.

Cottingham, John. *In Search of the Soul: A Philosophical Essay*. Princeton, NJ: Princeton University Press, 2020.

Dirckx, Sharon. *Am I Just My Brain?* Londres: Good Book, 2019.

Goetz, Stewart y Charles Taliaferro. *A Brief History of the Soul*. Malden, MA: Wiley-Blackwell, 2011.

Moreland, J. P. *The Soul: How We Know It's Real and Why It Matters*. Chicago: Moody, 2014.

Moreland, J. P., y Scott B. Rae. *Body & Soul: Human Nature & the Crisis in Ethics*. Downers Grove, IL: IVP Academic, 2000.

Swinburne, Richard. *Are We Bodies or Souls?* Oxford: Oxford University Press, 2019.

Capítulo 3: Experiencias cercanas a la muerte

Burke, John. *Imagine Heaven: Near-Death Experiences, God's Promises, and the Exhilarating Future That Awaits You*. Grand Rapids: Baker, 2015.

Carter, Chris. *Science and the Near-Death Experience: How Consciousness Survives Death*. Rochester, VT: Inner Traditions, 2010.

Habermas, Gary R. y J. P. Moreland. *Immortality: The Other Side of Death*. Nashville: Nelson, 1992.

Holden, Janice Miner, Bruce Greyson y Debbie James. *The Handbook of Near-Death Experiences: Thirty Years of Investigation*. Santa Barbara, CA: Praeger, 2009.

Long, Jeffrey. *Evidence of the Afterlife: The Science of Near-Death Experiences.* Nueva York: HarperCollins, 2010.

Marsh, Michael N. *Out-of-Body and Near-Death Experiences: Brain-State Phenomenon or Glimpses of Immortality?* Oxford: Oxford University Press, 2010.

Sabom, Michael B. *Recollections of Death: A Medical Investigation.* Nueva York: Harper & Row, 1982.

van Lommel, Pim. *Consciousness beyond Life: The Science of the Near-Death Experience.* Nueva York: HarperCollins, 2010.

Capítulo 4: La pirámide al cielo

Meister, Chad V. *Building Belief: Constructing Faith from the Ground Up.* Grand Rapids: Baker, 2006.

Sobre la verdad

Beckwith, Francis y Gregory Koukl. *Relativism: Feet Firmly Planted in Mid-Air.* Grand Rapids: Baker, 1998.

Groothuis, Douglas. *Truth Decay: Defending Christianity against the Challenges of Postmodernism.* Downers Grove, IL: InterVarsity, 2000.

Sobre las cosmovisiones

Nash, Ronald. *Worldviews in Conflict: Choosing Christianity in a World of Ideas.* Grand Rapids: Zondervan, 1992.

Sire, James. *Naming the Elephant: Worldview as a Concept.* Downers Grove, IL: InterVarsity, 2004.

Sobre el teísmo

Craig, William Lane. *Reasonable Faith: Christian Truth and Apologetics,* 3rd. ed. Wheaton, IL: Crossway, 2008.

Strobel, Lee. *El caso del Creador: un periodista investiga evidencias científicas que apuntan hacia Dios.* Editorial Vida, 2009.

Sobre la revelación

Blomberg, Craig. *Can We Still Believe the Bible? An Evangelical Engagement with Contemporary Questions.* Grand Rapids: Brazos, 2014.

Cowan, Stephen B. y Terry L. Wilder. *In Defense of the Bible: A Comprehensive Apologetic for the Authority of Scripture.* Nashville: Broadman & Holman, 2013.

Köstenberger, Andreas J., Darrell L. Bock y Josh Chatraw. *Truth in a Culture of Doubt: Engaging Skeptical Challenges to the Bible.* Nashville: B&H Academic, 2014.

Morrow, Jonathan. *Questioning the Bible: 11 Major Challenges to the Bible's Authority.* Chicago: Moody, 2014.

Sobre la resurrección

Habermas, Gary R. y Michael R. Licona. *The Case for the Resurrection of Jesus.* Grand Rapids: Kregel, 2004.

Licona, Michael R. *The Resurrection of Jesus: A New Historiographical Approach.* Downers Grove, IL: InterVarsity, 2010.

Strobel, Lee. *En defensa de Jesús: investigando los ataques sobre la identidad de Cristo.* Editorial Vida, 2017.

Wright, N. T. *The Resurrection of the Son of God.* Minneapolis: Fortress, 2003.

Sobre el evangelio

McKnight, Scot. *The King Jesus Gospel: The Original Good News Revisited,* ed. rev. Grand Rapids: Zondervan, 2016.

Mittelberg, Mark. *The Reason Why: Faith Makes Sense.* Carol Stream, IL: Tyndale, 2011.

Strobel, Lee. *El caso de la gracia: un periodista explora las evidencias de unas vidas trasformadas.* Editorial Vida, 2015.

Wright, N. T. *Simply Good News: Why the Gospel Is News and What Makes It Good.* San Francisco: HarperOne, 2015.

Capítulo 5: El cielo: una guía

Alcorn, Randy. *Heaven.* Carol Stream, IL: Tyndale, 2004.

Boersma, Hans. *Seeing God: The Beatific Vision in Christian Tradition.* Grand Rapids: Eerdmans, 2018.

Eareckson Tada, Joni. *El cielo: tu verdadero hogar... desde una perspectiva más alta.* Editorial Vida, 2019.

Eldredge, John. *All Things New: Heaven, Earth, and the Restoration of Everything You Love,* ed. rev. Nashville: Nelson, 2018.

Frazee, Randy. *What Happens After You Die? A Biblical Guide to Paradise, Hell, and Life after Death.* Nashville: Nelson, 2017.

McKnight, Scot. *The Heaven Promise: Engaging the Bible's Truth about Life to Come.* Colorado Springs: WaterBrook, 2015.

Wright, N. T. *Surprised by Hope: Rethinking Heaven, the Resurrection, and the Mission of the Church*. San Francisco: HarperOne, 2008.

Capítulo 6: Siete acerca del cielo

Gomes, Alan W. *40 Questions about Heaven and Hell*. Grand Rapids: Kregel Academic, 2018.

Hanegraaff, Hank. *Afterlife: What You Need to Know about Heaven, the Hereafter & Near-Death Experiences*. Brentwood, TN: Worthy, 2013.

Hitchcock, Mark. *55 Answers to Questions about Life after Death*. Sisters, OR: Multnomah, 2005.

Kreeft, Peter. *Everything You Ever Wanted to Know about Heaven … but Never Dreamed of Asking*. San Francisco: Ignatius, 1990.

Walls, Jerry. *Heaven, Hell, and Purgatory: Rethinking the Things That Matter Most*. Grand Rapids: Brazos, 2015.

_____ . *Heaven: The Logic of Eternal Joy*. Nueva York: Oxford University Press, 2002.

Capítulo 7: La lógica del infierno

DeStefano, Anthony. *Hell: A Guide*. Nashville: Nelson, 2020.

Gomes, Alan W. *40 Questions about Heaven and Hell*. Grand Rapids: Kregel Academic, 2018.

Gregg, Steve. *All You Want to Know about Hell: Three Christian Views of God's Final Solution to the Promise of Sin*. Nashville: Nelson, 2013.

Peterson, Robert A. *Hell on Trial: The Case for Eternal Punishment*. Phillipsburg, NJ: P&R, 1995.

Sprinkle, Preston, ed. gen. *Four Views on Hell*, 2.ª ed. Grand Rapids: Zondervan, 2016.

Walls, Jerry. *Hell: The Logic of Damnation*. South Bend, IN: University of Notre Dame Press, 1992.

Capítulo 8: Escape del infierno

Beilby, James K. *Postmortem Opportunity: A Biblical and Theological Assessment of Salvation After Death*. Downers Grove, IL: IVP Academic, 2021.

Chan, Francis y Preston Sprinkle. *Erasing Hell: What God Said about Eternity, and the Things We've Made Up*. Colorado Springs: Cook, 2011.

Copan, Paul. *Loving Wisdom: A Guide to Philosophy and Christian Faith*, 2.ª ed. Grand Rapids: Eerdmans, 2020.

Fudge, Edward William y Robert A. Peterson. *Two Views of Hell: A Biblical and Theological Dialogue*. Downers Grove, IL: InterVarsity, 2000.

McClymond, Michael. *The Devil's Redemption: A New History and Interpretation of Christian Universalism*. 2 vols. Grand Rapids: Baker Academic, 2018.

Morgan, Christopher W. y Robert A. Peterson. *Hell Under Fire: Modern Scholarship Reinvents Eternal Punishment*. Grand Rapids: Zondervan, 2004.

Capítulo 9: La sensación de la reencarnación

Edwards, Paul. *Reincarnation: A Critical Examination*. Amherst, NY: Prometheus. 1996.

Geisler, Norman y J. Yutaka Amano. *The Reincarnation Sensation*. Eugene, OR: Wipf & Stock, 2004.

Groothuis, Douglas. *Christian Apologetics: A Comprehensive Case for Biblical Faith*. Downers Grove, IL: IVP Academic, 2011.

_____. *Confronting the New Age: How to Resist a Growing Religious Movement*. Eugene, OR: Wipf & Stock, 2010.

Habermas, Gary R. y J. P. Moreland. *Immortality: The Other Side of Death*. Nashville: Nelson, 1992.

Capítulo 10: Al borde de la eternidad

Alcorn, Randy. *In Light of Eternity: Perspectives on Heaven*. Colorado Springs: WaterBrook, 1999.

Billings, J. Todd. *The End of the Christian Life: How Embracing Our Mortality Frees Us to Truly Live*. Grand Rapids: Brazos, 2020.

Graham, Billy. *Donde yo estoy: El cielo, la eternidad, y nuestra vida más allá del presente*. Grupo Nelson, 2015.

Keller, Timothy. *On Death*. New York: Penguin, 2020.

Palau, Luis. *Palau: Una vida apasionada*. Editorial Vida, 2019.

¿Qué sucede después de que morimos?

Luego de que el médico de la sala de emergencias me dijera hace varios años que estaba a punto de morir, volví a perder el conocimiento. Cuando me revivieron un rato más tarde, me sorprendió un poco que todavía estuviera vivo. Uno de mis primeros pensamientos fue: *si no logro superar esta terrible experiencia, ¿qué me pasará después?*

Como la mayoría de los cristianos, sabía que seguiría viviendo, incluso después de que mi cuerpo físico expirara. Sin embargo, estaba un poco confuso en cuanto a la secuencia exacta de los acontecimientos. Nunca me había preocupado mucho al respecto hasta que de repente se convirtió en algo muy relevante.

La Biblia, sorprendentemente, brinda pocos detalles concretos sobre lo que sucede justo después de la muerte. Lo que parece evidente es que nuestra alma se separa de nuestro cuerpo y entra en un estado intermedio, donde nuestro espíritu es consciente y está al tanto de nuestra situación.[1] La parábola de Jesús acerca del hombre rico y Lázaro en Lucas 16:19-31 indica que habrá dos lugares separados en esa existencia incorpórea.

Un lugar puede ser llamado el paraíso, donde los seguidores de Cristo disfrutarán de la presencia de Dios. Como le dijo Jesús al ladrón en la cruz en Lucas 23:43: «Hoy estarás conmigo en el paraíso». Podemos estar seguros de que esta será una experiencia sublime y dichosa, aunque tendremos una sensación de estar incompletos, porque nuestras almas estarán separadas de nuestros cuerpos.[2]

El otro lugar en el estado intermedio se conoce comúnmente como Hades, un sitio de aislamiento y tormento para los no creyentes donde estarán separados de Dios.[3] «Será como despertar todos los días en el corredor de la muerte, sin posibilidad de que se suspenda la ejecución», dijo el pastor y autor Randy Frazee. «En esencia, el Hades es el destierro de la presencia misma de Dios y de la vida que debimos tener por diseño mientras esperamos nuestro juicio final».[4]

Ese juicio final marca el inicio de la última etapa de nuestra existencia: nuestra vida eterna. Tras el regreso triunfal de Jesús a la tierra, los seguidores de Cristo en el estado intermedio recibirán su cuerpo resucitado imperecedero y se graduarán en el cielo nuevo y la tierra nueva por la eternidad. Los que no se arrepientan recibirán su cuerpo resucitado, pero su sentencia al infierno será confirmada. Esos son destinos irrevocables donde se vivirá para siempre.

¿Cómo será el juicio final? «El juicio final es el gran momento del ajuste de cuentas, al final de la historia y antes de entrar al estado eterno, cuando Dios juzgará a todas sus criaturas morales, sean hombres o ángeles, exigiéndoles cuenta de todo lo que han pensado, dicho o hecho», indicó el teólogo Alan Gomes.[5]

Gomes dijo que en el juicio Dios «mostrará su misericordia al perdonar a aquellos que se han arrepentido de sus pecados y han recibido el perdón basado en la obra expiatoria de Cristo, que satisfizo la justicia divina a través de su muerte en la cruz. Además, al castigar a los finalmente impenitentes, revelará su justicia y "no dejará de castigar al culpable" (Nahúm 1:3, DHH)».[6]

Gomes es uno de los eruditos que creen que en el juicio final los cristianos también recibirán recompensas basadas en «la calidad y extensión del servicio» a Dios.[7]

Gomes señaló: «Nuestro Señor mismo... exhorta a sus discípulos a mantenerse firmes en la persecución, sabiendo que su recompensa en el cielo será grande.[8] Les dice que no inviertan sus vidas en las preocupaciones y las actividades de este mundo, sino que acumulen tesoros imperecederos en el cielo.[9] Los actos de servicio más aparentemente ínfimos y triviales no pasarán inadvertidos, e incluso por ellos compensará a sus hijos generosamente».[10]

Sin embargo, otros eruditos creen que los asombrosos gozos del cielo serán la gran recompensa para todos los seguidores de Cristo por igual.[11] «En el reino de Dios, los principios del mérito y la capacidad pueden dejarse a un lado para que la gracia prevalezca», dijo el erudito del Nuevo Testamento Simon Kistemaker.[12]

Independientemente, la respuesta simple a lo que sucede después de la muerte es esta: «Seguimos viviendo». La naturaleza de nuestra morada final se basará en quién paga por nuestros pecados. ¿Hemos recibido el regalo del perdón que Jesús compró para nosotros en la cruz?[13] Si es así, pasaremos la eternidad en su presencia en el cielo. Si no, debemos pagar por nuestros pecados nosotros mismos mientras pasamos la eternidad separados de él.

Lo que nos suceda después de la muerte, entonces, depende por completo de cómo respondamos a Cristo antes de morir.[14]

Las Escrituras hablan

Algunos de mis versículos favoritos sobre el cielo

Salmos 16:9-10

Por eso mi corazón se alegra,
　　　y se regocijan mis entrañas;
todo mi ser se llena de confianza.
　　　　　No dejarás que mi vida termine en el sepulcro;
no permitirás que sufra corrupción tu siervo fiel.

Salmos 23:4, 6

Aun si voy por valles tenebrosos,
　　　no temo peligro alguno
porque tú estás a mi lado;
　　　tu vara de pastor me reconforta
La bondad y el amor me seguirán
　　　todos los días de mi vida;
y en la casa del SEÑOR
　　　habitaré para siempre.

Salmos 84:10

Vale más pasar un día en tus atrios
　　　que mil fuera de ellos;
prefiero cuidar la entrada de la casa de mi Dios
　　　que habitar entre los impíos.

Salmos 116:3-4

Los lazos de la muerte me enredaron;
　　　me sorprendió la angustia del sepulcro,
y caí en la ansiedad y la aflicción.
　　　　　Entonces clamé al SEÑOR:
«¡Te ruego, SEÑOR, que me salves la vida!».

Isaías 11:6

El lobo vivirá con el cordero,
      el leopardo se echará con el cabrito,
y juntos andarán el ternero y el cachorro de león,
      y un niño pequeño los guiará.

Isaías 65:17

Presten atención, que estoy por crear
      un cielo nuevo y una tierra nueva.
No volverán a mencionarse las cosas pasadas,
      ni se traerán a la memoria.

Daniel 6:26-27

Porque él es el Dios vivo,
      y permanece para siempre.
Su reino jamás será destruido,
      y su dominio jamás tendrá fin.
Él rescata y salva;
      hace prodigios en el cielo
y maravillas en la tierra.

Mateo 6:19-21

No acumulen para sí tesoros en la tierra, donde la polilla y el óxido destruyen, y donde los ladrones se meten a robar. Más bien, acumulen para sí tesoros en el cielo, donde ni la polilla ni el óxido carcomen, ni los ladrones se meten a robar. Porque donde esté tu tesoro, allí estará también tu corazón.

Mateo 25:21

Su señor le respondió: «¡Hiciste bien, siervo bueno y fiel! En lo poco has sido fiel; te pondré a cargo de mucho más. ¡Ven a compartir la felicidad de tu señor!».

Lucas 23:42-43

Luego dijo:

—Jesús, acuérdate de mí cuando vengas en tu reino.

—Te aseguro que hoy estarás conmigo en el paraíso —le contestó Jesús.

Juan 14:2-4

«En el hogar de mi Padre hay muchas viviendas; si no fuera así, ya se lo habría dicho a ustedes. Voy a prepararles un lugar. Y, si me voy y se lo preparo, vendré para llevármelos conmigo. Así ustedes estarán donde yo esté. Ustedes ya conocen el camino para ir adonde yo voy».

Romanos 6:23

Porque la paga del pecado es muerte, mientras que la dádiva de Dios es vida eterna en Cristo Jesús, nuestro Señor.

Romanos 8:18

De hecho, considero que en nada se comparan los sufrimientos actuales con la gloria que habrá de revelarse en nosotros.

1 Corintios 2:9

Sin embargo, como está escrito:
«Ningún ojo ha visto,
ningún oído ha escuchado,
ninguna mente humana ha concebido
lo que Dios ha preparado para quienes lo aman».

1 Corintios 15:42-44

Así sucederá también con la resurrección de los muertos. Lo que se siembra en corrupción resucita en incorrupción; lo que se siembra en oprobio resucita en gloria; lo que se siembra en debilidad resucita en poder; se siembra un cuerpo natural, resucita un cuerpo espiritual.

Si hay un cuerpo natural, también hay un cuerpo espiritual.

1 Corintios 15:54-57

Cuando lo corruptible se revista de lo incorruptible, y
lo mortal, de inmortalidad, entonces se cumplirá lo que está
escrito: «La muerte ha sido devorada por la victoria».
«¿Dónde está, oh muerte, tu victoria?
¿Dónde está, oh muerte, tu aguijón?».
El aguijón de la muerte es el pecado, y el poder del
pecado es la ley. ¡Pero gracias a Dios, que nos da la victoria por
medio de nuestro Señor Jesucristo!

2 Corintios 5:1

De hecho, sabemos que, si esta tienda de campaña en
que vivimos se deshace, tenemos de Dios un edificio, una casa
eterna en el cielo, no construida por manos humanas.

1 Tesalonicenses 4:13-14

Hermanos, no queremos que ignoren lo que va a pasar
con los que ya han muerto, para que no se entristezcan como
esos otros que no tienen esperanza. ¿Acaso no creemos que
Jesús murió y resucitó? Así también Dios resucitará con Jesús a
los que han muerto en unión con él.

2 Timoteo 4:7-8

He peleado la buena batalla, he terminado la carrera, me
he mantenido en la fe. Por lo demás me espera la corona de
justicia que el Señor, el juez justo, me otorgará en aquel día;
y no solo a mí, sino también a todos los que con amor hayan
esperado su venida.

1 Juan 5:11

Y el testimonio es este: que Dios nos ha dado vida eterna,
y esa vida está en su Hijo.

Apocalipsis 3:5

El que salga vencedor se vestirá de blanco. Jamás borraré
su nombre del libro de la vida, sino que reconoceré su nombre
delante de mi Padre y delante de sus ángeles.

Apocalipsis 7:16-17

Ya no sufrirán hambre ni sed.
No los abatirá el sol ni ningún calor abrasador.
Porque el Cordero que está en el trono los pastoreará
y los guiará a fuentes de agua viva;
y Dios les enjugará toda lágrima de sus ojos.

Apocalipsis 21:1-5

Después vi un cielo nuevo y una tierra nueva, porque
el primer cielo y la primera tierra habían dejado de existir,
lo mismo que el mar. Vi además la ciudad santa, la nueva
Jerusalén, que bajaba del cielo, procedente de Dios, preparada
como una novia hermosamente vestida para su prometido. Oí
una potente voz que provenía del trono y decía: «¡Aquí, entre
los seres humanos, está la morada de Dios! Él acampará en
medio de ellos, y ellos serán su pueblo; Dios mismo estará con
ellos y será su Dios. Él les enjugará toda lágrima de los ojos.
Ya no habrá muerte, ni llanto, ni lamento ni dolor, porque las
primeras cosas han dejado de existir».

El que estaba sentado en el trono dijo: «¡Yo hago nuevas
todas las cosas!» Y añadió: «Escribe, porque estas palabras son
verdaderas y dignas de confianza».

Apocalipsis 21:23-26

La ciudad no necesita ni sol ni luna que la alumbren,
porque la gloria de Dios la ilumina, y el Cordero es su
lumbrera. Las naciones caminarán a la luz de la ciudad, y los
reyes de la tierra le entregarán sus espléndidas riquezas. Sus
puertas estarán abiertas todo el día, pues allí no habrá noche.
Y llevarán a ella todas las riquezas y el honor de las naciones.

Apocalipsis 22:4-5

Lo verán cara a cara, y llevarán su nombre en la frente.
Ya no habrá noche; no necesitarán luz de lámpara ni de sol,
porque el Señor Dios los alumbrará. Y reinarán por los siglos
de los siglos.

Guía para el debate

Preguntas para la interacción grupal o la reflexión personal

Siempre que leo sobre un tema que me intriga, inspira o desafía, lo primero que me gusta hacer es discutirlo con alguien. He descubierto que es más probable que aplique las lecciones de un tema si estoy en un círculo de amigos, en el que cada uno de los cuales ofrezca ideas. En comunidad, la verdad a menudo llega más profundo.

He escrito esta guía para estimular sus pensamientos sobre el tema de la otra vida. Sí, las preguntas pueden ayudarle a reflexionar en privado sobre lo que ha leído, pero espero que se una a algunos amigos para crecer juntos en la comprensión y la aplicación de los conocimientos de los expertos que he entrevistado para este libro.

Esto no es un estudio bíblico. Al contrario, está diseñado para alentarlo a pensar sobre lo que nos sucede después de que dejamos este mundo. Puede haber más preguntas para cada capítulo de las que esté dispuesto a tratar. Eso está bien; examínelas y seleccione las que mejor se adapten a usted o su grupo. Note que me refiero a mí mismo en tercera persona. Eso hace que las preguntas sean más comprensibles si se leen en voz alta durante una discusión.

Independientemente de dónde se encuentre en su travesía espiritual, espero que esta guía lo lleve a un aprecio más firme del tema del cielo y cómo se aplica a sus propias circunstancias. En la seguridad de una comunidad auténtica, entablemos un diálogo franco para que podamos emerger cada vez más vigorizados y transformados por las enseñanzas de Dios sobre la vida después de la muerte.

Introducción

1. Al comenzar este libro, ¿dónde se encuentra en su travesía espiritual? Imagínese una escala del uno al diez, en la que uno representa al ateísmo acérrimo, cinco representa al punto en el que se llega a la fe en Cristo y diez representa la devoción total a él. ¿Qué número reflejaría mejor su estado espiritual actual? ¿Por qué eligió ese número? ¿Qué necesitaría para ascender más en la escala?

2. Philip Yancey escribió: «La gracia significa que no hay nada que podamos hacer para que Dios nos ame más... Y la gracia significa que no hay nada que podamos hacer para que Dios nos ame menos».[1] Si eso es cierto, ¿qué dice esto sobre el amor de Dios? *¿De verdad* cree que no hay nada que pueda hacer para que Dios lo ame menos? Por favor, explique.

3. La introducción describe el roce de Lee con la muerte. ¿Alguna vez ha estado cerca de morir? ¿Cuáles fueron las circunstancias? ¿Qué emociones experimentó? ¿De qué manera alteró este incidente su visión de la vida y la muerte?

4. Si pudiera hacerle cualquier pregunta a Dios sobre el más allá y supiera que le daría una respuesta ahora mismo, ¿qué le preguntaría y por qué?

5. ¿Cree que es posible *saber* con certeza razonable lo que nos sucede después de que morimos? ¿Qué necesitaría para tener ese tipo de confianza?

6. La introducción presenta muchos de los temas que cubrirá este libro: nuestro miedo a la muerte, la existencia del alma, experiencias cercanas a la muerte, evidencias del cristianismo, el cielo, el infierno y la reencarnación. ¿Cuáles de estos temas le resultan más intrigantes y por qué?

7. Cuando era niño, ¿cuál era su imagen del cielo? ¿Cómo ha cambiado esa visión a medida que se convirtió en adulto?

8. Joni Eareckson Tada ha dicho que su primer impulso en el cielo no será saltar de su silla de ruedas para correr y bailar,

sino caer de rodillas en adoración a su Salvador. ¿Puede identificarse con eso? ¿Por qué?

Capítulo 1: La búsqueda de la inmortalidad

1. Describa lo que le asusta. ¿Las serpientes? ¿Un lugar de confinamiento? ¿Las alturas? ¿Los fracasos? ¿Las finanzas? ¿Un ahogamiento? ¿Hablar en público? ¿Son sus miedos puramente irracionales o provienen de un trauma que experimentó posiblemente cuando era niño?

2. Específicamente, ¿le teme a la muerte? ¿Qué es lo que le preocupa en particular de morir? ¿Es el proceso de morir? ¿La incertidumbre de lo que viene después de esta vida? ¿Perder todo lo que tiene en este mundo? ¿Puede identificarse con el médico Alex Lickerman, que dijo: «He tratado de resolver intelectualmente mi miedo a la muerte y llegué a la conclusión de que no puedo hacerlo, al menos por mí mismo»? Explique lo mejor que pueda.

3. ¿Piensa muy a menudo en morir, o generalmente evita pensar en su propia muerte? ¿Le resulta difícil reflexionar sobre el tema? ¿Alguna vez discute este tema con miembros de la familia u otras personas? ¿Cuál es la raíz de nuestra renuencia general a abordar este tema?

4. ¿Qué quiere que se escriba en su lápida? ¿Puede escribirlo en una oración o dos?

5. Staks Rosch dijo en un artículo del *Huffington Post* que «la depresión es un problema grave en la gran comunidad atea, y con demasiada frecuencia ha llevado al suicidio». En su opinión, ¿cuáles son algunas de las razones de eso? ¿Siempre tiene el escepticismo espiritual que llevar a la desesperanza, o puede la gente encontrar valor y optimismo sin creer en Dios? Intente imaginar que Dios no existe. ¿Cuáles son algunas de las formas en que buscaría inyectarle esperanza a su vida?

6. Clay Jones describió en su libro *Immortal* varios enfoques que las personas adoptan para sobrevivir a través de la

inmortalidad simbólica y otros medios. ¿Puede identificarse con alguno de esos? ¿Cree que a algunas personas les motiva tener hijos para dejar un legado?

7. ¿Tiene el deseo de que su nombre sea recordado después de su muerte? ¿Cuál fue su reacción ante el hecho de que muy pocas personas pueden dar el nombre de pila de sus tatarabuelos y realmente no se preocupan por sus antepasados? ¿Cómo se sentiría si su nombre se borrara del recuerdo?

8. Se cita al escritor de ciencia ficción Isaac Asimov diciendo: «Cualesquiera que sean las torturas del infierno, creo que el aburrimiento del cielo sería peor». ¿Cuál es su reacción a esa observación? Debido a que dura por la eternidad, ¿es inevitable que el cielo sea aburrido? ¿Por qué?

Capítulo 2: En busca del alma

1. El psiquiatra Ralph Lewis dijo: «Desde una perspectiva científica de la realidad, simplemente no hay lugar para creer en un reino espiritual. Punto». Después de leer este capítulo, ¿está de acuerdo o en desacuerdo con él? ¿Cuáles son algunas de las razones de su conclusión?

2. Algunos expertos creen que todas nuestras acciones y emociones son simplemente el producto de la actividad cerebral. De hecho, la filósofa Patricia Churchland dijo: «Vaya, ¿acaso el amor que siento por mi hijo es realmente solo química neuronal? Bueno, en realidad lo es. Pero eso no me molesta». ¿Le molestaría a usted? ¿Cree que todo lo que sentimos y hacemos es producto de la interacción molecular? Si es así, ¿cuáles son algunas de las implicaciones que eso tendría?

3. El filósofo J. P. Moreland da razones bíblicas para creer que nuestra alma se separa de nuestro cuerpo en el momento de la muerte cuando entramos en un estado intermedio y temporal de desencarnación hasta la resurrección general del cuerpo. ¿Son suficientes los versículos que ofrece para

convencerlo de que esta es la enseñanza bíblica? ¿Cómo es eso?

4. Cuando era una joven brillante y curiosa, Sharon Dirckx se dio cuenta repentinamente de su propia conciencia y se hizo las siguientes preguntas: *¿Por qué puedo pensar? ¿Por qué existo? ¿Por qué soy una persona viva, que respira, consciente y que experimenta la vida?* ¿Ha luchado personalmente con pensamientos como estos? Describa cuándo su conciencia fue evidente para usted.

5. Dirckx se fue a la universidad pensando que es incompatible que un científico crea en Dios. ¿Alguna vez ha tenido esa opinión, o la tiene ahora? ¿Tiene sentido esto para usted? ¿Por qué cree que mucha gente tiene esta creencia?

6. ¿Cómo describiría el olor del café? ¿Está de acuerdo con Dirckx en que para entender a qué huele el café necesita *experimentarlo*? ¿Cómo describiría la diferencia entre un punto de vista en primera persona y en tercera persona? ¿Por qué cree que esto es relevante para la pregunta de si tenemos alma?

7. Dirckx usa un marco de tres preguntas para investigar si somos solo cerebro y nada más: (1) ¿Es esta idea internamente congruente? (2) ¿Tiene sentido para el mundo? y (3) ¿Se puede vivir esta idea verdaderamente? ¿Cuál es su opinión en cuanto a su análisis? ¿Está de acuerdo con ella en que la hipótesis del solo cerebro falla en estas pruebas? ¿Cómo es eso?

8. Algunos filósofos dicen que debido a que Dios es consciente, eso explica por qué somos conscientes. ¿Es eso persuasivo para usted? ¿Por qué?

Capítulo 3: Experiencias cercanas a la muerte

1. Según una encuesta, tantas como una de cada diez personas en treinta y cinco países ha tenido una experiencia cercana a la muerte (ECM). ¿Ha tenido usted o alguien que

conozca una de esas experiencias? Si es así, ¿cómo fue? ¿Ha alterado su forma de pensar sobre la otra vida?

2. Antes de leer este capítulo, ¿cuál fue su reacción cuando alguien describió una ECM? ¿Fue receptivo? ¿Estaba intrigado? ¿Fue mayormente agnóstico sobre la validez de la experiencia o fue escéptico? Describa cualquier forma en que haya cambiado su actitud sobre las ECM después de leer la entrevista de Lee con el investigador John Burke.

3. Se ha sorprendido a algunas personas inventando historias sobre una experiencia cercana a la muerte con motivos publicitarios o con fines de lucro. ¿Cuánto influye ese hecho en su escepticismo al evaluar la legitimidad de las ECM? ¿Cree que otras personas pueden tener un motivo sincero para describir su ECM? ¿Cómo evaluaría si alguien es sincero o está mintiendo?

4. Algunos cristianos ni siquiera considerarán la posibilidad de que las ECM sean legítimas, porque las ven como producto del pensamiento oculto o de la Nueva Era. Sin embargo, otros cristianos, especialmente el teólogo R. C. Sproul, instan a las personas a mantener una mente receptiva y realizar más investigaciones. Basado en el testimonio experto de John Burke, ¿cuál cree que es el enfoque más sabio hacia las ECM?

5. ¿Qué historia de las ECM del capítulo le intrigó más? ¿Qué fue lo que despertó su interés en ese caso?

6. ¿Cómo reaccionó ante la historia de la violenta y aterradora experiencia cercana a la muerte de Howard Storm? ¿Qué emociones evocó? ¿Cree que suena a verdad? Explique.

7. Haciéndose eco de los sentimientos de la neurocientífica Sharon Dirckx, Lee dijo que un solo caso bien documentado de una ECM sería suficiente para constituir una fuerte evidencia de que nuestra conciencia continúa después de la muerte clínica. ¿Cree que se ha alcanzado este límite? ¿Qué tipo de investigación debería realizarse en el futuro a medida que se investigan más las ECM?

8. Lee adoptó un enfoque bastante conservador de las ECM al concentrarse en los casos en los que hay algún tipo de corroboración externa, por ejemplo, la historia sobre la mujer que vio un zapato deportivo en el alféizar de una ventana superior del hospital mientras estaba fuera de su cuerpo, así como otros casos similares. Lee concluyó que, como mínimo, las ECM muestran que nuestra conciencia puede sobrevivir a nuestra muerte clínica, al menos por un tiempo. ¿Cree que esa es una forma razonable de ver las pruebas? ¿Por qué?

Capítulo 4: La pirámide al cielo

1. Al comenzar a leer este capítulo, ¿cómo se habría clasificado a sí mismo: como un escéptico incondicional, un escéptico moderado, espiritualmente neutral, un buscador espiritual, un creyente en Cristo o un cristiano fuerte y confiado? ¿Cambió este capítulo dónde encaja en esa clasificación? ¿De qué manera?
2. Chad Meister pasó por un período de duda en cuanto al cristianismo después de encontrarse con personas fiables con creencias conflictivas. ¿Alguna vez ha dudado de su fe? ¿Qué sucedió? ¿Cómo procesó esa experiencia? ¿Llegó a alguna resolución?
3. ¿Tiene sentido para usted la «pirámide del cielo»? ¿Cree que cubre los temas esenciales que deben investigarse? ¿Qué nivel de la pirámide fue el más importante para usted y por qué?
4. En Juan 18:38, Poncio Pilato preguntó: «¿Y qué es la verdad?». ¿Cómo le respondería?
5. Meister dio tres razones para creer en Dios: el origen del universo, el ajuste fino del universo y la existencia de la moralidad objetiva. ¿De qué manera encuentra persuasivos estos argumentos?
6. El Corán y la Biblia hacen afirmaciones contradictorias. ¿Qué importancia tiene la naturaleza de testimonio ocular

de las afirmaciones cristianas? ¿Es importante para usted la corroboración del cristianismo a partir de fuentes externas? En una escala del uno al diez, en la que uno es escepticismo absoluto y diez es la creencia de que la Biblia es confiable, ¿dónde se ubicaría y por qué?

7. ¿Por qué cree que la resurrección de Jesús es la clave del cristianismo? Si de hecho él regresó de entre los muertos, ¿cuáles son algunas de las implicaciones para el mundo? ¿Para su vida y su futuro?

8. Si Jesús resucitó, sería un milagro, pero los milagros son posibles si Dios existe. El filósofo Richard Purtill describió un milagro como un acontecimiento provocado por el poder de Dios, el cual es una excepción temporal al curso ordinario de la naturaleza con el propósito de mostrar que Dios ha actuado en la historia.[2] ¿Alguna vez ha tenido una experiencia en su vida que solo pueda describir como un milagro? Si es así, describa lo que sucedió y cómo le afectó.

9. El nivel superior de la pirámide del cielo es el evangelio. Si alguien le preguntara por qué Jesús murió «por nuestros pecados», ¿qué le diría? ¿Le parece atractivo el reino de Dios según lo describió Meister? ¿Está seguro en este momento de que pasará la eternidad con Dios? Por favor, explique.

Capítulo 5: El cielo: una guía

1. En cierto sentido, la astrofísica Sarah Salviander describe cómo escaló la pirámide del cielo en su travesía espiritual, llegando a la conclusión de que el cristianismo es verdadero. Sin embargo, fue la muerte de su bebé lo que terminó cimentando su fe. ¿Qué le pareció su historia? ¿Puede identificarse con algo de ella? ¿De qué maneras?

2. Diga su opinión sobre la observación de John Eldredge: «Casi todos los cristianos con los que he hablado tienen alguna idea de que la eternidad es un servicio religioso

interminable. Nos hemos decidido por una imagen del canto perpetuo en el cielo, un gran himno tras otro, por los siglos de los siglos, amén. Y nuestro corazón se consume. *¿Por los siglos de los siglos? ¿Es eso? ¿Es esa la buena noticia?* Y luego suspiramos y nos sentimos culpables por no ser más "espirituales". Nos desanimamos y volvemos una vez más al presente para encontrar la vida que podamos». ¿Alguna vez ha luchado con sentimientos así? ¿Cómo le ha ayudado este capítulo a cambiar eso?

3. El teólogo Scot McKnight dio nueve razones por las que cree en el cielo. ¿Cuál de ellas le ha llamado más la atención? ¿Encontró algunas de esas razones más persuasivas que otras? De ser así, ¿cuáles?

4. McKnight dijo que la Biblia enseña que el cielo no es un lugar etéreo poblado por almas fantasmales, sino «un cielo nuevo y una tierra nueva», la renovación y restauración de la creación, donde tendremos cuerpos resucitados como el de Jesús. ¿Fue ese un concepto nuevo para usted? ¿Cuál es su reacción?

5. McKnight afirmó que algunas personas ven el cielo como algo puramente «teocéntrico» o centrado exclusivamente en las personas que adoran a Dios, mientras que otras lo ven como más «centrado en el reino», enfatizando el aspecto comunitario de la otra vida. ¿En qué campo encaja usted con más naturalidad y por qué? ¿Cree que es posible tener una visión equilibrada entre estas dos perspectivas?

6. McKnight describe la primera hora en el cielo llena de personas que se reconcilian con aquellos con quienes han estado en conflicto. Él dijo que esto podría ser instantáneo o suceder durante un período de tiempo. ¿Cómo se siente con respecto a eso? ¿Hay alguien con quien se avergonzaría al verlo en el cielo porque actualmente está alejado de esa persona? ¿Cómo se sentiría vivir en armonía incluso con aquellos con quienes no concuerda? ¿Esperaría ansioso por ese período de reconciliación o se preocuparía?

7. McKnight usa la terraza como una forma de describir los aspectos sociales del cielo. ¿Cuál suele usar más: la terraza o el patio trasero? ¿Por qué?

8. ¿Cómo se siente emocionalmente ante la perspectiva de ver a Dios cara a cara? ¿Cómo cree que será eso? ¿Le ayuda en algo la ilustración de McKnight del «ojo mágico»? El famoso predicador Charles Spurgeon dijo: «La gloria misma del cielo es que lo veremos, a ese mismo Cristo que una vez murió en la cruz del Calvario, que nos postraremos y adoraremos a sus pies, es más, que nos besará con su boca y nos dará la bienvenida para que habitemos con él para siempre». ¿Qué le parece esa cita?

9. Cuando terminó de leer el capítulo de McKnight, ¿qué aspecto del cielo le produjo más curiosidad?

Capítulo 6: Siete acerca del cielo

1. ¿Cree que Dios acepta nuestras preguntas o que se siente ofendido por ellas? ¿Ha tenido una experiencia en la que una pregunta acerca de Dios ha obstaculizado su fe, pero finalmente recibió una explicación satisfactoria que eliminó ese obstáculo? Si es así, describa lo que sucedió.

2. La pregunta en cuanto a si las mascotas estarán en el cielo parece trivial, pero en realidad, es una preocupación importante para mucha gente. ¿Cuál era su mascota favorita en su niñez o ya adulto? ¿Qué es lo que más apreció de su mascota? ¿Espera ver a esa mascota en el cielo? Si fuera así, ¿qué diría eso acerca de Dios?

3. Los eruditos están divididos en cuanto a si habrá matrimonio en el cielo. En lo referente a McKnight, él cree que no habrá *nuevos* matrimonios allá. Todo parece depender del único versículo que McKnight analiza. ¿Cuál posición favorece usted y por qué?

4. Craig Blomberg, el erudito del Nuevo Testamento, afirma que la motivación de los cristianos debe ser agradar a

Dios, no luchar por las recompensas del cielo. Él cree que el evangelio debería «liberar a los creyentes de todas esas concepciones de la vida cristiana centradas en el desempeño».[3] Por otro lado, McKnight dijo que encuentra cierta motivación en los versículos que hablan en términos de recompensas celestiales. ¿Hacia qué lado se inclina en este tema? ¿Serán tratados todos de la misma manera en el cielo o cree que algunos cristianos serán recompensados más que otros?

5. El cielo será un lugar perfecto poblado por personas santas; sin embargo, la mayoría de los cristianos, si no todos, no han alcanzado ese estado antes de la muerte. ¿Es lógica para usted la idea del purgatorio? ¿O cree que Dios perfeccionará instantáneamente a los creyentes al morir mediante un acto de glorificación? ¿Qué posición es más sensata bíblicamente para usted y por qué?

6. ¿Ataúd o urna para cenizas? ¿Quiere ser enterrado o incinerado cuando muera? Después de leer la sección sobre este tema, ¿ha cambiado su actitud? Si quiere ser incinerado, ¿cómo describiría su motivación?

7. ¿Usted o alguien que conoce ha sufrido un aborto espontáneo o la muerte de un niño pequeño? Esa es una experiencia desgarradora. ¿Le animan los comentarios de McKnight en referencia a si habrá niños en el cielo? Si Dios es amoroso, bueno y justo, ¿cómo cree que pueda tratar con ellos?

8. Jesús dijo en Juan 14:6 que él es el único camino al cielo. ¿Le molesta esta afirmación? ¿O le parece sensata? ¿Cómo relataría la historia de Jesús que cuenta McKnight? ¿Por qué son «buenas noticias»?

Capítulo 7: La lógica del infierno

1. Jesús advirtió en Mateo 7:13 que «es ancha la puerta y espacioso el camino que conduce a la destrucción, y muchos entran por ella», sin embargo, solo el dos por ciento de

los estadounidenses creen que terminarán en el infierno. ¿Cómo conciliaría estas dos declaraciones?

2. Mucha gente reacciona con vehemencia contra la enseñanza de que el infierno implica un eterno sufrimiento consciente. Un maestro de la Biblia dijo que ese es el «tema intratable» que la iglesia ha mantenido oculto durante siglos debido a una «vergüenza justificable». ¿Cuál es su reacción a la idea de que los que no se arrepientan sufrirán tormento para siempre? ¿Cree que los cristianos deberían continuar enseñando esa doctrina si la Biblia la apoya?

3. ¿Ha escuchado alguna vez un sermón sobre el infierno? Si es así, ¿le parece sensato? ¿Qué emociones evocó? Si no es así, ¿cree que las iglesias son negligentes al no proclamar todo el consejo de Dios? ¿Están bien atendidas las congregaciones si los pastores ignoran este tema? Si tuviera que escribir un sermón sobre el infierno, ¿cuáles son algunos de los puntos que le gustaría enfatizar?

4. ¿Cómo describiría la diferencia entre *tortura* y *tormento*?

5. El filósofo Paul Copan dijo que Dios no *envía* a las personas al infierno, sino que «aquellos que rechazan el gobierno de Dios *se envían a sí mismos* al infierno». Como dice el músico Michael Card, Dios «simplemente pronuncia la sentencia que ellos mismos se han dictado». ¿Le parece lógica esta distinción? ¿Por qué?

6. Lee admitió que una vez luchó por reconciliar la doctrina del infierno con la justicia de Dios, pero recibió ayuda cuando se dio cuenta de que hay diversos grados de castigo en el infierno. ¿Cómo afecta su actitud hacia este tema saber que el infierno no es igual para todos?

7. ¿Cuál es su reacción al episodio de *La dimensión desconocida* que describió Copan? Por otro lado, ¿cómo se siente con respecto a la otra vida, tal como se muestra en la popular serie *El lugar bueno* de Netflix?

8. Lea la parábola de Lázaro y el hombre rico en Lucas 16:19-31. Por supuesto, esta es una parábola y se trata del estado

intermedio. Sin embargo, ¿hay algunas lecciones que pueda aprender de esta historia? Si es así, ¿cuáles son algunas de ellas?

9. El pastor Richard Wurmbrand fue torturado por su fe bajo el dictador rumano Nicolae Ceaușescu. Wurmbrand escribió más tarde: «La crueldad del ateísmo es difícil de creer. Cuando un hombre no tiene fe en la recompensa del bien o en el castigo del mal, no hay razón para ser humano. No hay restricción a las profundidades del mal que yace en el hombre. Los torturadores comunistas decían a menudo: "No hay Dios, no hay más allá, no hay castigo por el mal. Podemos hacer lo que queramos"». ¿Cree que las enseñanzas sobre el infierno disuaden el mal comportamiento en nuestro mundo? ¿Qué parte de la crueldad actual del mundo se puede atribuir a que las personas pierden la fe en algún tipo de vida después de la muerte?

Capítulo 8: Escape del infierno

1. ¿Cuál es su reacción ante el ícono evangélico John Stott que abrazó «tentativamente» el aniquilacionismo? Él negó que estuviera motivado por la emoción; sin embargo, ¿es realmente posible divorciar nuestros sentimientos de este tema? En su opinión, ¿hasta qué punto su estatura como líder cristiano le da credibilidad a la idea del aniquilacionismo?

2. Stott expresó varias razones por las que Dios podría hacer que los impenitentes dejaran de existir en vez de someterlos a una eternidad de tormento. ¿Cuál de sus razones, si las hay, le pareció más convincente y por qué?

3. Paul Copan defendió las enseñanzas tradicionales sobre el infierno usando una variedad de referencias bíblicas, la filosofía y la lógica. ¿Tuvo éxito, en su opinión? ¿Cuál, si hay alguno, de sus argumentos contrarios al aniquilacionismo tuvo más peso para usted?

4. El agnóstico erudito del Nuevo Testamento Bart Ehrman afirma que Jesús era un aniquilacionista. Si él le hiciera

esa declaración, ¿cómo respondería? ¿Qué evidencia usaría para defender su posición?

5. El universalismo cristiano dice que al final Dios perdonará y adoptará a todas las personas a través de Cristo, quizás después de un período limitado de castigo restaurativo en el infierno para algunos. Copan dijo que esa era «una doctrina aberrante y peligrosa». En su opinión, ¿cuál es el argumento más fuerte a favor del universalismo y el caso más convincente en su contra?

6. ¿Cómo responde Copan a la afirmación de que incluso Dios quiere que todos se salven (1 Timoteo 2:4; 2 Pedro 3:9)? ¿Cómo describiría la diferencia entre que Cristo sea el Salvador *potencial* de todos, pero no el Salvador *real* de todos? Si no todos terminan en el cielo, ¿cree que Jesús falló en su misión de venir «a buscar y a salvar a los perdidos» (Lucas 19:10)? ¿Por qué?

7. Martín Lutero, aunque no es universalista, aun así especuló que algunas personas podrían tener una oportunidad después de su muerte de llegar a la fe en Cristo. ¿Cuál es su reacción a esa «opción de Lutero»? ¿Existen buenas razones bíblicas para respaldarlo? ¿Cuáles serían sus implicaciones?

8. Si alguien que no fuera cristiano le preguntara directamente: «¿Voy a ir al infierno?», ¿cómo le respondería?

Capítulo 9: La sensación de la reencarnación

1. ¿Por qué cree que la antigua idea de la reencarnación se ha convertido en una creencia tan popular en las sociedades occidentales modernas?

2. ¿Cuál es su reacción cuando celebridades como Shirley MacLaine, Loretta Lynn y Sylvester Stallone dicen que tuvieron vidas anteriores? ¿Le intriga eso? ¿Es escéptico? ¿Le parece divertido?

3. ¿Qué le pareció el fenómeno Bridey Murphy cuando lo leyó al principio del capítulo? ¿Qué capturó su imaginación?

¿Puede ver por qué se convirtió en un fenómeno nacional? ¿Cuál fue su reacción cuando leyó el resto de la historia más adelante en el capítulo? ¿Qué evidencia cree que fue la más dañina contra ella?

4. Douglas Groothuis ofreció varias razones por las que la reencarnación no tiene sentido lógico. ¿Cuál de esas explicaciones le resonó más? ¿Cuáles son algunas de las deficiencias de la ley del karma?

5. ¿Cómo describiría la diferencia entre el cielo y el nirvana?

6. Si alguien le dijera que Jesús enseñó la reencarnación, ¿cómo respondería?

7. ¿Ha experimentado alguna vez un *déjà vu*? ¿Puede dar un ejemplo? ¿Qué explicaciones naturales tiene para ello?

8. Douglas Groothuis dijo que si tuviera una opción, preferiría que su difunta esposa, Becky, enfrentara la resurrección en vez de la reencarnación. ¿Qué preferiría para usted? ¿Cuáles son sus razones?

Capítulo 10: Al borde de la eternidad

1. Antes de leer este capítulo, ¿conocía el ministerio del evangelista Luis Palau? ¿De qué manera?

2. Palau describió que su oncólogo fue franco al decirle que solo le quedaba poco tiempo de vida. ¿Se imagina recibir ese tipo de noticias con respecto a usted? ¿Cuál sería su primer pensamiento? ¿Qué emociones sentiría? ¿Cuáles son las tres primeras cosas que le gustaría hacer?

3. Palau describió las últimas palabras de su padre antes de morir. Él dijo: «Me enseñó a morir con un himno en mi corazón y una Escritura en mis labios». Si pudiera orquestar sus momentos finales en este mundo, ¿cuáles serían?

4. En la entrevista de Lee con Palau, este describió algunas preguntas que le gustaría hacerle a Dios. Si pudiera hacerle cualquier pregunta a Dios en el cielo, ¿cuál sería y por qué?

5. Además de Dios, ¿quiénes son las tres personas principales que le gustaría conocer en el cielo? ¿Por qué eligió a esas personas? ¿Cuál es la primera pregunta que le gustaría hacerles?

6. A lo largo de los años, Palau dijo que el enfoque de su predicación cambió, por lo que al final trató de centrarse en el amor y la gracia de Dios. ¿Siente usted que pasa suficiente tiempo meditando en esos atributos del Padre? ¿O tiende a insistir en su propia indignidad para recibir su afecto? ¿Qué siente más, la sonrisa de Dios o su juicio crítico? ¿Por qué eso es así? ¿Qué se necesitaría para que disfrutara del amor de Dios?

7. Palau dijo que les diría a los creyentes: «Vamos, usted puede»; es decir, ellos pueden arriesgarse a contarles a otros las buenas nuevas de la salvación disponibles a través de Jesús. ¿Recuerda alguna ocasión en la que entabló una conversación espiritual con alguien que estaba lejos de Dios? ¿Cuáles fueron las circunstancias? ¿Qué sintió antes y después del encuentro? ¿Qué le impide arriesgarse más a hablar de Cristo con los demás?

8. Palau dijo que les diría a los no cristianos: «¡No sean estúpidos!». ¿Qué cree que quiso decir con eso? ¿Siente que hablaba con dureza o con amor genuino? Si usted es cristiano, ¿cómo reaccionó a su consejo? Si no es cristiano, ¿se sintió ofendido? ¿Desafiado? ¿Alentado? ¿Cuáles fueron sus emociones?

Conclusión

1. ¿Ha visitado alguna vez a alguien poco antes de que muriera? ¿Qué es lo que más recuerda del encuentro? ¿Acaso la persona dijo o hizo algo que usted recuerde hasta el día de hoy?

2. El autor Max Lucado señaló que no podemos comprender la eternidad, y eso es cierto. ¿La ilustración de Chad Meister sobre la arena en una playa le dio una idea de cómo es la

«eternidad»? ¿Cómo intentaría ayudar a alguien a «sentir» la extensión de la eternidad? A la luz de la naturaleza infinita del cielo, el sufrimiento de esta vida se desvanecerá en recuerdos lejanos. ¿Hay aspectos particulares de su vida que le gustaría ver disipados por la eternidad?

3. La resurrección de Jesús y la promesa del cielo revolucionaron a sus discípulos en *este* mundo, cambiando sus valores, su misión y sus prioridades. ¿De qué manera podría cambiar su actitud actual el hecho de vivir a la luz del cielo?

4. ¿Por qué esperar hasta el cielo para reconciliarse con alguien con quien está en desacuerdo? ¿Tiene un conflicto con otra persona? Traiga su rostro a su mente. ¿Cuáles son los tres pasos que puede dar para reconciliarse con esa persona? ¿Hasta dónde llegaría para perdonar? ¿O hay una línea que podría cruzarse que resultaría «demasiado lejos» para que perdone a alguien? Explique.

5. Si alguien le preguntara sobre el destino de las personas que nunca han escuchado la historia de Jesús, ¿qué le diría?

6. El primer versículo que Lee memorizó como nuevo cristiano fue 1 Juan 5:13: «Les escribo estas cosas a ustedes que creen en el nombre del Hijo de Dios, para que sepan que tienen vida eterna». ¿Qué tan seguro se siente de que ha sido adoptado con seguridad en la familia de Dios para siempre? ¿Sabe en su corazón y su mente que pasará la eternidad con Dios en el cielo? En una escala del uno al diez, con uno siendo totalmente dudoso y diez siendo totalmente confiado, ¿qué número lo representaría mejor? ¿Por qué eligió ese número?

7. Lee se convirtió en cristiano cuando aplicó la «fórmula de la fe» a su vida: Creer + Recibir = Convertirse. Tal vez usted haya creído en la historia de Jesús durante mucho tiempo, pero su vida y sus valores nunca han cambiado realmente. ¿Podría ser porque nunca ha recibido el regalo gratuito del perdón y la vida eterna que ofrece Jesús? Si no tiene la confianza de que ha sido adoptado con seguridad como hijo de

Dios, ¿hay algo que le impide hacer el tipo de oración que cambió la vida y la eternidad de Lee?

8. Si no es un seguidor de Cristo, ¿qué evidencia adicional necesitaría para creer en la historia de Jesús? ¿Cuáles son algunos pasos concretos que puede dar para investigar más sobre el cristianismo? ¿Está dispuesto a comprometerse a dar esos pasos con urgencia? Recuerde que no tiene que saberlo *todo* para saber *algo*. Si la evidencia discutida en este libro es suficiente, ¿hay alguna razón para que no reciba a Jesús ahora mismo como su perdonador y líder a través de una oración de arrepentimiento y fe?

Agradecimientos

Me alegra que usted haya hecho una pausa aquí. Es importante que sepa que, aun cuando el nombre del autor yace en la portada, crear un libro como este es en gran medida un proyecto en conjunto que se basa en el talento, la experiencia y el arduo trabajo de muchas personas dedicadas.

Siempre agradezco los consejos y aportes de mi asociado en el ministerio Mark Mittelberg. Nos gusta bromear diciendo que estamos «unidos por el cerebro», pero en realidad eso es más que un simple chiste. Compartimos la misma visión para el ministerio y estamos consagrados a afilarnos uno al otro como el hierro afila al hierro (Proverbios 27:17).

Mi agente literario, Don Gates, brindó una instruida sapiencia durante el proceso. Mi editor Andy Rogers ofreció comentarios sagaces que mejoraron significativamente el flujo y el enfoque del libro. Dirk Buursma y el equipo de diseñadores, especialistas en mercadotecnia y vendedores de Zondervan fueron invaluables para poner este recurso en sus manos.

Mi esposa, Leslie, como siempre, fue una fuente constante de aliento. Finalmente, estoy en deuda con los diversos académicos y expertos que me permitieron entrevistarlos.

Como nos gusta decir a los tejanos: «Ah, los aprecio a todos».

Una cosa más. Permítanme ser el primero en anunciar una fiesta de celebración algún día en el cielo, cuando nos reuniremos para festejar lo que solo Dios pudo lograr a través de sus siervos dispuestos. Él merece la gloria por cualquier ministerio que este proyecto cumpla.

Acerca del autor

El ateo convertido en cristiano Lee Strobel, antiguo editor jurídico galardonado del periódico *Chicago Tribune*, es uno de los autores más exitosos según el *New York Times*, con más de cuarenta libros y planes de estudio que han vendido millones de ejemplares. Es director fundador del Centro Lee Strobel de Evangelismo y Apologética Aplicada en la Universidad Cristiana de Colorado.

El *Washington Post* describió a Lee como «uno de los apologistas más populares de la comunidad evangélica». Recibió su título de periodismo en la Universidad de Missouri y su maestría en Estudios de Derecho de la Facultad de Derecho de Yale. Lee se desempeñó como periodista durante catorce años en el *Chicago Tribune* y otros periódicos; ganó los más altos honores de Illinois por reportajes de investigación y periodismo de servicio público de United Press International.

Tras investigar evidencias de Jesús por casi dos años, Lee se convirtió al cristianismo en 1981. Más tarde fue pastor de enseñanza en tres de las iglesias más grandes de Estados Unidos y condujo el programa nacional televisivo *Faith under Fire*. Además, enseñó la ley de la Primera Enmienda en Roosevelt University.

En 2017, la historia de Lee se representó en *El caso de Cristo*, una película premiada. Él ha ganado numerosos premios nacionales por sus libros, entre los que figuran *El caso de Cristo*, *El caso de la fe*, *El caso del Creador*, *El caso de la gracia*, *En defensa de Jesús* y *El caso de los milagros*.

Lee y Leslie han estado casados durante cuarenta y nueve años. Su hija, Alison, es novelista, y su hijo, Kyle, es profesor de teología. Tienen cuatro nietos.

Notas

Introducción

1. Citado en Nicholas Kristof, «Reverend, You Say the Virgin Birth Is "a Bizarre Claim"?», *New York Times*, 20 abril 2019, www.nytimes. com/2019/04/20/opinion/sunday/christian-easter-serene-jones.html.
2. Ver Tracy Munsil, «AWVI 2020 Survey: 1 de cada 3 estadounidenses adultos acogen la salvación a través de Jesucristo; se pueden "ganar" más creyentes», Arizona Christian University: Centro de Investigación Cultural, 4 agosto 2020, www.arizonachristian.edu/ blog/2020/08/04/1-in-3-us-adults-embrace-salvation-through-jesus-more-believe-it-can-be-earned.
3. Andrew Sullivan, «What Do Atheists Think of Death?», *The Atlantic*, 16 mayo 2010, www.theatlantic.com/daily-dish/archive/2010/05/ what-do-atheists-think-of-death/187003.
4. Bart D. Ehrman, *God's Problem: How the Bible Fails to Answer Our Most Important Question—Why We Suffer* (San Francisco: HarperOne, 2008), p. 127.
5. Andrew Sullivan, *Love Undetectable* (Nueva York: Vintage, 1999), p. 217.

Capítulo 1: La búsqueda de la inmortalidad

1. Filipenses 1:21.
2. Irvin D. Yolam, *Staring at the Sun: Overcoming the Terror of Death* (San Francisco: Jossey-Bass, 2008), pp. 5-6.
3. Clay Jones, *Inmortal: How the Fear of Death Drives Us and What We Can Do about It* (Eugene, OR: Harvest House, 2020).
4. J. P. Moreland, «Endorsement», en Clay Jones, *Why Does God Allow Evil? Compelling Answers for Life's Toughest Questions* (Eugene, OR: Harvest House, 2017), p. 1.
5. Frank Turek, «Endorsement», en Jones, *Immortal*, p. 1.
6. Luc Ferry, *A Brief History of Thought: A Philosophical Guide to Living*, trad. Theo Cuffe (Nueva York: HarperCollins, 2011), p. 12.
7. Platón, *Fedón*, 67.4-6, trad. David Gallop (Oxford: Oxford University Press, 2009), p. 14.
8. Michel de Montaigne, «To Philosophize Is to Learn How to Die», en *Michel de Montaigne, The Complete Essays*, trad. M. A. Screech (Nueva York: Penguin, 2003), p. 89.
9. Arthur Schopenhauer, *The World as Will and Representation*, vol. 1, trad. E. F. J. Payne (Indian Hills, CO: Falcon's Wing, 1958), p. 249. Publicado en español con el título *El mundo como voluntad y representación*.

10. Ver Ernest Becker, *The Denial of Death* (Nueva York: Free Press, 1973). Publicado en español con el título *La negación de la muerte*

11. Becker, *The Denial of Death*, p. xvii.

12. Zygmunt Bauman, *Mortality, Immortality, and Other Life Strategies* (Stanford, CA: Stanford University Press, 1992), p. 31.

13. Staks Rosch, «El ateísmo tiene problemas con el suicidio», *Huffington Post*, 8 diciembre 2017, www.huffpost.com/entry/atheism-has-a-suicide-problem_b_5a2a902ee4b022ec613b812b.

14. Miguel de Unamuno, *Tragic Sense of Life*, trad. J. E. Crawford Flitch (Nueva York: Dover, 1954), p. 150. Publicado en español con el título *Del sentimiento trágico de la vida*.

15. Kanita Dervic et al., «Religious Affiliation and Suicide Attempt», *American Journal of Psychiatry* 161, no. 12, diciembre 2004, https://ajp.psychiatryonline.org/doi/full/10.1176/appi.ajp.161.12.2303.

16. Los investigadores rastrearon a más de 100.000 enfermeras y profesionales de la salud durante diecisiete años para este estudio. Ver Ying Chen *et al.*, «Religious Service Attendance and Deaths Related to Drugs, Alcohol, and Suicide among US Health Care Professionals», *JAMA Psychiatry* 77, no. 7, 6 mayo 2020, https://jamanetwork.com/journals/jamapsychiatry/fullarticle/2765488.

17. David Smith, «2050—And Immortality Is within Our Grasp», *Observer/Guardian*, 21 mayo 2005, www.theguardian.com/science/2005/may/22/theobserver.technology.

18. Ver Ashlee Vance, «Elon Musk Unveils Brain Computer Implanted in Pigs», *Bloomberg News*, 28 agosto 2020, www.bloomberg.com/news/articles/2020-08-28/elon-musk-to-unveil-neuralink-brain-computer-implanted-in-pigs.

19. Citado en Ben Makuch, «Frozen Faith: Cryonics and the Quest to Cheat Death», *Motherboard*, 5 mayo 2016, www.youtube.com/watch?v=m5KuNAeOtJ0&feature=youtu.be.

20. Citado en David McCormack, «We Did It Out of Love», *Daily Mail*, 19 mayo 2014, http://dailymail.co.uk/news/article-2632809/We-did-love-baseball-legend-ted-williams-daughter-finally-speaks-brother-spent-100-000-fathers-body-cyrogenically-frozen.html-#ixzz5HCs7Ap5I.

21. Citado en entrevista de Larry King con Conan O'Brien, «Larry King Demands Conan Freeze His Corpse», YouTube, 13 febrero 2014, www.youtube.com/watch?v=PF7NpKG_S8g.

22. Sam Keen, «Foreword», en Becker, *The Denial of Death*, p. xiii.

23. Edwin Shneidman, *A Commonsense Book of Death: Reflections at Ninety of a Lifelong Thanatologist* (Nueva York: Rowman & Littlefield, 2008), p. 34.

24. Nathan A. Heflick, «Children and the Quest for Immortality», *Psychology Today*, 21 febrero 2012, www.psychologytoday.com/us/blog/the-big-questions/201202/children-and-the-quest-immortality.

25. Citado en Jones, *Immortal*, p. 62.

26. Richard Dawkins, «Ask Richard: Atheist Haunted by the Fear of Death», *Patheos*, 23 agosto 2010, https://friendlyatheist.patheos.com/2010/08/23/ask-richard-atheist-haunted-by-the-fear-of-death/.

27. Citado en Jones, *Immortal*, p. 67. Esta cita se atribuye ampliamente a Miguel Ángel.

28. Citado en Gillian Perry y Colin Cunningham, eds., *Academies, Museums, and Canons of Art* (New Haven, CT: Yale University Press, 1999), p. 88.

29. Ver Michael Kinsley, *Old Age: A Beginner's Guide* (Nueva York: Crown, 2016), p. 130.

30. Citado en Caroline Shively y la Associated Press, «Wichita Police: "BTK Is Arrested"», Fox News, 26 febrero 2005, www.foxnews.com/story/wichita-police-btk-is-arrested.

31. Citado en «Mark David Chapman Killed Lennon for Fame», UPI, 15 octubre 2004, www.upi.com/Archives/2004/10/15/Mark-David-Chapman-killed-Lennon-for-fame/2571097812800.

32. Citado en Associated Press y Ashley Collman y Alex Greg, «It Took Incredible Planning and Incredible Stalking», *Daily Mail*, 28 agosto 2014, at www.dailymail.co.uk/news/article-2737101/Mark-David-Chapman-brags-incredible-planning-stalking-notorious-murder-John-Lennon.html.

33. Ver Saul M. Kassin y Lawrence S. Wrightsman, *The American Jury on Trial: Psychological Perspectives* (Nueva York: Routledge, 2012), p. 89.

34. Rafael Olmeda, «Parkland Shooter Nikolas Cruz Brags on Cellphone Videos, "I'm Going to Be the Next School Shooter"», *Sun Sentinel*, 30 mayo 2018, at http://sun-sentinel.com/local/broward/parkland/florida-school-shooting/fl-reg-florida-school-shooting-phone-video-release-20180530-story.html.

35. Marcus Aurelius, Meditations, 8:44, citado en David R. Loy, *A Buddhist History of the West: Studies in Lack* (Albany, NY: SUNY, 2002), p. 67.

36. Citado en Jones, *Immortal*, p. 97. Este es un comentario que se cita a menudo, pero sus orígenes son oscuros.

37. Stephen Fry, «"What Should We Think About Death?". Narrado por Stephen Fry — That's Humanism», 17 marzo 2014, www.youtube.com/watch?v=pR7e0fmfXGw.

38. Ver Apocalipsis 21:5.

39. 1 Corintios 2:9 (NTV).

40. Steve Jobs, «Commencement Address», Stanford University, 12 junio 2005; citado en John Brownlee, «Steve Jobs: "Death Is Very Likely the Best Single Invention of Life"», *Cult of Mac*, 5 octubre 2011, https://www.cultofmac.com/121101/steve-jobs-death-is-very-likely-the-best-single-invention-of-life-it-is-lifes-change-agent.

41. Citado en Jones, *Immortal*, p. 110.

42. Sam Harris, «Sam Harris on Death», *Big Think*, 2 junio 2011, www.youtube.com/watch?v=d_Uahu9XNzU.

43. Ver Thomas Nagel, *Mortal Questions* (Cambridge, UK: Cambridge University Press, 2012), pp. 3, 11.

44. Alex Lickerman, «Overcoming the Fear of Death», *Psychology Today*, 8 octubre 2009, https://psychologytoday.com/blog/happiness-in-world/200910/overcoming-the-fear-death.
45. Jones, *Immortal*, p. 139, cursivas en el original.
46. Ferry, *Brief History of Thought*, p. 261.
47. Citado en Mary Bowerman, «Heaven "Is a Fairy Story": This Is What Stephen Hawking Says Happens When People Die», *USA Today*, 14 marzo 2018, www.usatoday.com/story/tech/nation-now/2018/03/14/heaven-fairy-story-what-stephen-hawking-says-happens-when-people-die/423344002/.
48. Citado en Heather Tomlinson, «Ten Quick Responses to Atheist Claims», *Christian Today*, 8 octubre 2014, www.christiantoday.com/article/ten.quick.responses.to.atheist.claims/41439.htm.

Capítulo 2: En busca del alma

1. Citas extraídas de Ralph Lewis, «Is There Life after Death? The Mind-Body Problem», *Psychology Today*, 18 julio 2019, www.psychologytoday.com/us/blog/finding-purpose/201907/is-there-life-after-death-the-mind-body-problem. Él cuenta su historia en *Finding Purpose in a Godless World* (Amherst, NY: Prometheus, 2019).
2. Daniel Dennett, *Consciousness Explained* (Boston: Little, Brown and Company, 1991), p. 33.
3. Colin Blakemore, *The Mind Machine* (London: BBC Books, 1990), p. 270.
4. Graham Lawton, «The Benefits of Realising You're Just a Brain», *New Scientist*, 27 noviembre 2013, www.newscientist.com/article/mg22029450-200-the-benefits-of-realising-youre-just-a-brain.
5. El fisicalismo, también conocido como monismo (literalmente, unicidad), y el dualismo son términos amplios que los filósofos han dividido en un número vertiginoso de subcategorías, las cuales incluyen dualismo de sustancias, dualismo naturalista, dualismo holístico, dualismo emergente, monismo de dos aspectos, monismo reflexivo, materialismo constitucional, fisicalismo no reductor, materialismo eliminativo y demás. Para los propósitos de mi discusión, básicamente me ocuparé de las afirmaciones generales del fisicalismo y el dualismo.
6. Colin McGinn, *The Mysterious Flame: Conscious Minds in a Material World* (Nueva York: Basic, 1999), pp. 13-14.
7. Mark C. Baker y Stewart Goetz, eds., *The Soul Hypothesis: Investigations into the Existence of the Soul* (Nueva York: Bloomsbury, 2013), pp. 1-2.
8. Los dualistas actuales incluyen a los filósofos de Oxford, Richard Swinburne y Keith Ward; J. P. Moreland, licenciado en ciencias, teología y filosofía; el físico y filósofo Robin Collins; Alvin Plantinga, filósofo analítico ganador del premio Templeton; Jeffrey Schwartz, investigador en neuroplasticidad en UCLA; y Mario Beauregard, neurocientífico cognitivo de la Universidad de Arizona.

9. Ver Jesse Bering y David Bjorklund, «The Natural Emergence of Reasoning about the Afterlife as a Developmental Regularity», *Developmental Psychology* 40, 2004, pp. 217-33.

10. Baker y Goetz, eds., *Soul Hypothesis*, p. 3.

11. Nancey Murphy, «Human Nature: Historical, Scientific, and Religious Issues», en *Whatever Happened to the Soul?* ed. Warren S. Brown, Nancey Murphy y H. Newton Malony (Minneapolis, Fortress, 1998), p. 13.

12. Daniel Dennett, *Freedom Evolves* (Nueva York: Viking, 2003), p. 1.

13. Baker y Goetz, eds., *Soul Hypothesis*, p. 20.

14. Paul Copan, *How Do You Know You're Not Wrong? Responding to Objections That Leave Christians Speechless* (Grand Rapids: Baker, 2005), p. 95, cursivas en el original.

15. La mayoría de los filósofos cristianos creen que los animales también tienen alma. El filósofo J. P. Moreland escribe: «Pero el alma animal no está tan ricamente estructurada como el alma humana, no tiene la imagen de Dios, y es mucho más dependiente del cuerpo del animal y sus órganos de los sentidos que el alma humana», *The Soul: How We Know It's Real and Why It Matters* (Chicago: Moody, 2014), p. 145.

16. Arthur C. Custance, *The Mysterious Matter of Mind* (Grand Rapids: Zondervan, 1980), p. 90, http://209.240.156.133/Library/MIND/epilogue.html.

17. Citado en Lee Strobel, *The Case for a Creator: A Journalist Investigates Scientific Evidence That Points toward God* (Grand Rapids: Zondervan, 2004), p. 261. Publicado en español con el título *El caso del Creador: Un periodista investiga evidencias científicas que apuntan hacia Dios.*

18. Moreland, *The Soul*, p. 44.

19. Ver Moreland, *The Soul*, pp. 70-71.

20. Lucas 23:43: «Te aseguro que hoy estarás conmigo en el paraíso».

21. 1 Pedro 3:18-20.

22. 2 Corintios 5:8.

23. Ver Mateo 22:23-33; Hechos 23:6-8.

24. Apocalipsis 21:1.

25. Patricia S. Churchland, *Touching a Nerve: The Self as Brain* (Nueva York: Norton, 2013), p. 63.

26. Sharon Dirckx, *Why? Looking at God, Evil and Personal Suffering* (London: Inter-Varsity, 2013), Publicado en español con el título *¿Por qué? Dios, el mal y el sufrimiento personal.*

27. Salmos 8:3-4.

28. Ver Sharon Dirckx, *Am I Just My Brain?* (Londres: Good Book, 2019), pp. 47-48. Publicado en español con el título *¿Soy solo un cerebro?* Ella le atribuye este experimento mental a Frank Jackson.

29. Gottfried Wilhelm Leibniz, *Philosophical Papers and Letters*, 2.ª ed. (Boston: Reidel, 1976).

30. Adrian Owen, «How Science Found a Way to Help Coma Patients Communicate», *The Guardian*, 5 septiembre 2017, www.theguardian.com/news/2017/sep/05/how-science-found-a-way-to-help-coma-patients-communicate.

31. Wilder Penfield, *The Mystery of the Mind: A Critical Study of Consciousness and the Human Brain* (Princeton, NJ: Princeton University Press, 1975), pp. 77-78.

32. Dirckx, *Am I Just My Brain?*, pp. 69, 84.

33. Citado en Dirckx, *Am I Just My Brain?*, p. 64.

34. Sam Harris, *Free Will* (Nueva York: Free Press, 2012), p. 5.

35. Ver Nick Pollard, *Evangelism Made Slightly Less Difficult: How to Interest People Who Aren't Interested* (Downers Grove, IL: InterVarsity, 1997), pp. 47-68.

36. Dirckx también se ocupa de otras teorías, como el compatibilismo o el determinismo blando y el libertarismo; ver *Am I Just My Brain?*, pp. 75-90.

37. Para ver una discusión en video entre Sharon Dirckx y Philip Goff, filósofo e investigador de la conciencia en la Universidad de Durham, ver «Does Consciousness Point to God? Philip Goff & Sharon Dirckx», 1 noviembre 2019, www.youtube.com/watch?v=Ef2vvT5GfoE.

38. Ver «Does Consciousness Point to God?».

39. Ver Stewart Goetz y Charles Taliaferro, *A Brief History of the Soul* (Malden, MA: Wiley-Blackwell, 2011), pp. 6-29.

40. Goetz y Taliaferro, *A Brief History of the Soul*, p. 6.

41. Dirckx, *Am I Just My Brain?*, pp. 32-33.

42. Para evidencia y argumentos que apuntan hacia la verdad del cristianismo bíblico, consulta mi entrevista con el profesor de filosofía Chad Meister (PhD, Marquette) en el capítulo 4.

43. Génesis 1:27: «Y Dios creó al ser humano a su imagen; lo creó a imagen de Dios. Hombre y mujer los creó».

44. Hay algunos cristianos que son fisicalistas. Según J. P. Moreland, algunos fisicalistas cristianos adoptan el punto de vista de la extinción o recreación: «Cuando el cuerpo muere, la persona deja de existir, ya que en cierto sentido es lo mismo que su cuerpo. En la futura resurrección final, las personas son recreadas [por Dios] después de un período de no existencia». Otros adoptan el punto de vista de la resurrección inmediata: «Al morir, de una forma u otra, cada individuo continúa existiendo de una manera física» (*The Soul*, p. 71).

45. Dirckx, *Am I Just My Brain*, p. 131.

46. Copan, *How Do You Know You're Not Wrong?*, p. 113.

Capítulo 3: Experiencias cercanas a la muerte

1. Eben Alexander, *Proof of Heaven: A Neurosurgeon's Journey into the Afterlife* (Nueva York: Simon & Schuster, 2012), pp. 8-9.

2. Alexander, *Proof of Heaven*, p. 9, cursivas en el original.

3. Alexander, *Proof of Heaven*, p. 38.

4. Ver Alexander, *Proof of Heaven*, 38-42.

5. Alexander, *Proof of Heaven*, p. 9.

6. Ver Raymond Moody, *Life after Life*, ed. aniv. (San Francisco: HarperOne, 2015).

7. Citado en Janice Miner Holden, Bruce Greyson y Debbie James, eds., *The Handbook of Near-Death Experiences: Thirty Years of Investigation* (Santa Barbara, CA: Praeger, 2009), p. vii.

8. Citado en Holden, Greyson y James, eds., *Handbook of Near-Death Experiences*, p. vii, cursivas en el original. Filipenses 4:7 dice en la NVI: «Y la paz de Dios, que sobrepasa todo entendimiento, cuidará sus corazones y sus pensamientos en Cristo Jesús».

9. Citado en Holden, Greyson y James, eds., *Handbook of Near-Death Experiences*, p. vii.

10. John Martin Fischer, «Are 'Near-Death Experiences' Real?», *New York Times*, 13 febrero 2020, www.nytimes.com/2020/02/13/opinion/near-death-experience.html.

11. Scot McKnight, *The Heaven Promise: Engaging the Bible's Truth about Life to Come* (Colorado Springs: WaterBrook, 2015), p. 144.

12. Citado en Sarah Knapton, «Near Death Experiences Are Felt by One in 10 People, Study Finds», *Telegraph*, 28 junio 2019.

13. Ver Kyle Swenson, «"The Boy Who Came Back from Heaven" Now Wants His Day in Court», o *Washington Post*, 13 abril 2018, www.washingtonpost.com/news/morning-mix/wp/2018/04/11/the-boy-who-came-back-from-heaven-now-wants-his-day-in-court.

14. Ver Luke Dittrich, «The Prophet», *Esquire*, agosto 2013, https://classic.esquire.com/article/2013/8/1/the-prophet. Alexander respondió a los críticos en un artículo de Newsweek titulado «The Science of Heaven», *Newsweek*, 18 noviembre 2012, www.newsweek.com/science-heaven-63823.

15. John Burke, *What's after Life?* (Grand Rapids: Baker, 2019), pp. 5-7. Publicado en español con el título *¿Qué hay después de la vida?* Ver también «Mary NDE», Near-Death Experience Research Foundation, www.nderf/experiences/1mary_nde.html.

16. Ver Emily Kent Smith y Tania Steere, «Have Scientists Proved There Is Life after Death? Research into Near-Death Experiences Reveals Awareness May Continue Even after the Brain Has Shut Down», *Daily Mail*, 7 octubre 2014, www.dailymail.co.uk/health/article-2783030/Research-near-death-experiences-reveals-awareness-continue-brain-shut-down.html.

17. John Burke, *Imagine Heaven: Near-Death Experiences, God's Promises, and the Exhilarating Future That Awaits You* (Grand Rapids: Baker, 2015), contraportada.

18. Ver R. C. Sproul, *Now, That's a Good Question!* (Wheaton, IL: Tyndale, 1996, publicado en español), p. 300. Publicado en español con el título *¡Qué buena pregunta!*

19. Ver J. P. Moreland y Gary R. Habermas, *Immortality: The Other Side of Death* (Nashville: Nelson, 1992).

20. Ver Burke, *Imagine Heaven*, p. 51.

21. Ver Bonnie Malkin, «Girl Survives Sting by World's Deadliest Jellyfish», *Telegraph*, 26 abril 2010, www.telegraph.co.uk/news/7638189/Girl-survives-sting-by-worlds-deadliest-jellyfish.html.

22. Para un informe completo sobre la experiencia de Ian McCormack, ver Burke, *Imagine Heaven*, pp. 139-41.

23. Citado en Jeffrey Long, *Evidence of the Afterlife: The Science of Near-Death Experiences* (Nueva York: HarperCollins, 2010), p. 169.

24. Burke, *Imagine Heaven*, p. 239.

25. J. Steve Miller, *Near-Death Experiences as Evidence for the Existence of God: A Brief Introduction in Plain Language* (Acworth, GA: Wisdom Creek, 2012), p. 83.

26. Mateo 10:26.

27. Mateo 12:37.

28. Pueden ser dos juicios separados o dos aspectos del juicio final. El teólogo Alan W. Gomes apoya el último punto de vista: «Pablo hace una referencia considerable a las recompensas que los cristianos recibirán en el juicio final» (*40 Questions about Heaven and Hell* [Grand Rapids: Kregel Academic, 2018], p. 158); ver 1 Corintios 3:8-15; 2 Corintios 5:10.

29. Ver Apocalipsis 11:15-18.

30. Citado en Holden, Greyson y James, eds., *Handbook of Near-Death Experiences*, p. 70.

31. Citado en Christy Somos, «One in 10 People Have Had a "Near-Death Experience", European Study Says», *CTV News*, 28 junio 2019, www.ctvnews.ca/mobile/health/one-in-10-people-have-had-a-near-death-experience-european-study-says-1.4487736.

32. Su historia se cuenta en Burke, *Imagine Heaven*, pp. 215-21.

33. Kevin y Alex Malarkey, *The Boy Who Came Back from Heaven: A Remarkable Account of Miracles, Angels, and Life beyond This World* (Carol Stream, IL: Tyndale, 2010). Publicado en español con el título *El niño que volvió del cielo: Un relato extraordinario de familia, fe y milagros*.

34. «"The Boy Who Came Back from Heaven" Recants Story, Rebukes Christian Retailers», *Pulpit & Pen*, 13 enero 2015, http://pulpitandpen.org/2015/01/13/the-boy-who-came-back-from-heaven-recants-story-rebukes-christian-retailers.

35. Burke, *Imagine Heaven*, p. 326.

36. Ver Penny Sartori, *The Near-Death Experiences of Hospitalized Intensive Care Patients: A Five-Year Clinical Study* (Lewiston, NY: Mellen, 2008), pp. 212-15.

37. Citado en Long, *Evidence of the Afterlife*, pp. 72-73.

38. Citado en Janice Miner Holden, «Veridical Perception in Near-Death Experiences», en Holden, Greyson y James, eds., *Handbook of Near-Death Experiences*, pp. 185-211.

39. Citado en Kenneth Ring y Sharon Cooper, *Mindsight: Near-Death and Out-of-Body Experiences in the Blind* (Palo Alto, CA: William James Center for Consciousness Studies, 1999), p. 136.

40. Para estos y otros casos, consulte Moreland y Habermas, *Immortality*, pp. 74-80.

41. Ver Burke, *Imagine Heaven*, pp. 47-48.

42. Long, *Evidence of the Afterlife*, p. 44.

43. Burke, *Imagine Heaven*, pp. 102-3.

Capítulo 4: *La pirámide al cielo*

1. Chad V. Meister, *Building Belief: Constructing Faith from the Ground Up* (Grand Rapids: Baker, 2006).
2. Juan 18:38.
3. Ver Edith Hamilton y Huntington Cairns, eds., *The Collected Dialogues of Plato* (Princeton, NJ: Princeton University Press, 1989), 262E-263D.
4. Ver Jonathan Barnes, ed., *The Complete Works of Aristotle* (Princeton, NJ: Princeton University Press, 1984), 4.1011b25-27. Meister dijo: «Richard Kirkham señala que Platón, en *El sofista*, presenta una teoría de la correspondencia de la verdad, posiblemente la correspondencia como congruencia, y que Aristóteles presenta aquí la correspondencia más antigua como teoría de la correlación» (Building Belief, 201; ver Richard Kirkham, *Theories of Truth: A Critical Introduction* [Cambridge, MA: MIT, 1992], capítulo 4).
5. «La ley de no contradicción es una de las leyes básicas de la lógica clásica. Afirma que algo no puede ser cierto y falso al mismo tiempo cuando se trata del mismo contexto. Por ejemplo, la silla de mi sala de estar, en este momento, no puede estar hecha de madera y no estar hecha de madera al mismo tiempo» («Law of Non-Contradiction», Christian Apologetics & Research Ministry, https://carm.org/dictionary/law-of-non-contradiction).
6. John G. Stackhouse Jr., *Humble Apologetic: Defending the Faith Today* (Nueva York: Oxford University Press, 2002), p. 95.
7. Carl Sagan, *Cosmos* (1980; repr., Nueva York: Ballantine, 2013), p. 1.
8. Ver William Lane Craig y Walter Sinnott-Armstrong, *God? A Debate between a Christian and an Atheist* (Nueva York: Oxford University Press, 2004), pp. 32-36.
9. Richard Dawkins, *The Selfish Gene*, 2.ª ed. (Nueva York: Oxford University Press, 1989), p. xxi. Publicado en español con el título *El gen egoísta*.
10. Mary Baker Eddy, *Science and Health with Key to the Scriptures* (Boston: First Church of Christ, Scientist, 1934), 480. Publicado en español con el título *Ciencia y salud con clave de las Escrituras*.
11. Michael Ruse y Edward O. Wilson, «The Evolution of Ethics», in *Religion and the Natural Sciences: The Range of Engagement*, ed. James E. Huchingson (Eugene, OR: Wipf & Stock, 1993), p. 310.
12. Jean-Paul Sartre (1905-1980) hizo este comentario en una conferencia («El existencialismo es un humanismo») impartida en 1946; ver Walter Kaufman, *Existentialism from Dostoyevsky to Sartre* (Nueva York: Plume, 1975), p. 353.
13. Ver Stephen G. Michaud y Hugh Aynesworth, *Ted Bundy: Conversations with a Killer* (London, UK: Mirror Books, 2019).
14. Romanos 5:3-4: «Y no solo en esto, sino también en nuestros sufrimientos, porque sabemos que el sufrimiento produce perseverancia; la perseverancia, entereza de carácter; la entereza de carácter, esperanza».
15. Agustín, *On the Free Choice of the Will*, trad. Thomas Williams (Indianapolis: Hackett, 1993). Meister señala que Agustín (354-430 D. C.)

derivó su argumento de las *Enéadas*, escrito por el filósofo neoplatónico Plotino (ca. 205-270 a. c.).

16. C. S. Lewis, *The Problem of Pain* (Nueva York: Macmillan, 1962), p. 93. Publicado en español con el título *El problema del dolor*.

17. Citado en Lee Strobel, *The Case for Miracles: A Journalist Investigates Evidence for the Supernatural* (Grand Rapids: Zondervan, 2018), p. 176. Publicado en español con el título *El caso de los milagros: Un periodista investiga la evidencia de lo sobrenatural*.

18. Para obtener más detalles sobre la teoría de muchos universos, consulte mi entrevista con Robin Collins en Lee Strobel, *The Case for a Creator* (Grand Rapids: Zondervan, 2004), pp. 142-44. Publicado en español con el título *El caso del Creador*.

19. Ver William Lane Craig, *The* Kalām *Cosmological Argument* (Eugene, OR: Wipf & Stock, 2000), p. 63.

20. Algunos físicos han especulado que el universo se ha expandido y contraído eternamente, en un ciclo continuo, y por lo tanto carece de comienzo. Pero Alexander Vilenkin, director del Instituto de Cosmología de Tufts University, descarta este y otros esfuerzos por postular un universo: «Toda la evidencia que tenemos dice que el universo tuvo un comienzo» (*Many Worlds in One: The Search for Other Universes* [Nueva York: Hill and Wang, 2006], p. 176); ver también Lisa Grossman, «Why Physicists Can't Avoid a Creation Event», *New Scientist*, 11 enero 2012, www.newscientist.com/article/mg21328474-400-why-physicists-cant-avoid-a-creation-event.

21. Como agregó Meister entre paréntesis, esto supone que el concepto de una «causa previa» es sensato, ya que el tiempo físico ni siquiera existía hasta la Gran Explosión.

22. Ver Romanos 3:23: «Pues todos han pecado y están privados de la gloria de Dios».

23. Para referencias en el Corán que niegan la Trinidad, ver suras 4:171; 5:72-75, 116-18. Para la enseñanza islámica de que Jesús no murió en la cruz y por lo tanto no pudo haber resucitado, ver suras 4:157. Para referencias en el Corán que niegan que Dios tiene un Hijo, ver suras 19:88-93; 23:91; 112:1-4.

24. Ver Lee Strobel, *In Defense of Jesus: Investigating Attacks on the Identity of Christ* (Grand Rapids: Zondervan, 2016), pp. 68-105. Publicado en español con el título *En defensa de Jesús: Investigando los ataques sobre la identidad de Cristo* (publicado anteriormente como *El caso del Jesús verdadero*).

25. Lucas 1:1-4.

26. Ver 2 Pedro 1:16.

27. Ver 1 Corintios 15:3-8.

28. Jesús dijo en Juan 10:30: «El Padre y yo somos uno». La palabra griega para «uno» (*heis*) no es masculina, sino neutra, lo que significa que Jesús no estaba diciendo: «El Padre y yo somos la misma persona», sino «El Padre y yo somos la misma cosa», es decir, uno en naturaleza o esencia. Sus oponentes entendieron que estaba haciendo una proclama divina.

Juan 10:33 dice que agarraron piedras para apedrearlo «por blasfemia; porque tú, siendo hombre, te haces pasar por Dios».

29. Ver Gary R. Habermas y Michael R. Licona, *The Case for the Resurrection of Jesus* (Grand Rapids: Kregel, 2004), pp. 48-79; ver también mi entrevista con Licona en Strobel, *In Defense of Jesus*, pp. 106-64.

30. Aunque los estudiosos escépticos no lo sostienen tan firmemente como las otras verdades históricas mencionadas, Habermas señala que aproximadamente el setenta y cinco por ciento de los estudiosos que han escrito sobre el tema en inglés, francés y alemán desde 1975 sostienen la opinión de que la tumba estaba vacía según la evidencia. Ver Habermas y Licona, *The Case for the Resurrection of Jesus*, pp. 69-70.

31. Michael Grant, *Jesus: An Historian's Review of the Gospels* (Nueva York: Scribner, 1977), p. 176.

32. William Lane Craig, *The Son Rises: The Historical Evidence for the Resurrection of Jesus* (Eugene, OR: Wipf & Stock, 1981), p. 107 (para obtener una descripción general de este punto, consulte pp. 100-107 en su libro).

33. Ver Hechos 2:32.

34. Ver Hechos 26:1-32.

35. Ver 1 Corintios 15:3-8.

36. James D. G. Dunn de University of Durham y un miembro de la Academia Británica dijo: «Esta tradición, podemos estar completamente seguros, *se formuló como tradición pocos meses después de la muerte de Jesús*» (*Jesus Remembered*, vol. 1 of *Christianity in the Making* [Grand Rapids: Eerdmans, 2003], p. 825, cursivas en el original).

37. Ver mi entrevista con el erudito en resurrección Michael Licona en Strobel, *In Defense of Jesus*, pp. 106-64.

38. Ver Hechos 2:32.

39. Ver 1 Corintios 15:11.

40. Strobel, *In Defense of Jesus*, p. 124.

41. Gary R. Collins, comunicación personal con Gary R. Habermas, citado en Gary R. Habermas y J. P. Moreland, *Beyond Death: Exploring the Evidence for Immortality* (Wheaton, IL: Crossway, 1998), pp. 119-20.

42. Juan 14:6.

43. Juan 11:25.

44. Juan 10:27-28.

45. R. C. Sproul, «¿What Is the Kindom of God?», Ligonier Ministries, 7 junio 2019, www.ligonier.org/blog/what-is-kingdom-god.

46. Ver Romanos 6:23.

47. Ver Gálatas 5:22-23.

48. Ver Juan 14:2.

49. Apocalipsis 21:4.

50. Ver Apocalipsis 21:3.

Capítulo 5: El cielo: una guía

1. Salmos 19:1.

2. Citado en James Bishop, «Former Atheist Astrophysicist, Sarah Salviander, Explains Her Journey to Christianity», *Bishop's*

Encyclopedia of Religion, Society and Philosophy, 23 mayo 2015, https://jamesbishopblog.com/2015/05/23/former-atheist-astrophysicist-sarah-salviander-explains-her-journey-to-christianity; ver también Gerald L. Schroeder, The *Science of God: The Convergence of Scientific and Biblical Wisdom* (Nueva York: Free Press, 2009).

3. Citado en Walter Isaacson, «Einstein & Faith», *Time*, 5 abril 2007, http://ymlibrary.com/download/Topics/God/Faith-Hope-Trust/Faith-Hope-Trust-Stories-Inspiration/Einstein%20and%20Faith.pdf.

4. Citas tomadas de la correspondencia personal por correo electrónico con fecha del 18 de septiembre de 2020; ver también el testimonio de Sarah: «My Testimony», *SixDay Science*, 11 mayo 2015, https://sixdayscience.com/2015/05/11/my-testimony.

5. 1 Corintios 2:9 (NTV).

6. Martin Luther, *D. Martin Luthers Werke: Kritische Gesamtausgabe*, 3:276.26-27 (no. 3339); citado en J. Todd Billings, *The End of the Christian Life: How Embracing Our Mortality Frees Us to Truly Live* (Grand Rapids: Brazos, 2020), p. 182.

7. Billings, *End of the Christian Life*, p. 182, cursivas en el original.

8. John Eldredge, *The Journey of Desire: Searching for the Life You've Always Dreamed Of*, ed. rev. (2000; repr., Nashville: Nelson, 2016), p. 115, cursivas en el original.

9. Juan 6:40.

10. 2 Pedro 1:11.

11. 1 Juan 2:25.

12. 2 Corintios 5:1.

13. N. T. Wright, *Simply Good News: Why the Gospel Is Good and What Makes It Good* (San Francisco: HarperOne, 2015), p. 99.

14. Ver Bart D. Ehrman, *Heaven and Hell: A History of the Afterlife* (Nueva York: Simon & Schuster, 2020), p. xxi.

15. Ver Isaías 25:6-10; 26:19; Oseas 6:1-2; Ezequiel 37; Daniel 12:2-3. Scot McKnight me dijo: «En la providencia de Dios y en el desarrollo de la revelación y la redención, solo aprendemos acerca de una vida nueva más allá de la muerte en las secciones finales del Antiguo Testamento, los profetas».

16. Ver Rodney Stark, *What Americans Really Believe: New Findings from the Baylor Study of Religion* (Waco, TX: Baylor University Press, 2008), pp. 69-74.

17. Billings, *The End of the Christian Life*, p. 151; ver Maggie Fox, «Fewer Americans Believe in God—Yet They Still Believe in Afterlife», *Today*, 21 marzo 2016, www.nbcnews.com/better/wellness/Fewer-americans-believe-god-yet-they-still-believe-afterlife-n542966.

18. Ver Fox, «Fewer Americans Believe in God».

19. Eclesiastés 3:11 (NTV).

20. C. S. Lewis, The Weight of Glory (1949; repr., San Francisco: HarperSanFrancisco, 2001), pp. 29, 32. *El peso de la gloria*.

21. C. S. Lewis, *Mere Christianity* (1943; repr., Nueva York: Macmillan, 1960), p. 120. Publicado en español con el título *Mero Cristianismo*.

22. Jerry Walls, *Heaven: The Logic of Eternal Joy* (Nueva York: Oxford University Press, 2002), p. 31.
23. Lucas 23:43.
24. Ver Hechos 7:55.
25. Juan 11:11 (NTV).
26. Apocalipsis 21:1-2.
27. Apocalipsis 21:22.
28. Ver Juan 14:2-3.
29. 1 Corintios 15:28.
30. Ver 1 Corintios 15:20-28.
31. Ver 1 Corintios 15:35-55.
32. 1 Corintios 15:44.
33. Ver Juan 20:26; Mateo 17:1-2.
34. Arthur O. Roberts, *Exploring Heaven: What Great Christian Thinkers Tell Us about Our Afterlife with God* (San Francisco: HarperSanFrancisco, 2003), p. 114.
35. Para una discusión sobre este tema, ver C. S. Lewis, *The Great Divorce* (Nueva York: Macmillan, 1946), pp. 115-25. Publicado en español con el título *El gran divorcio*.
36. Ver Juan 14:2-3.
37. Ver Nigel Dixon, *Villages without Walls: An Exploration of the Necessity of Building Christian Community in a Post-Christian World* (Palmerston North, NZ: Vox Humana, 2010), pp. 54-62.
38. Ver Apocalipsis 21-22.
39. Hans Boersma, *Seeing God: The Beatific Vision in Christian Tradition* (Grand Rapids: Eerdmans, 2018), p. 11.
40. Citado en Boersma, *Seeing God*, p. xiii.
41. Salmos 27:4.
42. 1 Corintios 13:12.
43. Mateo 5:8.
44. Éxodo 33:20.
45. Apocalipsis 22:4 (RVR1960).
46. Juan 14:9.
47. Mateo 17:2.
48. Kieran Kavanaugh, ed., *John of the Cross: Selected Writings* (Nueva York: Paulist, 1987), p. 285.
49. Jonathan Edwards, «Sermon on Revelation 21:18», *WJE Online* 42, Jonathan Edwards Center, http://is.gd/WSuP77.
50. Citado en Ed Romine, «Spurgeon on the Hope of Heaven», Spurgeon Center for Biblical Preaching at Midwestern Seminary, 3 mayo 2018, www.spurgeon.org/resource-library/blog-entries/charles-spurgeon-on-heavens-hope.
51. Michael Reeves, *Delighting in the Trinity: An Introduction to the Christian Faith* (Downers Grove, IL: IVP Academic, 2012), p. 75.
52. John Eldredge, *All Things New: Heaven, Earth, and the Restoration of Everything You Love* (Nashville: Nelson, 2017), p. 25. Publicado

en español con el título *Todas las cosas nuevas: El cielo, la tierra y la restauración de todo lo que ama.*

53. N. T. Wright, *Surprised by Hope: Rethinking Heaven, the Resurrection, and the Mission of the Church* (San Francisco: HarperOne, 2008), p. 93.

Capítulo 6: Siete acerca del cielo

1. Apocalipsis 21:4 (NTV).
2. Isaías 11:6.
3. Ver Stanley Brandes, «The Meaning of American Pet Cementery Gravestones», *Ethnology* 48, no. 2 (primavera, 2009), pp. 99-118, https://anthropology.berkeley.edu/sites/default/files/brandes_american_pet_cemetery_gravestones.pdf.
4. Richard J. Mouw, *When the Kings Come Marching In: Isaiah and the New Jerusalem*, ed. rev. (Grand Rapids: Eerdmans, 2002), p. 20.
5. Peter Kreeft, *Everything You Ever Wanted to Know about Heaven … but Never Dreamed of Asking* (San Francisco: Ignatius, 1990), p. 45.
6. Salmos 36:6 (NBLA). La NVI lo traduce así: «Tú, SEÑOR, cuidas de hombres y animales».
7. Kreeft, *Everything You Ever Wanted to Know about Heaven*, pp. 45-46.
8. Joni Eareckson Tada, *Holiness in Hidden Places* (Nashville: Countryman, 1999), p. 133.
9. Hank Hanegraaff, *Afterlife: What You Need to Know about Heaven, the Hereafter and Near-Death Experiences* (Brentwood, TN: Worthy, 2013), p. 45.
10. Alan W. Gomes, *40 Questions about Heaven and Hell* (Grand Rapids: Kregel Academic, 2018), p. 271.
11. Gomes, *40 Questions about Heaven and Hell*, p. 257.
12. Citado en Lee Strobel, *The Case for a Creator* (Grand Rapids: Zondervan, 2004), pp. 262-63; ver Génesis 1:30; Levítico 24:18; Eclesiastés 3:19; Apocalipsis 8:9.
13. Citado en Lee Strobel, *The Case for a Creator*, p. 263.
14. Colleen McDannell y Bernhard Lang, *Heaven: A History*, 2.ª ed. (New Haven, CN: Yale University Press, 2001), p. 64.
15. Randy Alcorn, «Will There Be Marriage in Heaven?», Eternal Perspective Ministries, 3 febrero 2010, www.epm.org/resources/2010/Feb/3/will-there-be-marriage-heaven.
16. Gomes, *40 Questions about Heaven and Hell*, p. 238.
17. Mark Hitchcock, *55 respuestas a preguntas sobre la vida más allá de la muerte* (Colorado Springs: Multnomah, 2005), p. 188.
18. Ver Marcos 12:18-27; Mateo 22:23-33; Lucas 20:27-40. McKnight también descarta otros dos pasajes, Marcos 3:31-35 y Juan 2:1-11, que a veces se plantean en contra de la idea del matrimonio en el cielo. Claramente, no hacen tal afirmación. (Ver Scot McKnight, *The Heaven Promise* [Colorado Springs: WaterBrook, 2015], pp. 165-66).
19. Marcos 12:25 (NBLA).
20. Lucas 20:36, cursivas añadidas.

21. Hitchcock, *55 respuestas a preguntas sobre la vida más allá de la muerte*, p. 189.
22. Gomes, *40 Questions about Heaven and Hell*, p. 243, cursivas en el original.
23. Gomes, *40 Questions about Heaven and Hell*, p. 162 (para contexto, consulte pp. 157-65).
24. Mateo 20:1-16.
25. Ver Craig L. Blomberg, «Degrees of Reward in the Kingdom of Heaven?», *Journal of the Evangelical Theological Society* 35, no. 2, junio 1992, p. 160, www.etsjets.org/files/JETS-PDFs/35/35-2/JETS_35-2_159-172_Blomberg.pdf.
26. Simon J. Kistemaker, *The Parables: Understanding the Stories Jesus Told* (1980; repr., Grand Rapids: Baker, 2002), p. 75.
27. Estas se conocen comúnmente como la corona del vencedor (1 Corintios 9:25-27), la corona de alegría (1 Tesalonicenses 2:19), la corona de justicia (2 Timoteo 4:8), la corona de la vida (Santiago 1:12; Apocalipsis 2:10) y la corona de gloria (1 Pedro 5:4). Justin Taylor, editor en jefe de la Biblia de estudio en inglés ESV, dijo: «Aunque es popular verlas como diferentes tipos de recompensas... la mayoría de los comentaristas creen que estas son diferentes formas de referirse a la única recompensa de la vida eterna» (citado en John Starke, «You Asked: What Are the Rewards in Heaven Jesus Talks About?», *Gospel Coalition*, 16 julio 2011, www.thegospelcoalition.org/article/you-asked-what-are-the-rewards-in-heaven-jesus-talks-about).
28. Apocalipsis 4:10.
29. Blomberg, «*Degrees of Reward in the Kingdom of Heaven?*», p. 160.
30. Blomberg, «*Degrees of Reward in the Kingdom of Heaven?*», p. 163
31. Blomberg, «*Degrees of Reward in the Kingdom of Heaven?*», p. 167.
32. Lucas 19:11-27.
33. Millard J. Erickson, *Christian Theology*, 3.ª ed. (Grand Rapids: Baker Academic, 2013), pp. 1132.
34. Erickson, *Christian Theology*, p. 1133.
35. Jerry Walls, *Heaven, Hell, and Purgatory: Rethinking the Things That Matter Most* (Grand Rapids: Brazos, 2015), p. 91.
36. Walls, que obtuvo su doctorado en la Universidad de Notre Dame, es profesor de filosofía y académico residente en la Universidad Bautista de Houston. Después de publicar un libro sobre la doctrina del purgatorio, dijo que fue objeto de un «ataque considerable» por parte de la revista en línea *Credo*, que dedicó un número completo al tema (ver Walls, *Heaven, Hell, and Purgatory*, 93; ver también *Credo* 3, núm. 1 [enero 2013], https://credomag.com/wp-content/uploads/2018/05/Credo-January-2013-Purgatory-Final.pdf).
37. Juan Calvino, *Institutes of the Christian Religion*, ed. John T. McNeil; trad. Ford Lewis Battles (Philadelphia: Westminster, 1960), 3.5.6. Publicado en español con el título *Institución de la religión cristiana*.
38. C. S. Lewis, *Letters to Malcolm: Chiefly on Prayer* (1963; repr., San Francisco: HarperOne, 2017), p. 145.

39. Walls, *Heaven, Hell, and Purgatory*, p. 93.
40. Walls, *Heaven, Hell, and Purgatory*, p. 94.
41. Walls, *Heaven, Hell, and Purgatory*, p. 96.
42. Lewis, *Letters to Malcolm*, p. 140, cursivas en el original.
43. Gomes, *40 Questions about Heaven and Hell*, p. 124.
44. Ver 2 Macabeos 12:32-45.
45. El teólogo Alan W. Gomes señala que el pasaje de 2 Macabeos «en realidad contradice la doctrina católica romana del purgatorio en particular y la doctrina católica de los sacramentos en general». Él señala que el pecado por el cual se ofrecieron las oraciones, la idolatría, es un pecado mortal, no venial, y morir en un estado de pecado mortal resultaría en que la persona fuera enviada al infierno, del cual no hay liberación. Además, los que ofrecían las oraciones «no tenían la intención de liberarlos del purgatorio al paraíso de todos modos. Estas oraciones eran para que lograran la resurrección de sus cuerpos (2 Macabeos 12:43-44), lo cual ocurriría en el juicio final. La liberación del purgatorio al paraíso, por el contrario, ocurre durante el estado intermedio y antes del juicio final» (*40 Questions about Heaven and Hell*, pp. 123-24).
46. Aunque el alma de los que mueren pasa inmediatamente al estado intermedio, esto no debe confundirse con el purgatorio. Como dijo Scot McKnight, no hay apoyo bíblico para ver el estado intermedio como un lugar en el que pagar por los pecados o purificar a las personas con el fin de que sean aptas para el cielo.
47. Consulta «Cremation Today: Trends and Statistics for Cremation in the U.S.», Green Cremation Texas, www.greencremationtexas.com/cremation-today.
48. N. T. Wright, *Surprised by Hope: Rethinking Heaven, the Resurrection, and the Mission of the Church* (San Francisco: HarperOne, 2008), p. 24.
49. Hanegraaff, *Afterlife*, pp. 161-62.
50. Billy Graham, *The Heaven Answer Book* (Nashville: Nelson, 2012), p. 86.
51. Génesis 3:19.
52. Scot McKnight, *The Heaven Promise*, pp. 171-72.
53. 2 Samuel 12:23.
54. Mateo 19:14; ver también Marcos 10:13-16; Lucas 18:15-17.
55. Graham Twelftree, *Life after Death* (Grand Rapids: Monarch, 2002), p. 153.
56. El molinismo, llamado así por el jesuita español del siglo dieciséis Luis de Molina, es un sistema teológico que intenta reconciliar la soberanía de Dios con el libre albedrío del hombre.
57. Ver Juan 14:2-3.
58. 1 Corintios 15:3-5; *Cefas* es la palabra aramea para Pedro.
59. 2 Timoteo 2:8, cursivas añadidas.
60. Ver Hechos 2:14-39.
61. Ver Hechos 10:27-48.
62. Kreeft, *Everything You Ever Wanted to Know about Heaven*, p. 248, cursivas añadidas.

63. Kreeft, *Everything You Ever Wanted to Know about Heaven*, p. 249, cursivas añadidas; la cita final de Jesús es tomada de Juan 14:6.

Capítulo 7: La lógica del infierno

1. Dante Alighieri, *El infierno*, trad. John Ciardi (Nueva York: Signet, 2009), Canto III, líneas 1-3, 9, https://archive.org/stream/inferno00dant_2/inferno00dant_2_djvu.txt.
2. Alighieri, *El infierno*, Canto XXXI, línea 81.
3. Alighieri, *El infierno*, Canto XXXIV, línea 61.
4. Alighieri, *El infierno*, Canto XXXIII, introducción.
5. Alighieri, *El infierno*, Canto V, líneas 137-40.
6. Preston Sprinkle, ed., *Four Views on Hell*, 2.ª ed. (1996; repr., Grand Rapids: Zondervan, 2016), p. 12.
7. Por ejemplo: «Yo les mostraré a quién deben temer: teman a Aquel que, después de matar, tiene poder para arrojar al infierno; sí, les digo: ¡A Él, teman!» (Lucas 12:5, NBLA).
8. Mark Jones, *Living for God: A Short Introduction to the Christian Faith* (Wheaton, IL: Crossway, 2020), p. 223.
9. Steve Gregg, *All You Want to Know about Hell: Three Christian Views of God's Final Solution to the Problem of Sin* (Nashville: Nelson, 2013), p. 17.
10. Citado en Mark Strauss, «The Campaign to Eliminate Hell», *National Geographic*, 13 mayo 2016, www.nationalgeographic.com/news/2016/05/160513-theology-hell-history-christianity.
11. Citado en Tracy Munsil, «AWVI 2020 Survey: 1 in 3 US Adults Embrace Salvation through Jesus; More Believe It Can Be "Earned"», Arizona Christian University: Cultural Research Center, 4 agosto 2020, www.arizonachristian.edu/blog/2020/08/04/1-in-3-us-adults-embrace-salvation-through-jesus-more-believe-it-can-be-earned.
12. Mateo 7:13.
13. John Gerstner, *Repent or Perish* (Morgan, PA: Soli Deo Gloria, 1990), p. 31.
14. N. T. Wright, *Surprised by Hope* (San Francisco: HarperOne, 2008), p. 175, cursivas en el original. Publicado en español con el título *Sorprendidos por la Esperanza*.
15. Citado en Gregg, *All You Want to Know about Hell*, p. 20.
16. Clark Pinnock, «The Destruction of the Finally Impenitent», *Criswell Theological Review* 4, no. 2 (primavera, 1990), pp. 243-59, https://davidlarkin.files.wordpress.com/2012/05/pinnock-the-destruction-of-the-finally-impenitent-original-paper.pdf (p. 15).
17. Bertrand Russell, *Why I Am Not a Christian* (Nueva York: Simon & Schuster, 1957), p. 17. Publicado en español con el título *Por qué no soy cristiano*.
18. Paul Copan, *Is God a Moral Monster? Making Sense of the Old Testament God* (Grand Rapids: Baker, 2011); publicado en español con el título *¿Es Dios un monstruo moral? Teniendo sentido del Dios del Antiguo Testamento*. Paul Copan y Matthew Flannagan, *Did God Really Command Genocide? Coming to Terms with the Justice of God* (Grand

Rapids: Baker, 2014). Publicado en español con el título *¡Mátenlos a todos!: ¿Ordenó Dios el genocidio?*

19. Paul Copan, *Loving Wisdom: A Guide to Philosophy and Christian Faith*, 2.ª ed. (2007; repr., Grand Rapids: Eerdmans, 2020), pp. 246-57.

20. C. S. Lewis, *The Problem of Pain* (1940; repr., Nueva York: Macmillan, 1962), p. 118.

21. Ver Génesis 18:25.

22. Ver Robert Bellah et al., *Habits of the Heart: Individualism and Commitment in American Life* (Berkeley: University of California Press, 2007); Alan Bloom, T*he Closing of the American Mind*, ed. rev. (Nueva York: Simon & Schuster, 2012).

23. Greg Lukianoff y Jonathan Haidt, *The Coddling of the American Mind: How Good Intentions and Bad Ideas Are Setting Up a Generation for Failure* (Nueva York: Penguin, 2018). Publicado en español con el título *La transformación de la mente moderna: Cómo las buenas intenciones y las malas ideas están condenando a una generación al fracaso.*

24. Richard Wurmbrand, *Tortured for Christ*, 50 aniv. ed. (Colorado Springs: Cook, 2018), p. 52. Publicado en español con el título *Torturado por Cristo.*

25. Jesús en Lucas 13:3: «Todos ustedes perecerán, a menos que se arrepientan».

26. John F. Walvoord, «The Literal View», en *Four Views on Hell*, ed. William Crockett (Grand Rapids: Zondervan, 1996), p. 28.

27. Otras figuras conocidas y eruditos respetados que interpretan las llamas de manera no literal incluyen a Billy Graham, C. S. Lewis, D. A. Carson, J. I. Packer, Sinclair Ferguson, Charles Hodges, Carl Henry, F. F. Bruce, Roger Nicole, Leon Morris, Robert Peterson y J. P. Moreland. «Estos eruditos señalan que las imágenes del fuego se usan en muchos otros lugares de la Biblia, no solo en pasajes relacionados con el infierno, de formas obviamente no literales», dijeron Francis Chan y Preston Sprinkle (*Erasing Hell* [Colorado Springs: Cook, 2011], p. 154).

28. Ver 2 Tesalonicenses 1:9. Copan escribe: «Por supuesto, Dios estará al tanto de los que están separados de él; todavía estarán "atormentados... en presencia de los ángeles santos y *del Cordero*" (Apocalipsis 14:10, ntv). El punto aquí es que Cristo Dios está obviamente consciente de aquellos que experimentan esta separación (en la presencia del Cordero). Sin embargo, el énfasis en 2 Tesalonicenses 1:9 es que los incrédulos son separados de su bendición como fuente de esperanza y gozo (lejos de la presencia del Señor)» (*Loving Wisdom*, pp. 247-48, cursivas en el original).

29. Ver Hechos 7:54.

30. Dallas Willard, *The Allure of Gentleness: Defending the Faith in the Manner of Jesus* (San Francisco: HarperOne, 2016), p. 67.

31. Michael Card, «Who Can Abide?» del álbum *The Word: Recapturing the Imagination*, https://genius.com/Michael-card-who-can-abide-lyrics.

32. Willard, *Allure of Gentleness*, pp. 67, 69.

33. Esta ilustración se atribuye a James K. Beilby, *Postmortem Opportunity: A Biblical and Theological Assessment of Salvation after Death* (Downers Grove, IL: IVP Academic, 2021).

34. John G. Stackhouse Jr., «Terminal Punishment», en *Four Views on Hell*, ed. Sprinkle, p. 79.

35. Rob Bell, *Love Wins: A Book about Heaven, Hell, and the Fate of Every Person Who Ever Lived* (San Francisco: HarperOne, 2011), p. 102; cf. p. 175.

36. Ver Denny Burk, «Postscript on Hell», 13 julio 2011, www.dennyburk. com/postscript-on-hell; Burk atribuye la ilustración a un sermón que escuchó de su amigo y mentor Joe Blankenship.

37. Tomás de Aquino, *Effects of Sin, Stain, and Guilt*, vol. 27 of *Summa Theologiae* (Cambridge: Cambridge University Press, 2006), p. 25.

38. D. A. Carson, *How Long, O Lord? Reflections on Suffering and Evil*, 2.ª ed. (Grand Rapids: Baker Academic, 2006), p. 91.

39. Ver Lee Strobel, *The Case for Faith* (Grand Rapids: Zondervan, 2000), pp. 169-94.

40. Craig Blomberg, *Interpreting the Parables*, 2.ª ed. (Downers Grove, IL: IVP Academic, 2012), p. 236.

41. Agustín, *The City of God*, trad. Marcus Dods (Peabody, MA: Hendrickson, 2009), pp. 710-11. Publicado en español con el título *La ciudad de Dios*.

42. Ver Mateo 12:31. Los teólogos generalmente consideran la blasfemia contra el Espíritu Santo como el rechazo constante a la gracia iniciadora de Dios.

43. Ver Juan 19:11.

44. Génesis 18:25 (NBLA).

45. Ver Apocalipsis 16:9-11, 21.

46. Ver C. S. Lewis, *The Great Divorce* (Nueva York: Macmillan, 1946), pp. 74-75.

47. N. T. Wright, *Following Jesus* (Grand Rapids: Eerdmans, 1995), p. 100.

48. Ver Lewis, *The Problem of Pain*, p. 125.

49. John Calvin, *Commentary on a Harmony of the Evangelists, Matthew, Mark, and Luke*, trad. William Pringle (Grand Rapids: Baker, 1970), 1:201.

50. Ver Lucas 16:19-31.

51. La Biblia no le llama específicamente a esto una parábola. Si pertenece a ese género, es la única parábola con nombres. Por esa razón, algunos piensan que puede ser más un relato verdadero. El erudito del Nuevo Testamento Craig Blomberg señala que el relato «tiene un paralelo con los cuentos populares judíos y egipcios» de la época, y agrega que «Jesús simplemente pudo haber adoptado imágenes bien conocidas, pero luego las adaptó de una manera nueva y sorprendente» (*The Historical Reliability of the Gospels*, 2.ª ed. [Downers Grove, IL: IVP Academic, 1987], pp. 52-53). Steve Gregg hace un análisis útil de los distintos puntos de vista en *All You Want to Know about Hell*, pp. 75-84. Gregg dijo: «La conclusión de muchos, en cuanto a que las imágenes de la historia no tenían la intención de enseñar nada sobre la naturaleza real del infierno,

ni confirmar la tradición popular sobre el tema, parece razonablemente justificada. El propósito de la parábola no era revelar la naturaleza de la otra vida, sino enseñar lecciones totalmente ajenas» (p. 83). Entre los eruditos que han cuestionado si la parábola nos dice algo significativo sobre la otra vida se encuentra Robert Yarbrough, quien afirmó: «Es ampliamente aceptado que esta historia es parabólica y no tiene la intención de proporcionar una geografía detallada del infierno» («Jesus on Hell» en *Hell Under Fire*, ed. Christopher W. Morgan y Robert A. Peterson [Grand Rapids: Zondervan, 2004], p. 74).

52. Randy Alcorn, *Heaven* (Carol Stream, IL: Tyndale, 2004), pp. 25-26. Publicado en español con el título *El cielo*.

53. Jonathan Edwards, *The Works of Jonathan Edwars*, vol. 2 (Londres: Ball, 1839), p. 11. Publicado en español con el título *Las obras de Jonathan Edwards*.

54. Gomes, *40 Questions about Heaven and Hell*, p. 287.

Capítulo 8: Escape del infierno

1. La declaración de Stott sobre el aniquilacionismo apareció en David L. Edwards y John Stott, *Evangelical Essentials: A Liberal-Conservative Dialogue* (Downers Grove, IL: InterVarsity, 1989), p. 320. El capítulo de Stott sobre el tema («Judgment and Hell») se ha reproducido más recientemente en *Rethinking Hell: Readings in Evangelical Conditionalism*, ed. Christopher M. Date, Gregory G. Stump y Joshua W. Anderson (Eugene, OR: Wipf & Stock, 2014), pp. 48-55. Aunque hay matices entre el aniquilacionismo y la inmortalidad condicional, están lo suficientemente cerca como para usar los términos indistintamente, junto con aniquilacionista y condicionalista.

2. Date, Stump y Anderson, eds., *Rethinking Hell*, p. 54.

3. Robert A. Peterson, «Undying Worm, Unquenchable Fire», *Christianity Today*, 23 octubre 2000, www.christianitytoday.com/ct/2000/october23/undying-worm-unquenchable-fire.html.

4. John Wenham, *Facing Hell: The Story of a Nobody* (Carlisle, Cumbria, Reino Unido: Paternoster, 1991), p. 254, www.truthaccordingtoscripture.com/documents/death/conditional-immortality-wenham.php.

5. Wenham, *Facing Hell*, p. 256.

6. Ver Romanos 6:23.

7. Peterson, «Undying Worm, Unquenchable Fire».

8. Entre los partidarios del aniquilacionismo se encuentran el teólogo australiano Philip Hughes; el teólogo canadiense Clark Pinnock; el erudito del Nuevo Testamento F. F. Bruce; el profesor emérito de filosofía Richard Swinburne de Oxford; el profesor de Nuevo Testamento Stephen Travis (doctorado en Cambridge); el filósofo de Nueva Zelanda Glenn Peoples (doctorado en Otago); el abogado y teólogo Edward Fudge; el evangelista británico Michael Green; el erudito escocés del Nuevo Testamento I. Howard Marshall; el erudito anglicano Richard Bauckham (doctorado en Cambridge); el bautista David Instone-Brewer (doctorado en Cambridge); y John Stackhouse Jr. (doctorado en la Universidad de

Chicago), quien dice que el aniquilacionismo «exonera a nuestro buen Dios de la imagen espantosa de un torturador perpetuo» («Terminal Punishment», en *Four Views on Hell*, 2.ª ed., Preston Sprinkle, ed. [Grand Rapids: Zondervan, 2016], p. 81).

9. Citado en Mark Strauss, «The Campaign to Eliminate Hell», *National Geographic*, 13 mayo 2016, www.nationalgeographic.com/news/2016/05/160513-theology-hell-history-christianity.

10. Date, Stump y Anderson, eds., *Rethinking Hell*, p. xv.

11. Date, Stump y Anderson, eds., *Rethinking Hell*, p. xvi.

12. Stott, «Judgment and Hell», en Date, Stump y Anderson, eds., *Rethinking Hell*, p. 51.

13. Las citas son de Stott, «Judgment and Hell», pp. 51-55.

14. Ver Colosenses 1:20.

15. 1 Corintios 15:28.

16. «Judgment and Hell», p. 55.

17. Por ejemplo, ver Mateo 3:12; 7:19; Juan 15:6.

18. Ver Hebreos 10:26-29.

19. Ver Génesis 19.

20. Judas 7 (RVR1960).

21. Ver Jaroslav Pelikan, *The Emergence of the Catholic Tradition (100-600)*, vol. 1 de *The Christian Tradition* (Chicago: University of Chicago Press, 1971), p. 51.

22. Ver 2 Corintios 5:3.

23. Ver 1 Corintios 15:53-54.

24. Ver Juan 5:29.

25. Bart D. Ehrman, *Heaven and Hell: A History of the Afterlife* (Nueva York: Simon & Schuster, 2020), p. 155.

26. Ver Josefo, *Guerras judías* 2.8.14; *Antigüedades* 18.1.3.

27. Ver Mateo 8:12; 13:42, 50; 22:13; 24:51; 25:30.

28. Robert A. Morey, *Death and the Afterlife* (Minneapolis: Bethany House, 1984), pp. 117-18.

29. Para una discusión sobre el significado de *aionios*, ver Steve Gregg, *All You Want to Know about Hell*, pp. 99-109.

30. Agustín, *The City of God*, trad. Marcus Dods (Peabody, MA: Hendrickson, 2009), p. 716. Publicado en español con el título *La ciudad de Dios*.

31. G. K. Beale, *The Book of Revelation*, New International Greek Testament Commentary (Grand Rapids: Eerdmans, 1999), pp. 762-63.

32. Ver Mateo 7:13.

33. Ver Efesios 2:1.

34. Ver Mateo 5:29-30.

35. Craig L. Blomberg, *Can We Still Believe in God? Answering Ten Contemporary Challenges to Christianity* (Grand Rapids: Brazos, 2020), p. 29.

36. Ver Mateo 12:31-32.

37. 2 Tesalonicenses 1:9.

38. Ver 4 Macabeos 9:9; 10:10-11; 12:12, 18.

39. Ver Marcos 9:48.

40. Judit 16:17 (DHH). Este mismo destino de fuego y gusanos se encuentra en el libro intertestamentario de Sirach 7:17. Los gusanos literalmente «inmortales» que se alimentan continuamente de cuerpos literales, extraído de Isaías 66:24 y Marcos 9:48, aparecen en literatura posterior, como la Visión de Esdras del siglo III (34) y el Apocalipsis de Pablo del siglo IV (42).

41. Stott, «Judgment and Hell», p. 54.

42. Citado en «#103: Polycarp's Martyrdom», Christian History Institute, https://christianhistoryinstitute.org/study/module/polycarp.

43. Ver Peterson, «Undying Worm, Unquenchable Fire». En este artículo, Peterson también dice que no está de acuerdo con que «el debate tradicionalista-condicionalista sobre el infierno deba considerarse como un tema secundario en lugar de primario».

44. Peterson, «Undying Worm, Unquenchable Fire».

45. David Bentley Hart, *That All Shall Be Saved: Heaven, Hell and Universal Salvation* (New Haven, CT: Yale University Press, 2019), p. 208.

46. Ver Michael McClymond, «David Bentley Hart's Lonely, Last Stand for Christian Universalism», Gospel Coalition, 2 octubre 2019, www.thegospelcoalition.org/reviews/shall-saved-universal-christian-universalism-david-bentley-hart. McClymond responde en este artículo a los tres principales argumentos a favor del universalismo que Hart plantea en su libro.

47. Citado en McClymond, «David Bentley Hart's Lonely, Last Stand».

48. Rob Bell, *Love Wins: A Book about Heaven, Hell, and the Fate of Every Person Who Ever Lived* (San Francisco: HarperOne, 2011), p. 107. Francis Chan y Preston Sprinkle escriben: «Bell en realidad nunca sale y dice que esto es lo que cree... Pero presenta esta posición en términos tan favorables que sería difícil decir que no la defiende». (Chan y Sprinkle, *Erasing Hell* [Colorado Springs: Cook, 2011], p. 40).

49. Hart, *That All Shall Be Saved*, p. 84.

50. Robin A. Parry, «A Universalist View», en *Four Views on Hell*, 2.ª ed., p. 101.

51. Las opiniones de Orígenes eran «muy complejas y no siempre congruentes». En cuanto al concilio de la iglesia, «una gran cantidad de política impulsó este concilio, así como otros concilios de la iglesia primitiva, por lo que no debemos considerar heréticos los puntos de vista de Orígenes basados únicamente en las decisiones tomadas en Constantinopla» (Chan y Sprinkle, *Erasing Hell*, pp. 23, 39).

52. Chan y Sprinkle, *Erasing Hell*, p. 23.

53. C. S. Lewis, ed., *George MacDonald: An Anthology* (San Francisco: HarperOne, 2001), p. xxxv.

54. Ver 1 Juan 2:2; Juan 1:12.

55. 1 Timoteo 4:10 dice: «En efecto, si trabajamos y nos esforzamos es porque hemos puesto nuestra esperanza en el Dios viviente, que es el Salvador de todos, especialmente de los que creen».

56. Colosenses 1:22-23, cursivas añadidas.

57. 2 Tesalonicenses 1:9.
58. Gálatas 1:8-9.
59. Ver Marcos 1:5.
60. Lucas 19:10 (DHH).
61. Juan 17:12 (RVR1960).
62. Juan 19:30.
63. Isaías 53:11.
64. William Barclay, *William Barclay: A Spiritual Autobiography* (Grand Rapids: Eerdmans, 1977), p. 67.
65. Lewis, *The Problem of Pain* (1940; rep., Nueva York: Macmillan, 1962), pp. 118-19.
66. Ver Sofonías 2:11.
67. Helmut T. Lehmann y Martin O. Dietrich, eds., *Luther's Works*, vol. 43 (Minneapolis: Fortress, 1968), p. 53. En alemán dice: «Das wäre wohl eine andere Frage, ob Gott etlichen im Sterben oder nach dem Sterben den Glauben könnte geben und also durch den Glauben könnte selig machen. Wer wollte daran zweifeln, dass er das tun könnte. Aber dass er es tut, kann man nicht beweisen».
68. La frase *oportunidad post mortem* se toma del título del libro del teólogo James Beilby de 2021, *Postmortem Opportunity: A Biblical and Theological Assessment of Salvation after Death* (Downers Grove, IL: IVP Academic, 2021). Paul Copan señaló que algunas de sus reflexiones sobre este tema son extraídas del libro de Beilby.
69. Citado en Preserved Smith, *The Life and Letters of Martin Luther* (Boston: Houghton Mifflin, 1911), p. 342.
70. Ver Jerry L. Walls, *Heaven, Hell, and Purgatory* (Grand Rapids: Brazos, 2015), pp. 187-211.
71. Ver J. Oliver Buswell, *A Systematic Theology of the Christian Religion*, vol. 2 (Grand Rapids: Zondervan, 1963), p. 162.
72. Ver Juan 3:16-17.
73. 1 Juan 2:2; note que el único otro lugar donde se usa esta frase «todo el mundo» es en 1 Juan 5:19, donde «el mundo entero» está en manos del maligno.
74. Ver Ezequiel 33:11; 1 Timoteo 2:4; 2 Pedro 3:9.
75. Ver Hechos 17:30.
76. La paráfrasis de Copan. Traducción de la NVI de Juan 21:22: «Si quiero que él permanezca vivo hasta que yo vuelva, ¿a ti qué? Tú sígueme no más».
77. Ver Lee Strobel, «Dreams and Visions», en *The Case for Miracles* (Grand Rapids: Zondervan, 2018), pp. 139-160.
78. Ver Hechos 17:30.
79. Ver Mateo 25:31-46.
80. Ver Apocalipsis 20:15.
81. Ver Michael McClymond, *The Devil's Redemption* (Grand Rapids: Baker Academic, 2018).
82. Citado en Paul Copan, «How Universalism, "The Opiate of the Theologians", Went Mainstream», *Christianity Today*, 11 marzo 2019,

www.christianitytoday.com/ct/2019/march-web-only/michael-mcclymond-devils-redemption-universalism.html.
83. Chan y Sprinkle, *Erasing Hell*, pp. 13-14.
84. Chan y Sprinkle, *Erasing Hell*, p. 108.
85. Juan 14:6.

Capítulo 9: La sensación de la reencarnación

1. El crédito por el título del capítulo es para Norman L. Geisler y J. Yutaka Amano, *The Reincarnation Sensation* (Eugene, OR: Wipf & Stock, 2004).
2. Herbert Brean, «Bridey Murphy Puts Nation in a Hypnotizzy», *Life* 40, no. 12, 19 marzo 1956, https://oldlifemagazine.com/march-19-1956-life-magazine.html.
3. Citado en «How Many People in the World Believe in Reincarnation?» Reincarnation after Death?, 4 marzo 2016, www.reincarnationafterdeath.com/how-many-people-believe.
4. Para conocer los detalles del caso Bridey Murphy, estoy en deuda con el escéptico Paul Edwards, que dedica un capítulo completo («The Rise and Fall of Bridey Murphey») al tema en su libro *Reincarnation: A Critical Examination* (Amherst, NY: Prometheus, 2002), pp. 59-79.
5. Edwards, *Reincarnation*, pp. 60-61.
6. Edwards, *Reincarnation*, p. 61.
7. Anotado en la contraportada de la reimpresión del Pocket Book.
8. Time-Life Books, *Psychic Voyages* (Alexandria, VA: Time-Life, 1988), p. 114; ningún autor acreditado.
9. Edwards, *Reincarnation*, p. 62.
10. Shirley MacLaine, *Out on a Limb* (Nueva York: Bantam, 1983), p. 362.
11. Citado en Edwards, *Reincarnation*, p. 86.
12. Citado en Edwards, *Reincarnation*, p. 86; ver John Leo, «I Was Beheaded in the 1700s». *Time*, 10 septiembre 1984, p. 68.
13. Citado en Edwards, *Reincarnation*, p. 86.
14. Citado en Geisler y Amano, *Reincarnation Sensation*, p. 12.
15. William Rounseville Alger, *A Critical History of the Doctrine of a Future Life* (Philadelphia: Childs, 1964), p. 475.
16. Citado en Geisler y Amano, *Reincarnation Sensation*, p. 37.
17. Ver John B. Noss, *Man's Religions*, 6.ª ed. (Nueva York: Macmillan, 1980), p. 52.
18. Esta traducción de las palabras de Platón en *Fedro* se encuentra en Joseph Head y S. L. Cranston, eds. *Reincarnation in World Thought* (Nueva York: Julian, 1967), p. 197; otras traducciones interpretan esto como «el que emplea correctamente estos recuerdos está siempre siendo iniciado en los misterios perfectos y solo se vuelve verdaderamente perfecto».
19. *The Bhagavad Gita*, 2.ª ed., trad. Eknath Easwaran (Tomales, CA: Nilgiri, 2007), pp. 91-92.
20. «Reincarnation», www.merriam-webster.com/dictionary/reincarnation.
21. Citado en Geisler y Amano, *Reincarnation Sensation*, p. 27.
22. Thomas Ryan, «25 Percent of US Christians Believe in Reincarnation. What's Wrong with This Picture?», *America: The Jesuit Review*, 21

octubre 2015, www.americamagazine.org/faith/2015/10/21/25-percent-us-christians-believe-reincarnation-whats-wrong-picture.

23. Ver Geisler y Amano, *Reincarnation Sensation*.

24. Ver Geisler y Amano, *Reincarnation Sensation*, p. 36.

25. Edwards, *Reincarnation*, p. 59.

26. Ver Ian Stevenson, *Twenty Cases Suggestive of Reincarnation* (Charlottesville: University Press of Virginia, 1978); publicado en español con el título *Veinte casos que hacen pensar en la reencarnación*. Stevenson, *Children Who Remember Previous Lives: A Question of Reincarnation*, ed. rev. (Jefferson, NC: McFarland, 2001).

27. Citado en Stevenson, *Twenty Cases Suggestive of Reincarnation*, p. 48.

28. Ver Hans Schwarz, *Beyond the Gates of Death: A Biblical Examination of Evidence for Life after Death* (Minneapolis: Augsburg, 1981), p. 101.

29. Ver Ryan, «25 Percent of US Christians Believe in Reincarnation».

30. Herbert Bruce Puryear, *Why Jesus Taught Reincarnation: A Better News Gospel* (Scottsdale, AZ: New Paradigm, 1993), pp. 2-3.

31. Quincy Howe Jr., *Reincarnation for the Christian* (Wheaton, IL: Theosophical, 1987), pp. 93, 88.

32. Geddes MacGregor, *Reincarnation in Christianity: A New Vision of the Role of Rebirth in Christian Thought* (Wheaton, IL: Theosophical, 1878), 17, 24.

33. MacGregor, *Reincarnation in Christianity*, pp. 16-17 (cursivas en el original).

34. Ver Lee Strobel, *The Case for Miracles* (Grand Rapids: Zondervan, 2018), pp. 235-53.

35. Douglas Groothuis, *Walking through Twilight: A Wife's Illness—A Philosopher's Lament* (Downers Grove, IL: InterVarsity, 2017).

36. Strobel, *The Case for Miracles*, p. 244.

37. Douglas Groothuis, *Christian Apologetics: A Comprehensive Case for Biblical Faith* (Downers Grove, IL: IVP Academic, 2011).

38. Douglas Groothuis, *Philosophy in Seven Sentences: A Small Introduction to a Vast Topic* (Downers Grove, IL: InterVarsity, 2016).

39. Douglas Groothuis, *Truth Decay: Defending Christianity against the Challenges of Postmodernism* (Downers Grove, IL: InterVarsity, 2000).

40. Douglas Groothuis, *Unmasking the New Age* (Downers Grove, IL: InterVarsity, 1986); Groothuis, *Confronting the New Age: How to Resist a Growing Religious Movement* (Downers Grove, IL: InterVarsity, 1988); Groothuis, *Revealing the New Age Jesus: Challenges to Orthodox Views of Christ* (Downers Grove, IL: InterVarsity, 1990).

41. Ver Edwards, *Reincarnation*, p. 86.

42. Raynor C. Johnson, *The Imprisoned Splendour* (Nueva York: Harper & Row, 1953), p. 381.

43. «Advaita vedanta» es sánscrito, con *a* significando «no» y *dvaita* significando «dos»; literalmente, «no dos». En esta escuela del hinduismo, todo es uno, y todo es el Brahman.

44. Esta publicación es la versión india, no la revista escocesa más famosa del mismo nombre.

45. Citado en Edwards, *Reincarnation*, p. 39.
46. Deepak Chopra, *Life after Death: The Burden of Proof* (Nueva York: Three Rivers, 2006), p. 11.
47. Edwards, *Reincarnation*, p. 45.
48. Estas reseñas se enumeraron en una reimpresión en el 2002 del libro a la venta en www.amazon.com.
49. Edwards, *Reincarnation*, p. 79.
50. Edwards, *Reincarnation*, p. 66.
51. Ver Edwards, *Reincarnation*, pp. 66-68.
52. Citado en Edwards, *Reincarnation*, p. 65.
53. Brean, «Bridey Murphy Puts Nation in a Hypnotizzy», 33; citado en Edwards, *Reincarnation*, p. 68.
54. Citado en Edwards, *Reincarnation*, p. 69.
55. Ver Edwards, *Reincarnation*, p. 70.
56. Edwards, *Reincarnation*, 70.
57. Edwards, *Reincarnation*, p. 66.
58. Citado en Edwards, *Reincarnation*, p. 72. Tighe murió de cáncer el 12 de julio de 1995, www.nytimes.com/1995/07/21/obituaries/virginia-mae-morrow-dies-at-70-created-bridey-murphy-hoopla.html.
59. Stevenson, *Children Who Remember Previous Lives*, p. 43.
60. Citado en Geisler y Amano, *Reincarnation Sensation*, p. 67, cursivas añadidas.
61. Ver Geisler y Amano, *Reincarnation Sensation*, p. 67.
62. Ver Edwards, *Reincarnation*, p. 71.
63. Paul Edwards escribe (*Reincarnation*, p. 71): «El conocimiento de Bridey Murphy sobre la historia y las costumbres irlandesas fue casi con certeza un ejemplo de "criptomnesia"». Sin embargo, Ian Stevenson escribe (*Children Who Remember Previous Lives*, p. 274): «El caso de Bridey Murphy no es un caso probado de criptomnesia». Aun así, afirmó que el caso «no proporciona pruebas firmes para la reencarnación, porque no se ha rastreado a ninguna persona que corresponda a las declaraciones de Bridey Murphy» y ella «se equivocó en algunos detalles sobre la vida en la Irlanda del siglo diecinueve».
64. Stevenson, *Children Who Remember Previous Lives*, p. 3, cursivas añadidas.
65. Edwards, *Reincarnation*, p. 256, cursivas añadidas.
66. Incluso el investigador de la reencarnación Ian Stevenson concede: «Hay otras interpretaciones que explican muchos ejemplos de esta experiencia mejor que la reencarnación» (*Children Who Remember Previous Lives*, p. 48).
67. Stevenson, *Children Who Remember Previous Lives*, p. 45.
68. Ver Mateo 8:28-33; Lucas 4:33-36; Hechos 16:16-18; 19:11-16.
69. Gary R. Habermas y J. P. Moreland, *Beyond Death: Exploring the Evidence for Immortality* (1998; repr., Eugene, OR: Wipf & Stock, 2004), p. 242.
70. Shirley MacLaine, *It's All in the Playing* (Nueva York: Bantam, 1987), pp. 217-19. Publicado en español con el título *Todo está en el juego*.

71. Ver 2 Reyes 2:9-18.
72. Ver Mateo 17:1-3.
73. Ver Mateo 17:9.
74. Ver Robert A. Morey, *Death and the Afterlife* (Minneapolis: Bethany House, 1984), p. 207.
75. Por ejemplo, ver Mateo 17:9 en la NVI.
76. Juan 1:21.
77. Lucas 1:17.
78. Ver Howe Jr., *Reincarnation for the Christian*, pp. 92-94.
79. Howe Jr., *Reincarnation for the Christian*, p. 93.
80. Juan 9:3.
81. Ver Geisler y Amano, *Reincarnation Sensation*, p. 145.
82. Kenneth Ring, *Heading toward Omega: In Search of the Meaning of the Near-Death Experience* (Nueva York: Morrow, 1985), p. 158.
83. Orígenes de Alejandría (ca. 184-ca. 253) fue un teólogo cristiano y escritor prolífico.
84. Ver Allen Menzies, ed., *The Ante-Nicene Fathers*, vol. 9 (Nueva York: Christian Literature, 1896), p. 474.
85. Ver Mark Albrecht, *Reincarnation: A Christian Critique of a New Age Doctrine* (Downers Grove, IL: InterVarsity, 1987), pp. 44-49; ver también Joseph P. Gudel, Robert M. Bowman Jr. y Dan R. Schlesinger, «Reincarnation: Did the Church Suppress It?», *Christian Research Journal* 10, no. 1 (verano, 1987), pp. 8-12, www.issuesetcarchive.org/articles/aissar14.htm.
86. «Porque por gracia ustedes han sido salvados mediante la fe; esto no procede de ustedes, sino que es el regalo de Dios, no por obras, para que nadie se jacte» (Efesios 2:8-9).
87. Apocalipsis 21:1-4.

Capítulo 10: Al borde de la eternidad

1. La historia de Matilde Palau y otros detalles sobre la vida familiar temprana de Luis Palau se pueden encontrar en Luis Palau, *Palau: Una Vida Apasionada* (Grand Rapids: Zondervan, 2019).
2. Citado en «Luis Palau Association: About», www.palau.org/about.
3. Liz Robbins, «An Evangelical Revival in the Heart of New York», *New York Times*, 10 julio 2015, https://layman.org/an-evangelical-revival-in-the-heart-of-new-york.
4. Cuento la historia pródiga de Andrew Palau en *The Case for Grace* (Grand Rapids: Zondervan, 2015), pp. 143-62.
5. 2 Corintios 5:8.
6. «Porque para mí el vivir es Cristo y el morir es ganancia. Ahora bien, si seguir viviendo en este mundo representa para mí un trabajo fructífero, ¿qué escogeré? ¡No lo sé! Me siento presionado por dos posibilidades: deseo partir y estar con Cristo, que es muchísimo mejor, pero por el bien de ustedes es preferible que yo permanezca en este mundo» (Filipenses 1:21-24).

7. Ver Jonathan Edwards, «The Pure in Heart Blessed», www.biblebb.com/files/edwards/heart.htm.
8. Esta frase es de la parábola de Jesús de las monedas de oro en Mateo 25:14-30.
9. Ver Mateo 7:23.
10. Ver Juan 14:30.
11. «¿No ves que desprecias las riquezas de la bondad de Dios, de su tolerancia y de su paciencia, al no reconocer que su bondad quiere llevarte al arrepentimiento?» (Romanos 2:4).
12. Rebecca Manley Pippert, *Stay Salt: The World Has Changed, Our Message Must Not* (Charlotte, NC: Good Book, 2020), p. 231.

Conclusión

1. Nabeel Qureshi a una audiencia no identificada. Tweet de @RZIMhq, 16 septiembre 2020, 4:07 pm. Editado ligeramente para mayor claridad.
2. N. T. Wright, *Surprised by Hope* (San Francisco: HarperOne, 2008), p. 293.
3. Ver Ed Romine, «Spurgeon on the Hope of Heaven», *The Spurgeon Center*, 3 mayo 2018, www.spurgeon.org/resource-library/blog-entries/charles-spurgeon-on-heavens-hope.
4. Max Lucado, «Who Can Fathom Eternity?», FaithGateway, 22 enero 2014, at www.faithgateway.com/who-can-fathom-eternity/#.YBMCjuhKiUk.
5. Aunque sus orígenes son oscuros, esta cita se atribuye comúnmente a Santa Teresa de Ávila, una monja carmelita del siglo dieciséis (ver, por ejemplo, www.azquotes.com/author/19882-Teresa_of_Ávila/tag/heaven).
6. Eugene Peterson, *Living the Resurrection: The Risen Christ in Everyday Life* (Colorado Springs, CO: NavPress, 2006), p. 67.
7. Romanos 12:18.
8. Ver Lee Strobel, «God Can Give You Power as Power is Needed», en *God's Outrageous Claims: Discover What They Mean for You*, 2.ª ed. (Grand Rapids: Zondervan, 2005), pp. 88-105.
9. Hermano Andrés, *The Calling: A Challenge to Walk the Narrow Road* (Grand Rapids: Revell, 1996), p. 39.
10. Deuteronomio 29:29.
11. Ver Romanos 2:15.
12. Ver Romanos 1:20.
13. «Me buscarán y me encontrarán cuando me busquen de todo corazón» (Jeremías 29:13); «Dios... recompensa a quienes lo buscan» (Hebreos 11:6).
14. Ver Lee Strobel, *The Case for Miracles* (Grand Rapids: Zondervan, 2018), pp. 139-60.
15. Ver Nabeel Qureshi, *Seeking Allah, Finding Jesus: A Devout Muslim Encounters Christianity*, 3ra ed. (Grand Rapids: Zondervan, 2018). Publicado en español con el título *Buscando a Alá, encontrando a Jesús: un musulmán devoto encuentra al cristianismo*.
16. Génesis 18:25 (NTV).

17. Ronald H. Nash, *Is Jesus the Only Savior?* (Grand Rapids: Zondervan, 1994), p. 165.
18. Ver 1 Corintios 4:5.
19. Ver Lee Strobel, «Jesus Is the Only Path to God», en *Outrageous Claims: Discover What They Mean for You*, pp. 221-36.

¿Qué sucede después que morimos?

1. Algunos expertos especulan que se nos podría dar un cuerpo temporal en el estado intermedio, porque, por ejemplo, los mártires se describen en Apocalipsis 6:9-11 como vestidos. Sin embargo, esta descripción es claramente metafórica. «En resumen, en toda la Escritura no hay ni un indicio de que recibiremos un cuerpo temporal» en el estado intermedio, dijo Hank Hanegraaff, conocido como el Hombre Respuesta de la Biblia. Para un debate sobre este tema, vea Hank Hanegraaff, *Afterlife* (Brentwood, TN: Worthy, 2013), pp. 75-79.
2. Ver 2 Corintios 5:2.
3. Timothy Phillips dijo: «El Hades tiene una existencia limitada; Gehena o infierno es el lugar final del juicio de los malvados. Muchas versiones en inglés fomentan la confusión al traducir ambos términos como "infierno"» («Hades», en *Evangelical Dictionary of Biblical Theology*, Walter A. Elwell, ed. (Grand Rapids: Baker, 1996), p. 322.
4. Randy Frazee, *What Happens After You Die? A Biblical Guide to Paradise, Hell, and Life After Death* (Nashville: Nelson, 2017), p. 25. Publicado en español con el título *Lo que pasa cuando mueres: una guía bíblica al paraíso, el infierno y la vida después de la muerte*.
5. Alan W. Gomes, *40 Questions about Heaven and Hell* (Grand Rapids: Kregel Academic, 2018), p. 139.
6. Gomes, *40 Questions about Heaven and Hell*, p. 141. Algunos pueden cuestionar si los cristianos serán juzgados, ya que Jesús dice en Juan 5:24 que el que cree en él «tiene vida eterna y no será juzgado, sino que ha pasado de la muerte a la vida». Sin embargo, Gomes cita versículos como Romanos 14:10, que muestran que el juicio final es un juicio integral de todos los que han vivido, lo cual significa que también incluiría a los cristianos. Además, tenemos pasajes que parecen centrarse específicamente en el juicio de los creyentes. Estos incluyen Mateo 18:23; 25:19; Romanos 2:6-7, 16; 14:10-12; y 1 Corintios 3:11-15. Del mismo modo, 2 Corintios 5:10 dice: «Porque es necesario que todos comparezcamos ante el tribunal de Cristo, para que cada uno reciba lo que le corresponda, según lo bueno o malo que haya hecho mientras vivió en el cuerpo». Gomes señala: «Por todo el contexto de 2 Corintios 5, e incluso en los versículos que lo preceden en el capítulo 4, Pablo indudablemente se está dirigiendo a los creyentes y (muy probablemente) solo a ellos» (*40 Questions about Heaven and Hell*, pp. 141-42).
7. Gomes, *40 Questions about Heaven and Hell*, p. 161.
8. Gomes, *40 Questions about Heaven and Hell*, p. 157, refiriéndose a Mateo 5:11-12; Lucas 6:23.
9. Ver Mateo 6:20; 19:21; Marcos 10:21; Lucas 12:33; 18:22.

10. Ver Mateo 10:41-42.
11. Jesús usa la imagen de un espléndido banquete para representar las grandes delicias que aguardan a sus seguidores (ver Mateo 8:11; 22:1-10; 25:10; 26:29; Marcos 14:25; Lucas 13:28-29; 14:16-24; 22:16, 29-30).
12. Simon Kistemaker, *The Parables of Jesus* (Grand Rapids: Baker, 1980), p. 78. Para un debate más detallado sobre las recompensas en el cielo para los cristianos, ver el capítulo 6.
13. Ver Romanos 6:23.
14. Para una discusión sobre si podemos elegir seguir a Cristo después de nuestra muerte física, ver el capítulo 8.

Guía para el debate

1. Philip Yancey, *What's So Amazing about Grace?* (Grand Rapids: Zondervan, 1997), p. 70.
2. Richard Purtill, «Defining Miracles», en *In Defense of Miracles: A Comprehensive Case for God's Action in History,* ed. R. Douglas Geivett y Gary R. Habermas (Downers Grove, IL: IVP Academic, 1997), p. 72.
3. Craig L. Blomberg, «Degrees of Reward in the Kingdom of Heaven?», *Journal of the Evangelical Theological Society* 35, no. 2 (junio 1992), pp. 159-72, www.etsjets.org/files/JETS-PDFs/35/35-2/JETS_35-2_159-172_Blomberg.pdf.

Índice